Hannah Arendt

Dados Internacionais de Catalogação na Publicação (CIP)
(Câmara Brasileira do Livro, SP, Brasil)

Hannah Arendt : conceitos fundamentais / editado por Patrick Hayden ; tradução de José Maria Gomes de Souza Neto. – Petrópolis, RJ : Vozes, 2020.

Vários autores.
Título original: Hannah Arendt : key concepts
Bibliografia.
ISBN 978-85-326-6303-0

1. Arendt, Hannah, 1906-1975 I. Hayden, Patrick.

19-29683 CDD-320.01

Índices para catálogo sistemático:
1. Arendt, Hannah : Filosofia política 320.01

Cibele Maria Dias – Bibliotecária – CRB-8/9427

Editado por Patrick Hayden

Hannah Arendt
Conceitos fundamentais

Tradução de José Maria Gomes de Souza Neto

EDITORA VOZES

Petrópolis

Tradução autorizada a partir da edição em inglês publicada originalmente pela Acumen e agora pela Routledge, membro do Grupo Taylor & Francis.

Título do original em inglês: *Hannah Arendt – Key Concepts*

Direitos de publicação em língua portuguesa – Brasil:
2020, Editora Vozes Ltda.
Rua Frei Luís, 100
25689-900 Petrópolis, RJ
www.vozes.com.br
Brasil

Editoração: Maria da Conceição B. de Sousa
Diagramação: Mania de criar
Revisão gráfica: Alessandra Karl
Capa: HiDesign Estúdio

ISBN 978-85-326-6303-0 (Brasil)
ISBN 978-1-84465-808-4 (Reino Unido)

Editado conforme o novo acordo ortográfico.

Este livro foi composto e impresso pela Editora Vozes Ltda.

Sumário

Colaboradores

Annabel Herzog é uma *Senior Lecturer* na Division of Government and Political Theory da University of Haifa, em Israel. Sua pesquisa se atém, principalmente, às obras de Hannah Arendt, Emmanuel Lévinas, Albert Camus e Jacques Derrida. É editora de *Hannah Arendt: totalitarisme et banalité du mal* (2011), e autora de *Penser autrement la politique* (1997), além de inúmeros ensaios sobre ética, política e hermenêutica.

Anthony F. Lang Jr. é catedrático de Teoria Política Internacional e dirige o Centre for Global Constitutionalism na Universidade de St Andrews. Sua prática pedagógica e pesquisa focam a intercessão entre direito, política e ética em nível global e no contexto do Oriente Médio, com particular atenção ao conceito de constitucionalismo. É autor de *Punishment, Justice and International Relations: Ethics and Order after the Cold War* (2008) e coeditor (com John Williams) de *Hannah Arendt and International Relations: Reading Across the Lines* (2005).

Ayden Gündoğdu é professora-assistente de Filosofia na Barnard College – Universidade de Columbia. Sua pesquisa versa sobre os recursos do pensamento político moderno e contemporâneo para lidar com questões desafiadoras ligadas aos direitos humanos e imigração. Suas publicações incluem artigos na *Contemporary Political Theory, European Journal of Political Theory e Law, Culture and Humanities*. No presente momento, está a escrever um livro que dialoga com o trabalho de Hannah Arendt para examinar as lutas por direitos dos imigrantes contemporâneos.

Douglas B. Klusmeyer é doutor em História e *Juris Doctor* pela Universidade de Stanford. Trabalhou no Carnegie Endowment for International Peace. Ensina no Department of Justice, Law and Society da American

University e é membro associado do Departamento de História. Tem publicado amplamente sobre cidadania e questões de políticas migratórias. Sua pesquisa corrente versa, de modo geral, sobre questões de teoria política legal e internacional, e mais especificamente sobre Hannah Arendt.

Elizabeth Frazer é chefe do Departamento de Política e Relações Internacionais, Universidade de Oxford, e *Fellow* em Política na New College, Universidade de Oxford. Seu mais importante campo de pesquisa trata das ideias normativas na vida política. É autora de artigos sobre o conceito de política, educação política e, junto com Kimberly Hutchings, trabalhos sobre a relação entre violência e política.

Karin Fry é professora-associada de Filosofia na Universidade de Winsconsin, Stevens Point. Especializou-se em filosofia continental dos séculos XIX e XX, filosofia política e social, e filosofia da arte. É autora de *Arendt: A Guide for the Perplexed* (2009) e coeditora de um volume especial dos *Philosophical Topics* dedicado à obra de Hannah Arendt. Outros interesses de pesquisa incluem filosofia pública, religião e política, e filosofia e cultura popular.

Lars Rensmann é professor-associado de Ciência Política na Universidade John Cabot, em Roma, Itália. Seu trabalho dedica-se ao pensamento político internacional, teoria crítica e política global e europeia. Suas publicações recentes incluem *The Frankfurt School and Antisemitism* (no prelo), *Arendt and Adorno: Political and Philosophical Investigations* (em coedição com Samir Gandesha, 2012), e *Gaming the World: How Sports are Reshaping Global Politics and Culture* (em coedição com Andrei S. Markovits, 2010).

Marguerite La Caze é professora-associada de Filosofia na Universidade de Queensland. Suas publicações incluem *Wonder and Generosity: Their Role in Ethics and Politics* (2013), *The Analytic Imaginary* (2002), *Integrity and the Fragile Self* (com Damian Cox e Michael Levine, 2003) e artigos sobre os trabalhos de Hannah Arendt, Simone de Beauvoir, Jacques Derrida,

Sigmund Freud, Luce Irigaray, Immanuel Kant, Michèle Le Dœuff, Jean--Paul Sartre e Iris Marion Young.

Maša Mrovlje ensina na Universidade de St Andrews, onde é candidata ao PhD. Seus interesses de pesquisa cingem, de modo geral, sobre o campo da teoria política internacional e da história do pensamento político, com foco especialmente nos filósofos existenciais do século XX e sua relevância para questões e desafios sobre análise política, liberdade, responsabilidade, crítica e justiça transicional no mundo contemporâneo.

Patrick Hayden é professor de Teoria Política e Relações Internacionais na Universidade de St Andrews. É autor de *Political Evil in a Global Age: Hannah Arendt and International Theory* (2009) e *Cosmopolitan Global Politics* (2005), e editor do *The Ashgate Research Companion to Ethics and International Relations* (2009). Sua pesquisa se atém à teoria política internacional, teoria política e social contemporânea, direitos humanos e problemas relativos à justiça/injustiça na política global.

Paul Voice é professor de Filosofia no Bennington College. Seus campos de interesse incluem problemas de justiça, tópicos de filosofia política aplicados, e a filosofia do amor romântico. Suas publicações recentes incluem *Rawls Explained* (2011), "*Unjust Noise*" em *The Nordic Journal of Applied Ethics*, e "*The Authority of Love as Sentimental Contract*" nos *Essays in Philosophy*.

Phillip Walsh é professor-associado de Filosofia na Universidade de York, Toronto. Seus interesses de pesquisa incluem teoria social, a sociologia do conhecimento e a filosofia da ciência social. É autor de *Skepticism, Modernity and Critical Theory* (2005). Suas publicações mais recentes lidam com a importância do trabalho de Hannah Arendt e Norbert Elias para o futuro das Ciências Sociais.

Siobhan Kattago é membro do corpo docente do Departamento de Filosofia da Universidade de Tallin, Estônia. Seus interesses de pesquisa incluem memória coletiva e filosofia política. É autora de *Ambiguous Memory: The Nazi Past and German National Identity* (2001) e *Memory and Representation in Contemporary Europe: The Persistence of the Past* (2012). É editora do *The Ashgate Research Companion to Memory Studies* (2014).

Introdução

Iluminando Hannah Arendt

Patrick Hayden

Filósofa, teórica política e crítica, Hannah Arendt é amplamente considerada uma das pensadoras mais brilhantes do século XX. Figura independente e erudita, central para a cena intelectual do último século, ela permanece como criadora de originais e incisivos conceitos que ponderam sobre questões fundamentais ao coração das humanidades e ciências sociais. Suas explorações são vastas em escopo e ecléticas na abordagem, lidando com temas como liberdade e responsabilidade, violência e revolução, guerra e totalitarismo, alienação social e fetichismo tecnológico, imaginação e discernimento, política participativa e desobediência civil, e o sentido mesmo da existência humana. Sua extensa produção inclui densos, complicados e característicos livros de filosofia e teoria política, centenas de ensaios, entrevistas e palestras sobre História, Filosofia, Literatura e Cultura, mas também correspondências mais íntimas e escritos jornalísticos. Como autora e figura pública, era grandemente lida e frequentemente controversa; sua vida e escritos não convencionais atraíram defensores apaixonados e críticos não menos ardentes. Acima de tudo, o pensamento de Arendt e seus conceitos visam situar ao centro da discussão aqueles processos, amiúde obscuros, que transformam o mundo moderno, e destacar os grandes desafios que enfrentamos, como indivíduos e como sociedade. Suas observações tratam de um mundo lutando para encontrar o seu caminho em tempos repletos de incertezas.

Neste capítulo introdutório, apresento os momentos-chave da vida de Arendt, para demonstrar como sua própria experiência de vida constituiu a base formativa de seus textos filosóficos e políticos, e fornecer algumas balizas à sua obra. Ao longo do percurso, também examinarei como sua sensibilidade filosófica emergiu da tradição existencial-fenomenológica, e ainda assim se desenvolveu, graças às questões prementes a respeito do destino da política na Modernidade, em uma expressão teórica única. Em seguida, tratarei de alguns dos temas centrais que emergem das suas reflexões a respeito do frequentemente paradoxal caráter da existência humana, e de suas tentativas em compreender as condições, ao mesmo tempo degradantes e empoderadoras, às quais a Humanidade necessita responder.

Esboços de uma vida

Hannah Arendt nasceu em 14 de outubro de 1906, na cidade alemã de Hanover, e foi criada em Königsberg, a então capital da Prússia Oriental (atual Kaliningrad[1], Rússia). Seus avós maternos e paternos emigraram para aquela cidade a partir da Rússia, no século XIX, atraídos pelas oportunidades do Iluminismo germano-judaico e pelo fim dos *pogroms* antissemitas. Seu pai, Paul Arendt, e sua mãe, Martha Cohn, eram ambos membros educados, seculares e bem-estabelecidos da comunidade de famílias de negociantes e profissionais liberais (seu pai era um engenheiro) e partidários comprometidos do Partido Social Democrata. Embora Arendt tenha sido exposta ao antissemitismo durante sua infância, sua mãe a ensinou a, sempre, defender, a si mesma e a sua dignidade, de maneira assertiva. Embora "a palavra 'judeu' jamais fosse usada em casa" (ARENDT, 1994: 7-8), a assimilada família Arendt jamais rejeitou o fato de ter nascido judia, e manteve boas relações com conhecidos que eram religiosos. A questão da identidade judaica – e de modo mais amplo, a identidade religiosa, nacional, social e política – foi um problema multifacetado, que Hannah explorou periodicamente ao longo da vida.

Paul Arendt faleceu após uma prolongada enfermidade, quando Hannah tinha apenas 7 anos de idade. Em agosto de 1914, ela e sua mãe seguiram para Berlim, fugindo do avanço russo em dire-

1 O único estudo biográfico de fôlego sobre Arendt em inglês permanece sendo Young-Bruehl (2004).

ção a Königsberg no início da I Guerra Mundial, mas conseguiram retornar à cidade no fim daquele mesmo ano, quando o exército alemão expulsou os invasores. Hannah era uma adolescente precoce, determinada, e muito inteligente, ou nas palavras de sua mãe, "difícil e misteriosa" (YOUNG-BRUEHL, 2004: 36), que desabrochou durante seus estudos de línguas clássicas, filosofia, teologia, literatura, história e poesia. Depois de ser aprovada no difícil teste do Abitur (um exame exigido dos estudantes ao final do ensino médio para que pudessem cursar a universidade) – e apesar de ter sido expulsa da escola onde estudava graças a um boicote "rebelde" ocorrido durante a aula de um dos seus professores – Arendt conseguiu ingressar na Universidade de Marburg no outono de 1924, onde estudou teologia, com o renomado teólogo Rudolf Bultmann, e filosofia, em especial com Martin Heidegger que, àquela época, granjeava a reputação, entre os estudantes, de jovem intelectual brilhante e não convencional, capaz de renovar a filosofia pós-kantiana através de uma crítica fenomenológica radical da metafísica e trazer o pensamento original "de volta à vida" (YOUNG-BRUEHL, 2004: 36; cf. tb. ARENDT, 1971). Heidegger e Arendt apaixonaram-se, e logo iniciaram um secreto, e breve, romance, que durou até o verão de 1925. Posteriormente, Heidegger afirmou que ela havia sido sua inspiração durante o período em que escrevia sua obra-prima, *Ser e tempo* (YOUNG-BRUEHL, 2004: 50), em 1927.

Após decidir encerrar o romance, Arendt passou um semestre na Universidade de Friburgo, estudando com Edmund Husserl, professor e mentor de Heidegger e figura mais destacada da escola da fenomenologia filosófica (a descrição reflexiva e analítica das estruturas da experiência vivida e suas dimensões subjetivas). Mudou-se, então, para a Universidade de Heidelberg, para dar seguimento aos seus estudos com Karl Jaspers, o psicólogo-tornado-filósofo que desenvolveu a *Existenzphilosophie*, uma tentativa fenomenológico-existencial de "existência iluminada" e liberdade humana (ARENDT, 1994: 183). Sob essa supervisão, Arendt obteve seu doutorado em 1928, com uma tese sobre os conceitos de amor em Santo Agostinho, e atribuiu a Jaspers a mais decisiva influência em seu desenvolvimento intelectual, que a iniciara na percepção de como o pensamento filosófico a respeito da existência humana se relacionava ao diálogo interpessoal, *práxis* e política. Ambos mantiveram uma duradoura proximidade, tanto profissional quanto pessoal, que se conservou por mais de quatro décadas.

Em 1929 Arendt mudou-se para Berlim, onde conheceu e se casou com o filósofo Günther Stern e publicou sua tese de doutoramento. Também começou a pesquisar o Romantismo Alemão, com vistas a escrever uma biografia sobre Rahel Varnhagen, uma judia do início do século XIX que fora escritora, figura da sociedade e anfitriã de salão literário (*salonnière*). Embora já tivesse escrito boa parte do manuscrito dessa biografia por volta de 1933, a progressiva deterioração da situação social e política na Alemanha interrompeu sua finalização, e Arendt só viria a publicar o trabalho em 1958. Com a indicação de Hitler à chancelaria em janeiro de 1933 e o incêndio do Reichstag em fevereiro, o Parlamento Alemão aprovou um decreto de *Estado de Emergência* ou *Decreto de Autorização*, que garantia a Hitler o poder de suspender liberdades civis e de aprovar leis por moto próprio. Nos meses que se seguiram ao incêndio do Reichstag, Arendt tornou-se politicamente ativa, incorrendo em crime ao oferecer o seu apartamento como ponto de passagem para que comunistas e judeus conseguissem fugir do regime nazista. Um dos que precisou fugir foi seu marido, Günther Stern, que seguiu para Paris enquanto a Gestapo caçava esquerdistas nos dias subsequentes ao incêndio. Arendt permaneceu em Berlim, e clandestinamente deu continuidade à pesquisa na Biblioteca Pública da Prússia em prol do seu amigo Kurt Blumenfeld, secretário-geral da Federação Sionista da Alemanha, no intuito de documentar declarações antissemíticas proferidas por grupos da sociedade civil alemã, associações comerciais e sociedades profissionais. Arendt foi presa pela polícia em Berlim, que a interrogou durante oito dias a respeito das conexões desse seu trabalho. Logo após sua libertação, ela e sua mãe fugiram da Alemanha sem os documentos de viagem, escapando primeiro para Praga, depois para Genebra, e finalmente para Paris, onde viveria como refugiada "ilegal" pelos próximos sete anos (ARENDT, 1994: 5-6; YOUNG-BRUEHL, 2004: 105-107).

O tempo de Arendt em Paris foi intensamente formativo, política e intelectualmente. Se 1933 marcou o nascimento do seu profundo despertar político – sua compreensão de que a "indiferença não mais era possível" e ser responsável significava que "não se podia mais ser um mero observador" (ARENDT, 1994: 3) – os sete anos que se seguiram representaram a progressiva maturação do seu filosofar político. Embora sua vida como refugiada fosse difícil, contribuindo para a separação de Günther Stern em 1936, era, igualmente, um milieu cosmopolita, cultural e politicamente fértil. Embora criticamente insatisfeita com muitos elementos do sionismo, Arendt trabalhava com entusiasmo para várias organizações judaicas que atuavam em Paris, ajudando emigrados e crianças refugiadas a serem assentadas na Palestina, compreendendo então, de maneira plena, a lição que sua mãe lhe ensinara: "se alguém é atacado como judeu, deve se defender como judeu... Eu queria me envolver em atividades práticas, única e exclusivamente atividades judaicas" (ARENDT, 1994: 12). Ela também se envolveu com muitos intelectuais notáveis, inclusive alguns camaradas de exílio, como Alexandre Kojève, Jean Wahl, Jean-Paul Sartre e Albert Camus. E, talvez o mais importante, conheceu o refugiado político alemão não judeu Heinrich Blücher, em 1936, que havia sido um membro do Partido Comunista e ativo na revolucionária Liga Espartaquista, de Rosa Luxemburgo. Embora com um passado proletário e pouca educação formal (no sentido convencional), era um personagem profundamente político, possuidor de formidável intelecto, com quem Arendt aprendeu muito a respeito do campo da política, enquanto ele assimilou dela muito da filosofia e da teoria política. Casaram-se em janeiro de 1940, e permaneceram companheiros queridos, amigos e colaboradores até a morte dele, em outubro de 1970.

Em maio de 1940, o governo de Vichy declarou "estrangeiros inimigos" a um grande número de apátridas e refugiados na França (a maior parte deles era judeu-alemã), e ordenou seu aprisionamento em campos de internamento. Arendt foi separada do marido e enviada para o campo de Gurs, sudoeste francês. Correndo imenso risco, conseguiu fugir em julho e seguir para uma residência segura, onde se reuniu a Blücher, que também havia logrado escapar do campo nas cercanias de Paris onde estava preso. Depois de chegarem a Lisboa, esperaram por três meses até garantirem passagem para Nova York (YOUNG-BRUEHL, 2004: 152-159). Dez anos depois, Arendt naturalizou-se cidadã norte-americana.

O começo da vida em Nova York provou-se difícil: ajustar-se a um modo de vida socialmente diverso, tentar encontrar emprego e, em especial, aprender um novo idioma, representou inúmeras dificuldades. Depois de trabalhar como professora de meio período e como colunista para jornal em alemão Aufbau, no qual publicou diversos artigos divulgando a perseguição aos judeus europeus e a expansão da Solução Final, Arendt tornou-se editora-chefe da Schocken Books, em 1946. Da mesma forma, desde meados até finais da década de 1940, trabalhou na Commission on European Jewish Cultural Reconstruction, organização dedicada a identificar itens de importância cultural saqueados durante a ocupação nazista da Europa, com vistas à sua recuperação e restauro. Foi nesse período que conduziu o imenso volume de pesquisa que levou à publicação do seu primeiro grande livro, *As origens do totalitarismo*, em 1951, cuja recepção trouxe consigo tanto aplauso quanto desaprovação. Alguns críticos focaram nas supostas deficiências da metodologia histórica de Arendt, enquanto outros expressaram seu descontentamento em relação à atenção desproporcional que a autora conferira ao Nazismo em detrimento do stalinismo (BAEHR, 2010). Ainda assim, a obra foi uma das primeiras a analisar os "elementos fulcrais do totalitarismo" (ARENDT, 1994: 403), e a relatar, historicamente, sua natureza "sem precedentes", um fenômeno até então inimaginável.

Com a recepção majoritariamente positiva de *As origens do totalitarismo*, a reputação intelectual de Arendt começou a ultrapassar as fronteiras da comunidade de emigrados alemães em direção às redes de relacionamento e instituições da Academia Norte-americana. Em 1952, ela recebeu uma bolsa da Guggenheim Foundation para desenvolver um projeto de pesquisa sobre "Os elementos totalitários do marxismo", que percebeu como uma tentativa de preencher as lacunas que ligavam o pensamento de Marx ao stalinismo, os quais ela havia apenas ensaiado em seu livro. Pelos próximos sete anos, Arendt foi convidada a proferir uma série de importantes palestras em instituições como as universidades de Chicago, Notre Dame e Princeton, nas quais não apenas explorou sua crítica a Marx, mas também desenvolveu seu questionamento crítico da tradição filosófica ocidental e sua consistente e perturbadora hostilidade em relação à liberdade política de expressão e ação. Tornou-se professora-visitante da Universidade da Califórnia, Berkeley, em 1955, e quatro anos depois foi nomeada professora titular em Princeton – a que Arendt se referia, com sua irreverência peculiar e "difícil" trato, como a "universidade esnobe *par excellence*" (YOUNG-BRUEHL, 2004: 272). Seu segundo grande livro, *A condição humana*, veio à tona em 1958 e trazia o seu relato de como as questões público-políticas eram indispensáveis à existência humana decentemente vivida.

Em carta escrita para Karl Jaspers em julho de 1953, ela lamentou-se: ah se eu soubesse mais a respeito do problema do mal! (YOUNG-BRUEHL, 2004: 287). Seu desejo foi atendido em 1961 quando a revista *The New Yorker* a contratou como correspondente para cobrir o julgamento de Adolf Eichmann em Israel. Oficial de nível médio da SS, responsável por coordenar a deportação em massa de judeus europeus para os campos da morte nazistas durante o Holocausto, ou Shoah, Eichmann exemplificou para Arendt a "banalidade" do mal, e se *As origens do totalitarismo* discutia o mal "radical" dos campos de extermínio, *Eichmann em Jerusalém*, publicado em maio de 1963, lidava com a questão de como tamanho mal poderia ser empreendido por pessoas aparentemente normais que agiam impensadamente ou seguiam, lealmente, políticas de Estado. Os argumentos de Arendt provocaram um vendaval de controvérsia e hostilidade. Alguns críticos acreditaram que o termo "banalidade do mal" trivializava as terríveis atrocidades da Solução Final, enquanto outros, menos generosos, condenavam sua suposta tentativa de culpar as vítimas judias ao se dispor a analisar o papel dos *judenrat* (conselhos judeus) e sua cooperação com as autoridades nazistas (ARENDT, 2007a: 465-511).

Não é de espantar, portanto, que no curso da década seguinte Arendt tenha se preocupado como uma série de conceitos interconectados exerceriam profundas implicações morais e políticas à luz daquela verdadeiramente real questão de como o mal político se manifestava: pensamento, discernimento, poder, violência, opinião, pluralidade, tradição e revolução. Muitas de suas reflexões eram provocadas por diversas crises que turvavam o horizonte político e social norte-americano, como a segregação racial e a luta pelos direitos civis, a Guerra do Vietnã e o escândalo de Watergate. Durante este atribuladíssimo, mas igualmente produtivo, período, ela publicou *Entre o passado e o futuro* (1961), *Da Revolução* (1963), *Homens em tempos sombrios* (1968), *Sobre a violência* (1970) e *Crises da República* (1972).

Tendo granjeado uma reputação acadêmica destacada, e não mera notoriedade, Arendt assumiu a posição de catedrática na New School for Social Research, Nova York, em 1967. Ela também recebeu diversos prêmios que reconheciam o conjunto de sua obra, incluindo vários *Honoris causae*, o Sigmund Freud Preis of the Deutsche Akademie für Sprache and Dichtung (Academia Alemã de Letras e Literatura) em 1967, o Emerson-Thoreau Medal of the American Academy of Arts and Sciences em 1969, e o Sonning Prize for Contributions to European Civilization, em 1975. Em 1973, foi convidada a proferir a prestigiosa Gifford Lectures na University of Aberdeen, Escócia, e lá apresentou o material do seu planejado futuro livro, que examinaria as três atividades definidoras da mente – refletir, desejar e deliberar – e desenvolveria sua compreensão sobre a relação entre o pensamento e a política. Esta obra, contudo, permaneceu inacabada, pois Arendt faleceu de ataque cardíaco em 4 de dezembro de 1975, enquanto estava reunida com amigos em seu apartamento em Nova York. Seu livro *A vida do espírito* foi publicado postumamente em 1978.

A sensibilidade fenomenológico-existencial de Arendt

Quando o jornalista Günter Gaus entrevistou Hannah Arendt para a televisão alemã em outubro de 1964, ela ofereceu a seguinte caracterização da sua orientação intelectual e vocação: eu não pertenço ao círculo dos filósofos. Minha profissão, se é que posso falar dela, é a teoria política. Nem eu me sinto filósofa nem acredito que tenha sido aceita naquele círculo (ARENDT, 1994: 1). Posteriormente, explicou que "há uma tensão vital entre a filosofia e a política" (ARENDT, 1994: 1), e mais tarde afirmou não acreditar "existisse qualquer processo de pensamento possível fora da experiência pessoal. Todo pensar é um repensar, ou seja, o reexame de alguma matéria ou evento (ARENDT, 1994: 20). Embora sua educação tenha sido predominantemente filosófica, influenciada particularmente por Heidegger e Jaspers, e a despeito da sua óbvia afinidade com esta disciplina – um comentarista referiu-se a ela como "uma filósofa do filósofo" (ARENDT, 1979: 307) –, Arendt resistiu insistentemente à categorização rígida de sua vida e obra, permanecendo sempre dúbia no que tange à filosofia propriamente dita, e particularmente ambivalente a respeito de sua forma "profissional". Além de ser uma escritora prolífica, foi também uma extraordinária e versátil pensadora, cujas ideias são de difícil demarcação conforme escolas de pensamento estabelecidas e distinções políticas convencionais. De fato, quando Hans Morgenthau, renomado acadêmico de Relações Internacionais e seu amigo pessoal, a perguntou "O que é você? Uma conservadora? Uma liberal? Qual o seu posicionamento dentro das possibilidades contemporâneas?", irônica, ela respondeu:

> Eu não sei. Realmente não sei, nem nunca soube. E acredito que jamais tenha tido um tal posicionamento. Sabe, a Esquerda pensa que eu sou uma conservadora, e os Conservadores às vezes pensam que eu sou uma esquerdista, ou uma dissidente, ou sabe-se lá deus o quê. E eu preciso dizer: eu não poderia me importar menos. Não acredito que as verdadeiras questões desse século receberão qualquer tipo de iluminação a partir de coisas desse tipo. Eu não pertenço a grupo nenhum... Portanto, não posso responder a essa pergunta (ARENDT, 1979: 333-334).

Como afirmou na entrevista a Gaus, "eu sempre fiz o que gostava de fazer. Não sou particularmente agradável, nem muito polida; digo o que penso" (ARENDT, 1994: 3, 17). É de se esperar que o leitor comece a se perguntar como essa pensadora, declaradamente "difícil e misteriosa", conseguiu angariar todo o respeito e popularidade de que desfrutou. Não obstante, era de suma importância para Arendt - pessoal, teórica e politicamente - cultivar a imagem da "pária consciente", o *status* dissidente de uma *outsider* que permaneceu politicamente engajada com o mundo enquanto afirmava sua independência e distanciamento crítico (ARENDT, 1968: 13-14; ARENDT, 2007a: 275-297). Segundo ela, apenas através da posição deliberada de pária consciente, resistente à conformidade, seria possível atingir o refletir e o deliberar. A "não conformidade social", observou certa vez, "é condição *sine qua non* para a realização intelectual" (YOUNG-BRUEHL, 2004: xliii).

Central a toda sua obra é a preocupação com a atividade do pensar e, como disse em resposta a Morgenthau, sua capacidade de lançar "iluminação". Arendt não via a si mesma como portadora de quaisquer receitas para realizar o bem ou edificar uma sociedade justa, e se esquivava da tentação de propor ideias inquestionáveis ou redigir tratados que pudessem ser aplicados no redesenho social conforme uma teoria perfeccionista ou um programa. Ela, inclusive, sugeriu que essa tentação havia sido um "fardo" para a tradição da "filosofia política" (ARENDT, 1994: 3), com a consequência aziaga de filósofos que, há muito, afirmavam ter domínio sobre o campo da política. Porém, sendo uma teórica política não convencional, preocupava-se com uma questão fulcral, ainda que raramente apontada: o que estamos fazendo? Noutras palavras, o tema para o qual devotou sua vida e deu forma à totalidade do seu trabalho, nada mais era que "refletir sobre o que estamos fazendo" (ARENDT, 1958: 5). A moderna condição humana, acreditava, tornara-se caracterizada pela irreflexão, pela adoção automática de regimes sociais, econômicos, tecnológicos e políticos, e instrumentos que habitualmente prometem progresso e felicidade, mas que, com frequente regularidade, trazem morte, destruição, insegurança, corrupção, desigualdade e alienação. Estamos protegidos da necessidade de pensar graças ao difundido acesso à informação, fatos e perícia técnica - cuja procura, claro, encontra-se agora incessantemente em alta dada a onipresença da internet e dos dispositivos móveis. Com os detritos de uma tradição colapsada atrás de nós e a quimera de uma sociedade sanada dos seus males pelos assim-chamados especialistas à nossa frente, onde nos encontramos, e o que pensamos estar fazendo? Por quais parâmetros orientamos nosso presente? Seremos capazes de conferir sentido aos complexos objetivos que deveriam ditar nossas escolhas e ações num mundo aparentemente em marcha na direção de algo superior? O que, ou quem, estaremos dispostos a sacrificar hoje em troca de um supostamente melhor amanhã?

Arendt apresentava o ato de refletir, e consequentemente a teoria política, não como algo "produtivo", no sentido de oferecer orientação prática para "como fazer coisas" – o *know-how*, como ela mesma colocou em *A condição humana*; antes pelo contrário, como algo que "ilumina", em resposta à sucessão de problemas concretos enfrentados na vida política, e o que estava em jogo, uma vez confrontados (ARENDT, 1968; CURTIS, 1999). Pensar no que se está fazendo permite a profusa interpretação de atos e eventos, revela as múltiplas possibilidades de significados historicamente importantes, e expõe motivações, justificativas, intenções e efeitos ao olhar provocativo da crítica. Acima de tudo, refletir nos convida à compreensão, ao processo pelo qual conferimos sentido àquilo que fazemos ao(s) mundo(s) no(s) qual(is) vivemos. Arendt acreditava, como Sartre afirmou (1998: 575), que os seres humanos são "caçadores de sentido". "O que é importante para mim", ela conclui sobre seu trabalho, "cabe a mim saber" (ARENDT, 1994: 3).

E em que pese não ter aderido a qualquer escola de pensamento específica, ou metodologia sistemática *per se*, Arendt descrevia-se como "um tipo de fenomenologista" (YOUNG-BRUEHL, 2004: 405), significando que sua abordagem do refletir a respeito da condição humana e dos assuntos políticos buscava compreendê-los como fenômenos, ou seja, na maneira como apareciam para aqueles que os viviam, experimentavam-nos e os interpretavam. Sua atitude no sentido de descrever seu trabalho como, *lato sensu*, fenomenológico e existencial foi claramente expresso no comentário que se segue, de 1972: Qual o sujeito da nossa reflexão? Experiência. Nada mais. E se perdemos o terreno da experiência, somos levados à toda sorte de teorias [abstratas] (ARENDT, 1979: 308; [1961] 1968: 14). Nessa perspectiva, a teoria política possuía um significado existencial e relevância na medida em que tinha seu início e permanecia constantemente informada pela existência humana: liberdade, pertencimento, responsabilidade, nascimento e morte, amizade, dominação, imaginação, e assim por diante. A síntese fenomenológico-existencial de Arendt levou-a a solidamente enfatizar a experiência vivida, e a defender que todo pensar é um tipo de repensar, formado pela atenção ao mundo humano no qual nos situamos e nas diversas formas nas quais nos apresentamos significativamente nele junto aos outros[2]. É esta a razão, de qualquer modo, porque recusava se considerar uma filósofa tradicional: da maneira como a concebia, a pura contemplação filosófica é autorreferencial, um processo circular no qual o pensar sempre reflete sobre si mesmo (introspecção). Em contraste, o que percebia como o impulso à necessidade de refletir como uma atividade moral e politicamente significativa era a colisão do pensamento com a externalidade, com as experiências sociais e políticas do nosso tempo. Para se ter certeza, muito embora refletir não deveria jamais ser alienado dos afazeres humanos, também requeria solidão e quietude para funcionar e se manifestar: é necessário parar para refletir (ARENDT, 1978b: 4).

A influência de Husserl, Heidegger e Jaspers, ponto de partida da tendência de Arendt à existencial-fenomenologia, deve ser complementada pela inspiração que ela colheu da filosofia, da tragédia e da poesia clássicas de Grécia e Roma (cf. VILLA, 1996). Ela levava a sério a palavra grega *phainómenon*, "aquilo que aparece", que se manifesta, se mostra ou revela, e embora *phainómenon* possa ter tido um sentido original não político, para Arendt implicava mais claramente o modo como o eu e os outros apresentavam-se entre si no espaço mundano da esfera política. A *polis* é, com certeza, precisamente definida como um "espaço de aparências", um lugar "para

2 Para discussões a respeito do desenvolvimento do pensamento de Arendt à luz da influência da filosofia *Existenz*, de Heidegger, e do existencialismo, cf. Hinchman e Hinchman (1984, 1991), Taminiaux (1997) e Villa (1996).

se articular, estar junto, discutir assuntos entre si" e onde "todas as coisas podem ser reconhecidas, primeiramente, pelos seus diversos ângulos" (ARENDT, 2005: 164, 167). Uma sensibilidade fenomenológico-existencial parece particularmente adequada à tentativa de Arendt de conduzir nossa reflexão para mais perto da experiência vivida da realidade política, como uma forma específica de nosso posicionamento num mundo pleno de sentidos, o qual compartilhamos com outros. Os traços de múltipla revelação – mostrar-nos mutuamente quem somos em nossa pluralidade contida pelo espaço interpessoal da aparência – são historicamente refletidos não apenas pelas leis, mas também pelas linguagens e conceitos que criamos para transmitir, expressar e interrogar os significados possíveis de nossa condição e experiências. É por isso que os conceitos, mesmo aqueles oriundos de ou situados em tempos e lugares distantes, são tão relevantes para Arendt. Conceitos cristalizam ou destilam linguisticamente experiências históricas fenomenalmente concretas, e modos de vida existencialmente plurais, que constituem domínios singulares da condição humana, em especial aqueles do Labor, Trabalho e Ação, como visto em *A condição humana* (YOUNG-BRUEHL, 2004: 318; ARENDT, 1958). Os vários conceitos recorrentes ao longo dos seus escritos são usados para explorar estes diversos domínios experimentais, os quais, ela acredita, deveriam ser, sempre, cuidadosamente distintos, tanto conceitual quanto experiencialmente[3].

Em seu ensaio "O que é filosofia existencial?", de 1946, Arendt afirmou que o aspecto mais notável da fenomenologia de Husserl era sua "refundação" pós-metafísica do humanismo. Ao trazer a realidade para esfera da interpretação humana, Husserl buscara retornar a filosofia ao mundo da experiência vivida, o que não implicava, simplesmente, focar nos estados afetivos, mas antes na reunião de fenômenos particulares em um todo inteligível, capaz de comunica-

3 Devemos tomar o cuidado para não exagerar a ênfase de Arendt na *differentiation*. Patchen Markell (2011: 33) argumenta que ela não pretende que a diferenciação de domínios como esses seja reduzida a uma separação rígida e hígida; antes, que ela seja caracterizada pela "complexa relação entre diferenças e interdependências simultâneas".

ção – invocando, desse modo, "um novo lar a partir de um mundo percebido como estranho" (ARENDT, 1994: 165). É um contraste aguçado em comparação às tendências fundamentalmente desumanizadoras das ciências modernas e das filosofias formais. Embora reconhecesse o mérito dessa tentativa de tornar a experiência humana na preocupação fundamental da filosofia contemporânea, Arendt não tardou a expressar sua antipatia pela suposição metodológica husserliana de que a observação fenomenológica poderia formar um retrato objetivo da natureza humana. A implausibilidade de solucionar a questão da existência através da moldura da verdade objetiva ficou evidente quando ela voltou sua atenção para Kierkegaard, na medida em que ele mostrou que "a verdade subjetiva, a verdade "daquilo que existe" é um paradoxo porque nunca pode ser, objetiva ou universalmente, válido" (ARENDT, 1994: 168). A *hybris*[4] em fornecer verdades objetivas a partir da referência à natureza humana é, para Arendt, ainda mais agravada pela tendência da fenomenologia em retirar-se do mundo exterior em direção à interioridade da consciência. Seu engajamento crítico de Arendt com a fenomenologia e o existencialismo pós-husserlianos foi, assim, a preocupação em torná-los mais "mundanos", refletidos através do apreço clássico pela vida política, em que uma fenomenologia devidamente politizada abre-se para a profunda questão da gênese ou do surgimento do mundo, experiência essa que só pode ser estabelecida pela interação e comunicação entre "a pluralidade de indivíduos ou povos" que habita o mundo (ARENDT, 2005: 175). É fundamental não subestimar a importância do postulado de Arendt, pois ele destaca o ímpeto de sua obra como um todo: ao procurar traçar conexões entre o refletir e a experiência, ela insistiu que o pensar necessitava permanecer orientado a partir de, e em direção ao, mundo em toda sua contingência, imprevisibilidade, improbabilidade e estranheza. Então, à moda da teoria política, ela desejou lançar luz sobre certas condições políticas e experiências – principalmente a pluralidade, a liberdade, a ação, e o que chamou de "natalidade", ou a capacidade

4 A falta de medida, o exagero [N.T.].

de trazer algo novo ao mundo – que haviam sido relegadas à obscuridade pela tradição filosófica desde Platão. Aqui, também, há uma questão de realização existencial, de construir, junto com os outros, um mundo significativo: "A *raison d'être* da política é a liberdade, e o seu campo de experiência é a ação" (ARENDT, [1961] 1968: 146).

Todavia, suas ideias sobre os poderes da reflexão e da teoria política em revelar ou exibir não se aplicam somente a fenômenos positivos, como a liberdade. Ela era da opinião que a teoria deveria, igualmente, refletir sobre e iluminar os "tempos sombrios" do mundo, aqueles eventos ou períodos aos quais Jaspers chamava de limítrofes ou "situações fronteiriças" (ARENDT, 1994: 182-184); situações excepcionais nas quais a consciência humana é confrontada com situações inesperadas que confundem nossos modos prévios de pensar e agir e induzem à confusão, desespero, medo e ansiedade. Ela tomou a expressão "tempos sombrios" emprestada ao poema "Aos que virão depois de nós", de Brecht, o qual, diz, nos fala da "desordem e da fome, dos massacres e das chacinas, do ultraje da injustiça, e do desespero de quando "havia somente o erro, e nenhum ultraje", o ódio legítimo que, não obstante, te enfeia, a bem-fundamentada ira que torna sua voz mais e mais rouca" (ARENDT, 1968: viii). São estes os tempos de silêncios aleijantes, corrupção sistêmica, desinformação, obscurantismo, carência, engano, sigilos, terror e medo; em suma, tempos de "catástrofe política" e "desastres morais" quando o campo no público é envolto em sombras e a verdade mesma apresenta-se opaca (ARENDT, 1968: vii). Tempos sombrios representam tal ameaça à condição de ser humano porque nossa capacidade de cuidar dessa frágil condição depende, em último caso, da possibilidade de compartilhar o senso de realidade, um mundo significativo comum com os demais. O século XX foi testemunha de muitos desses momentos, que escureceram a existência de um mundo partilhado – totalitarismo, fascismo, ditadura, imperialismo, genocídio, guerra mundial, Guerra Fria, proliferação nuclear, metástase burocrática – e que tampouco são estranhos ao século XXI, acompanhados por novas formas de calamidade social e política (o terrorismo não estatal e de estados fundamentalistas, a degradação do meio-ambiente global, a desigualdade crônica e debilitante, e a manipulação mundial dos sistemas econômicos pelas instituições financeiras mancomunadas com os governos mais poderosos). E ainda assim Arendt sugeriu que as experiências vividas em tempos sombrios, ou pelo menos sob o espectro persistente da escuridão, são pontos de partida cruciais para a reflexão teórica, pois "mesmo no mais obscuro dos tempos, temos o direito de esperar alguma iluminação" a partir das perplexidades que enfrentamos (ARENDT, 1968: ix). Consequentemente, a sensibilidade fenomenológico-existencial que encontramos em seu trabalho é a força motriz para sua teorização, construída a partir do profundo compromisso de "lançar luz aos assuntos dos homens" para que "mostrem, em atos e palavras, para o bem e para o mal, quem são e do que são capazes" (ARENDT, 1968: viii). Tal e qual o "milagre" da natalidade (ARENDT, 1958: 247), a reflexão política desempenha um papel vital na potencial renovação do espaço público neste mundo. A opção de se engajar na reflexão, portanto, traz consigo o peso formidável da responsabilidade pelo destino de um mundo comum.

Temas-chave do trabalho de Arendt

A unificação de fenômenos positivos e negativos no bojo da tarefa reveladora da teoria política foi expressa claramente por Arendt em sua palestra de 1954, *Apreensão do recente pensamento filosófico europeu com a política*, na qual afirmou que a "condição preliminar" para a reflexão política deveria ser, como diziam os gregos antigos, um tipo de *thaumazein*, ou "fascínio com o que há da forma que é", no campo dos relacionamentos humanos. E ainda assim, ela apontou que dada a experiência pretérita do mundo moderno, o sentido de fascínio do qual a reflexão política contemporânea deveria emergir provinha de duas formas mutuamente imbricadas: o "indizível fascínio da gratidão" e o "horror indizível", cada um provocado pela análise do "que os homens podem fazer e do que será do mundo" (ARENDT, 1994: 445). A teoria política confere voz ao fascínio e ao horror indizíveis ao reformular urgentemente as questões clássicas da filosofia política: "O que é política? O que é o homem enquanto ser político? O que é liberdade?" Contudo, da maneira como via, estas questões permaneceriam sem sentido até que se orientassem pelas realidades políticas contemporâneas e pelas circunstâncias que ou enriquecem ou fragilizam a possibilidade de uma existência humana decente, ou seja, uma vida apropriada para "o homem enquanto ser atuante" (ARENDT, 1994: 433). De fato, este modo de proceder destaca os temas mais importantes da *ouvre* de Arendt, e, portanto, os conceitos que servem como pontos de referência ao longo deste livro.

Um tema presente ao longo de toda obra de Arendt é sua preocupação com a "fragilidade dos negócios humanos" (ARENDT, 1958: 188, 222). De *As origens do totalitarismo* em diante, ela salientou a susceptibilidade do espaço público a numerosas patologias políticas. Embora este espaço sirva de liga para o cultivo de nossa humanidade através da ação política concertada, a extensão da aparência é, amiúde, efêmera e vulnerável ao encerramento, vulnerabilidade esta espelhada no próprio *status* humano que, para Arendt, era dependente de um *status* político apropriado e correspondente. Ela sublinhou que somos humanos não apenas por causa do nosso nascimento físico, mas também graças ao nosso pertencimento político, junto aos demais, a um mundo que criamos conjuntamente entre nós; tornamo-nos plenamente humanos na base da natalidade de nosso segundo nascimento, o político (ARENDT, 1958: 176). Noutras palavras, embora nasçamos naturalmente na espécie humana, o processo de tornar-se uma pessoa humana pela superação de nossa existência meramente física é resultado de uma experiência interpessoal que emerge a partir da união público-política. Na formulação de Arendt, a humanidade é um *status* interpessoal que devemos mutuamente garantir uns aos outros através do reconhecimento em um espaço público caracterizado pelas condições de pluralidade e fragilidade (ARENDT, 1958: 176, 188, 222). Nossa capacidade de expressão e ação compartilhada, sugeriu, constitui um mundo político comum, no qual podemos aparecer uns para os outros e revelar nossas particulares identidades, ou seja, "quem", e não somente, "o quê" somos. A expressão é a forma de ação através da qual conseguimos nos reconhecer como diferentes, existindo em meio a uma pluralidade de outras pessoas. Ainda assim, também é através da expressão que nos tornamos iguais, pois é através dela, o meio comum onde compreendemo-nos mutuamente, que nos reconhecemos membros de uma comunidade humana. A significância normativa do processo de reconhecimento político reside no fato dele ser a base da dignidade humana. Dignidade – nossa humanidade, ou *humanitas* – não é simplesmente uma disposição subjetiva, interior, mas uma característica de experiência mundana, um modo de ser adquirido pelos meios interativos de reconhecimento equânime e expressão do devido respeito pela vulnerabilidade e particularidade dos outros (ARENDT, 1968: 73-75). A capacidade de adquirir nossa humanidade depende, portanto, de cada indivíduo ter seu idêntico *status* político reciprocamente afirmado no bojo de uma comunidade de outros plurais. Esta dependência destaca tanto a natureza historicamente condicionada do *status* humano quanto sua precariedade em face da dominação, opressão e exclusão.

Outro tema importante, e relacionado, é o da superfluidade, ou aquilo que Arendt considerava como o processo de ameaça à própria pluralidade humana. O que ela chamou de "superfluidade" era o problema da desumanização associada à dispensabilidade, ou irrelevância, de grandes números de pessoas da vida política. Pessoas supérfluas não são apenas oprimidas ou tratadas injustamente, elas se tornam dispensáveis de um mundo humano apropriado, algo que se prova fatal para seu *status* humano. Tornar "seres humanos em seres humanos supérfluos" foi, por exemplo, um projeto central do totalitarismo (ARENDT & JASPERS, 1992: 166). Em sua sistemática tentativa de eliminar a espontaneidade humana, individualidade e pluralidade, os regimes totalitários não apenas liquidavam indivíduos, mas antes aniquilavam a ideia mesma de humanidade. Todos os seres humanos, inclusive os próprios líderes dos regimes totalitários, eram tratados como absolutamente supérfluos e dispensáveis (ARENDT & JASPERS, 1992: 69), e ainda assim, esse problema não está confinado ao totalitarismo, algo crucial para o entendimento que Arendt tem da moderna "sociedade de massas" e seus efeitos desumanizantes. Originalmente gerado pelo Imperialismo e posteriormente radicalizado pelo totalitarismo, a organização administrativa que visa criar seres humanos supérfluos tornou-se um aspecto central das ordens sociais e políticas modernas. Onde o imperialismo colonial gerou o capital "excedente" e as pessoas "excedentes" (as massas "improdutivas" da Europa e das colônias) (ARENDT, [1951] 2004: 198-200), e o totalitarismo produziu as eminentemente "dispensáveis" vítimas dos campos de extermínio (ARENDT, [1951] 2004: 592), a sociedade contemporânea (tanto a doméstica quanto a global) produz condições que ameaçam banir muitos à impotência política e às margens obscuras da associação humana: imigrantes e refugiados "parasitas", pobres "inúteis", os irremediavelmente "atrasados" ou tecnologicamente "subdesenvolvidos". Arendt insiste que os teóricos devem permanecer atentos aos modos de organização política que alienam outros do "mundo comum a todos" (ARENDT, 1968: 16).

O interesse de Arendt na fragilidade do espaço público e do *status* humano, bem como na projeção da superfluidade na Modernidade, converge claramente com os temas-chave da liberdade e da ação humana. Em contraste com Heidegger, que via a elevação da mortalidade, ou a "antecipação da morte", como característica definidora da existência humana, ela, pelo contrário, pensava em termos de fenômeno do nascimento, ou "natalidade". Embora, admita-se, natalidade e mortalidade sejam coimbricadas, uma decisiva diferença moral e política é apresentada pela tônica situada em uma ou outra. Finitude ou mortalidade, nas palavras de Heidegger ([1927] 1967: 284), só eram autenticamente significativas para o indivíduo singular, o *self* radicalmente dissociado. O nascimento, contrariamente, envolve não apenas o eu isolado, mas antes implica um ato criativo entre indivíduos – um "nós" mais que um "eu". O fato de "entrarmos nesse mundo via parto" é decisivo para sua compreensão da condição humana porque sem sua existência do "homem", bem como sem sua existência do mundo, ela se torna totalmente perecível (ARENDT, 1958: 51). A capacidade de criar nossos seres humanos não apenas reabastece o mundo de união humana, mas também corresponde, politicamente, ao potencial de iniciar algo novo e realizar alguma coisa espontaneamente, ou seja, a ação humana (ARENDT, 1958: 178). Neste ponto, Arendt inspirou-se na distinção aristotélica (1955) entre *poiesis* e *praxis*: a primeira refere-se às atividades instrumentais destinadas a produzir fins externos, enquanto a segunda diz respeito à forma de ação realizada como um fim em si mesma. Enquanto a necessidade é inerente à *poiesis,* a liberdade é peculiar à *praxis.* A relação entre natalidade e ação aponta, por sua vez, para o potencial da liberdade humana. Através da mediação da liberdade na vida política compartilhada, torna-se possível para os "coexistentes" agirem juntos na transcendência da mortalidade, da qual o indivíduo sozinho não pode escapar, e fortalecer a fragilidade do espaço público, exposto ao constante fluxo do tempo. Liberdade de ação exige discurso e pluralidade na forma de atores diversos e espectadores que compartilham seus feitos e palavras, tecendo-os em narrativas transgeracionais sobre de onde vieram, quem são, e para onde seguem, e tais narrativas cerzem os tecidos componentes dos negócios humanos. A memória coletiva preserva o passado, enquanto o diálogo continuado, o debate e a persuasão abrem espaço para a emergência de vozes diversas e novas opiniões. Por um lado, introduz-se a mudança - a novidade, o inesperado, o invulgar - na teia e esforços humanos existentes; por outro, transmite-se durabilidade - continuidade, estabilidade, fundações - para o mundo compartilhado em comum. A ação pode tanto apagar realizações passadas quanto recuperá-las do esquecimento.

Dado que Arendt considerava a pluralidade "uma das condições existenciais básicas" (ARENDT, 1978b: 74) à vida política, da mesma forma que a contestação e o consenso a respeito de perspectivas divergentes e opiniões são constitutivos da coexistência no espaço público, os temas do poder, violência, discernimento e perdão são igualmente centrais ao seu pensamento. Ontológica e politicamente, ela refletiu sobre o poder como um potencial atualizado apenas quando seres humanos singulares, reconhecidos pelos demais como iguais, expressavam-se e agiam juntos, constituindo, assim, um mundo compartilhado entre si. Ao passo que a concepção convencional de poder político o considerasse, antes de mais nada, como a habilidade de "impor sua própria vontade sobre a resistência dos outros" (WEBER, 1978: 53), inversamente, Arendt o compreendia como emerso de promessas mútuas e acordos celebrados por indivíduos agindo conjuntamente para atingir um objetivo comum. Nesta perspectiva, o poder é contrário à dominação e à violência, e resulta da interação participativa entre indivíduos singulares que reciprocamente reafirmam sua igualdade, e se torna real pelas ação e expressão coletivas, que visam criar, ou situar interesses comuns, em um espaço relativamente estável onde a liberdade pode ser revelada. Desta forma, o poder vem à tona entre a pluralidade de outrem, em um espaço público de expressão persuasiva, e a ação dedicada ao debate e à deliberação, à negociação e troca de opiniões. Ela apontou que o "caráter revelatório" da expressão, meio pelo qual os atores fazem sua entrada no mundo humano e revelam-se como sujeitos de identidades singulares, só pode florescer onde "as pessoas estão umas com as outras, e ninguém está a favor ou contra elas" (ARENDT, 1958: 150). Quando os instrumentos da violência são empregados contra os outros, a união humana e a liberdade pública são perdidas. Por causa disso, Arendt defendeu que o poder e o espaço público deveriam ser considerados concomitantes. O espaço público, o local onde é possível tanto para a concordância quanto para a discordância ocorrerem na base da livre permuta de pontos de vista diversos entre indivíduos compreendidos como atores políticos iguais. A política, uma *atividade de empoderamento*, não apenas pressupõe a condição da pluralidade, mas também a adota na estrutura de um mundo comum compartilhado, e embora a violência possa, de fato, extinguir o poder político, é incapaz de gerá-lo. Apesar dessa distinção entre poder e violência, Arendt acreditava que a opção pela força podia, às vezes, ser justificada (ARENDT, 1958: 51-52). Em certas situações casuais, específicas, sugeriu, seu uso temporário podia se fazer necessário no intuito de proteger vidas inocentes ou para abrir oportunidade para o espaço público (ARENDT, 1963: 19-20; ARENDT, 2007a: 445), quando estes forem ameaçados pela destruição violenta nas mãos dos outros malignos.

Também é verdade que, frequentemente, "poder" e "violência" ocorrem juntos (ARENDT, 1970: 52), mas ainda assim, esta não deve ser confundida com o poder ou com a política, propriamente, e seu uso continuado irá, inevitavelmente, colocar em risco as frágeis relações nas quais se fundamenta o espaço público.

O poder, então, exibe a mesma fragilidade que a liberdade no espaço público. Ele não é uma propriedade estática, possuída, mas um fenômeno reversível, gerado quando as pessoas agem juntas e livremente, e desaparece quando aquele modo de união é bloqueado, cerceado ou mesmo extinto. O poder corre sempre o risco de ser suprimido, e sua aparência permanece efêmera, mas se é verdade que inúmeras patologias – corrupção, coerção, discriminação, tirania e violência – frequentemente saúdam a potencial realização do poder no espaço público com hostilidade, ele recebe boas-vindas mais calorosas pelas faculdades de discernimento político e perdão. No espaço público, em que o conflito e a tensão amiúde afloram, Arendt defendia que o discernimento desempenha o papel essencial de guia do processo de reflexão em direção à reflexão avaliativa das ações que podem erodir e deformar o mundo que abriga nossos interesses comuns. As consequências dos nossos atos, todavia, frequentemente são imprevisíveis, e qualquer que seja a significância, ou o significado, que possa ter para outros, é impossível determiná-la com antecedência. A ação política manifesta a habilidade humana para recomeçar, embora todas as ações ocorram num contexto específico e, portanto, recorram a e tornem-se parte do mundo real e suas tradições já estabelecidas. Ao mesmo tempo, as ações irrompem a partir de situações e relacionamentos interpessoais específicos, e estão imediatamente abertas às mais variadas interpretações e avaliações por parte de outros seres humanos. Em si mesmas, contudo, as ações não podem ser desfeitas ou anuladas, não importando os efeitos, erros ou enganos que por ventura tenham libertado no campo dos negócios humanos. Mas esta não é a última palavra que Arendt tem a dizer sobre o tema, pois, como ela indicou, a capacidade de discernimento de atingir um consenso público a respeito do sentido da ação abre caminho para o poder redentor das promessas e do perdão. Um dos seus grandes *insights* foi que o ato "inesperado" de perdão frequentemente funciona como precondição para a liberdade e a natalidade, por abrir possibilidades coletivas de recomeçar logo depois de passadas as ações trágicas, sem, contudo, esquecer o passado (ARENDT, 1958: 237-241). Além disso, o perdão conecta-se à promessa, de modo que perdoar erros passados pode ser acompanhado por assumir um senso compartilhado de responsabilidade por um futuro em que, como prometido, aqueles erros jamais serão repetidos (ARENDT, 1958: 234-237; ARENDT, 1963: 175). Neste sentido, o perdão e a ação mútua da promessa são ações políticas positivas, orientadas na direção do poder e do empoderamento - reconstituindo um espaço para a comunidade política frágil, mas voltado para o futuro - intimamente relacionado com os resultados daninhos das ações que, com muita frequência, tomamos - agarrar-nos vingativamente a um ciclo de violência carregado do peso do passado e seus ressentimentos.

Estes e numerosos outros temas ocorrem ao longo do leque de conceitos explorados pelos ensaios que se seguem. Ao final deste volume, os leitores devem apreciar não apenas o escopo impressionante e a profundidade da obra de Hannah Arendt, mas igualmente as múltiplas visões de pensamento que abriu. Como ela mesma nunca cansou de apontar, a riqueza do nosso senso de realidade depende de alargar a nossa capacidade de refletir sobre os significados possíveis de nossas ações e do nosso tempo. Onde quer que tal capacidade seja alimentada e praticada, poderá iluminar, e até dispersar, as sombras que escurecem o mundo comum. Se esta visão estiver correta, o que está em jogo quando se aprende a pensar, julgar e agir no mundo contemporâneo é nada menos que manter vivo o espaço humanizante e revelatório da aparência.

Parte I

Sobre a condição humana

1
Natalidade

Karin Fry

Desde o tenro início de sua carreira intelectual, foi significativo o interesse de Hannah Arendt na vida e nas implicações políticas vinculadas ao fato do nascimento. O conceito de "natalidade" é central ao conjunto de sua teoria política e, talvez, seu aspecto mais otimista. O foco na vida e na natalidade, ao invés da morte e da mortalidade, alça a vida política à condição de uma atividade esperançosa, na qual é possível exibir aspectos do eu para o mundo em formas significativas; sugere que a ação individual importa, e que eventos terrenos são relevantes. Conectada aos seus conceitos políticos de ação e pluralidade, a natalidade está no coração mesmo da teoria política arendtiana.

Natalidade e Agostinho

Tendo assistido às aulas de Martin Heidegger no período em que ele escrevia *Ser e tempo*, o primeiro afastamento de Arendt desse ponto de vista ocorreu durante sua tese de doutorado, publicada em 1929, sob o título *Der Liebesbegrif bei Augustin: Versuch einer philosophischen Interpretation*, um trabalho que foi traduzido para o inglês[5] como *Love and Saint Augustine* (publicado em 1996) e inclui revisões posteriores agregadas pela autora à sua tese na expectativa de publicá-la, entre 1964-1965. Por não ter conseguido revisar a obra até o fim, há controvérsias no que tange à importância como pesquisa sobre Agostinho; não obstante, suas revisões para a edição em inglês incluem o termo "natalidade", e indicam que o escrutínio da obra do filósofo cristão[6] pode tê-la inspirado na formação

5 No Brasil, *O conceito de amor em Santo Agostinho* [N.T.].

6 Scott e Stark (1996) propõem que a semente de muitos dos conceitos de Arendt, tais como o pária-arrivista, e suas distinções entre o público, o privado e o social, vem

desse conceito. Seja como for, ela viria a explicá-lo de todo em seus últimos escritos, em especial *A condição humana*, mas sua tese e revisões fornecem pistas interessantes da significância geral da natalidade para o restante de sua teoria.

A ontologia fundamental de Martin Heidegger paira, largamente, sobre a tese de Arendt, embora a influência da filosofia *Existenz* de seu orientador, Karl Jaspers, também seja percebida. Sua análise da teoria agostiniana é uma exploração fenomenológica do conceito de amor, um veio semelhante ao seguido por Heidegger na exploração do tempo, mas dois aspectos em particular afastam-na desse percurso. Ao longo de sua carreira, a maior crítica que Arendt dirigiu a Heidegger versou sobre a carência de atenção à vida política ativa, em prol de uma existência contemplativa das verdades eternas. Embora essa discordância tenha sido expressa mais diretamente em sua obra mais tardia, ela emergiu na discussão do conceito agostiniano de amor e foi explorada em duas maneiras diferentes no texto. Há, primeiro, uma análise da natalidade, ou o que significa ser nascido, em oposição à ênfase heideggeriana na mortalidade; em seguida, Arendt desenvolveu uma análise crítica da discussão de Agostinho sobre o amor ao próximo a partir de uma visão de mundo cristã. Essa crítica, de resto, se estendeu ao corpo filosófico de Heidegger, pois ele não prestara muita atenção às relações positivas entre outros em *Ser e tempo*. Focar na solidão da morte, e não no potencial do nascimento, pode resultar em uma filosofia mais introvertida e menos orientada politicamente.

Ser e tempo, de Heidegger ([1927] 1967), é conhecido por sua exploração da vida autêntica do indivíduo enquanto ser-dirigido-à-morte. A pessoa autêntica encara a mortalidade, não faz de conta que sua vida será infinita, pois somente quando se reconhece a fi-

---

do seu estudo de Agostinho (ARENDT, 1996: 125-134), enquanto outros pensadores conferem-lhe menor significância: Margaret Canovan destaca a rejeição, por parte de Arendt, de boa parte do pensamento agostiniano, e observa que a necessidade dela de modificar tanto da tese original durante o processo de tradução deu-se para que esta se parecesse mais com sua teoria mais recente (CANOVAN, 1992: 8). Da mesma forma, é digno de nota que o fato de Arendt não ter completado a revisão da tradução para o inglês sugere que ela estivesse, de alguma forma, insatisfeita com o trabalho.

nitude da existência é possível preencher-se da urgência para tomar decisões autênticas a respeito. Usualmente, Heidegger escreve sobre esse processo como uma tarefa provavelmente individual e solitária, pois a mortalidade pertence unicamente a cada um. Na experiência ordinária, outras pessoas nos distraem e encorajam a sermos inautênticos, presas que estão nas questões do dia a dia, negando ideia de que a morte é uma possibilidade sempre presente. Heidegger chama essa gente, em modo inautêntico de engajamento com o *self*, "*das Man*", algumas vezes traduzido como "eles, os outros". Envolver-se com esses outros inautênticos leva para longe do enfrentamento da mortalidade, em direção à armadilha da parolagem ociosa sobre os afazeres comezinhos. E ainda que Heidegger chegue a mencionar a possibilidade de um ser-com-os-outros autêntico, ao que chama *Mitsein*, sua discussão não é tão enfatizada quanto a aparentemente mais usual relação interpessoal que produz comportamento inautêntico baseado ou na distração ou na negação direta do tempo limitado que se tem na Terra[7]. Ao descrever as diferentes formas do amor encontradas na obra de Agostinho, Arendt encontrou problemas que puderam, facilmente, estender-se à ontologia de Heidegger: ela rejeitou a existência "autêntica" solitária, que parece emergir do pensamento de ambos os filósofos.

Segundo Arendt, Agostinho descreve o amor como um *appetitus* envolvente, um anseio, que diz respeito ao desejo de um objeto que, imagina-se, trará felicidade (ARENDT, 1996: 9). O anseio, porém, não é estranho ao medo, pois todas as coisas boas podem ser perdidas; ela, então, percebeu que na obra de Agostinho, o *appetitus* é frequentemente relacionado à mortalidade, que pode ser entendida como um inimigo a ser temido, e que, tipicamente, encontrava-se além do controle pessoal, enquanto os humanos anseiam a habilidade de encarar o futuro sem medo ou perda da vida (ARENDT, 1996: 11-12): como percebeu Elizabeth Young-Bruehl, biógrafa de Arendt, o objetivo último desse anseio é a "vida sem medo" (YOUNG-

7 Frederick A. Olafson (1998) defende que a ética heideggeriana poderia ser fundamentada em seu conceito de *Mitsein*, embora o filósofo não discutisse diretamente tal questão.

-BRUEHL, 2004: 491). Não obstante, para se atingir a verdadeira saciedade, é necessário o tipo correto de amor, pois através do amor a Deus, o medo da mortalidade é suplantado por um amor que produz vida eterna, crucial para o santo católico. O tipo errado, *cupiditas*, seria o amor pelas coisas mundanas e, segundo o modelo agostiniano, exemplificado por aqueles que pertencem à cidade dos homens, fadados à danação. Arendt descreve *cupiditas* em termos heideggerianos como uma fuga da morte, pois aqueles que anseiam pela permanência agarram-se, precisamente, "àquelas coisas que serão perdidas com a morte" (ARENDT, 1996: 17), produzindo uma desagradável escravização a coisas fora do controle e que podem ser perdidas a despeito da vontade (ARENDT, 1996: 20). O medo da morte não cessa com *cupiditas* porque permanece ligado a coisas temporais, que podem ser perdidas (ARENDT, 1996: 20), um fenômeno que Arendt descreve como um tipo de "fuga do self", paralela à descrição de Heidegger de uma vida inautêntica (ARENDT, 1996: 20). Através da *cupiditas*, o *self* distrai-se do medo da mortalidade, perde-se nos afazeres mundanos, e não resolve a ansiedade a respeito da morte (ARENDT, 1996: 23-25).

A cura que Agostinho propõe para tal estado de coisas difere daquela sugerida por Heidegger, em boa medida graças às preocupações abertamente cristãs do primeiro. *Caritas* seria o verdadeiro tipo de amor que acompanha a eternidade (ARENDT, 1996: 17), que a encontra pela via da rejeição dos objetos temporais e preenche a lacuna que separa indivíduo e Deus (ARENDT, 1996: 20). Pela *caritas*, Deus, ou "o Amado", "torna-se um elemento permanentemente inerente do ser" (ARENDT, 1996: 19), e a verdadeira felicidade da vida eterna da alma emerge através desse amor, transcendente da natureza humana e mortal (ARENDT, 1996: 30). Diferentemente de Heidegger, para Agostinho ser e tempo se opõem, e Arendt afirma que, segundo o pensamento do filósofo cristão, para verdadeiramente *ser*, o homem "precisa superar sua existência humana, temporária (ARENDT, 1996: 29) – de fato, a "morte havia morrido" (ARENDT, 1996: 34). Os seres humanos são, em essência, libertos da mortalidade graças a uma existência eterna além-morte, e o amor pela vida nesta terra é uma tentação pecaminosa ou, na melhor das hipóteses, secundária e derivativa, quando comparada às recompensas da *caritas*.

Para explicar como a temporalidade funcionava no pensamento agostiniano, Arendt voltou-se para a natalidade: a ênfase de Heidegger recai na eventualidade futura da morte, enquanto que para Agostinho é o passado que possui mais influência no presente e no futuro (ARENDT, 1996: 47). Na sua revisão para a tradução inglesa, Arendt mudou a discussão da importância do passado agostiniano para incluir a palavra "natalidade", conceito que, então, já havia trabalhado em outros escritos, inclusive *A condição humana*. Ela inseriu a seguinte afirmação na revisão de sua tese: o fator decisivo que determina o homem como ser consciente e com memória, é seu nascimento, ou "natalidade", ou seja, o fato de ter entrado no mundo através do nascimento (ARENDT, 1996: 51). No texto original, ela apenas discutia os fenômenos do "ser" e da "origem", mas incorporou a palavra "natalidade", indicando que algo da inspiração para esta ideia veio de Agostinho (SCOTT & STARK, 1996: 132-133). De fato, ela frequentemente o cita sempre que discutia a natalidade ou o nascimento. Com relação a Heidegger, a mortalidade permanece relevante para Arendt, mas sem a mesma ênfase, pois a natalidade e o potencial que os seres humanos possuem para viver são mais significativos para a ação política. Jeffrey Andrew Barash argumenta que a divergência na ênfase temporal entre a análise de Arendt sobre Agostinho e aquela da temporalidade de Heidegger é fundamental para a crítica que ela apresentou à obra heideggeriana como um todo[8]. Barash descreve a ontologia heideggeriana como uma espécie de "futurismo" existencial, enquanto Arendt destaca a importância da memória e da lembrança mais amplamente (BARASH, 2002: 172-176). Para ela, memória e lembrança estão fundamentalmente relacionadas à capacidade humana de agir politicamente.

Arendt conectou a noção de natalidade, no pensamento agostiniano, à gratidão por tudo o que fora concedido, o que, por sua vez,

8 É digno de nota que Arendt também considera Agostinho culpado por superenfatizar o futuro, graças ao seu interesse pela salvação eterna (ARENDT, 1978b: 109).

a vincula à ideia arendtiana de *amor mundi*, ou amor pelo mundo. Embora muito da filosofia ocidental enfatize realidades eternas e etéreas, Arendt insistia que o amor por este mundo é necessário, e no esquema agostiniano, a memória e a gratidão aquietam o medo da morte (ARENDT, 1996: 52). Ela descreveu o amor que busca a eternidade como uma espécie de recordação, um retorno ao eu e ao Criador que o fez e o conecta às suas origens (ARENDT, 1996: 50, 53), uma apreciação pelo passado que é, por sua vez, a apreciação do papel divino na criação do universo e do indivíduo (ARENDT, 1996: 50). Arendt, ligou, então, a consciência da origem ao potencial humano para a ação: exatamente por reconhecermos e sermos gratos pela nossa origem é que podemos começar e agir na história da humanidade (ARENDT, 1996: 55). Ela observa que Agostinho utiliza duas palavras diferentes para descrever as origens do universo e do homem: *Principium* refere-se à primeira, enquanto *initium* à segunda e ao início de sua ação no mundo. A recordação da origem envolve ambas as facetas, embora Arendt perceba que para o filósofo cristão, o *initium* do ser humano pareça ser tão, ou até mais, importante (ARENDT, 1996: 55; ARENDT, 1958: 177n. 3). Para ela, esse exame das origens que Agostinho realiza possui um sentido: por causa do seu interesse no nascimento e na gratidão pelo mundo, há o potencial para uma verdadeira conexão com a importância das coisas no mundo e a compreensão da significância de cada vida individual. Sua ideologia cristã, contudo, obstaculiza essa possibilidade graças à maneira como a Cristandade percebe o universo, o papel do indivíduo nele, e as adequadas relações com os outros. A visão de mundo cristã prioriza o eternal e o celeste, em detrimento dos eventos terrenos que afetam a vida dos mortais.

Arendt afirmava que, para Agostinho, o papel dos seres humanos é crucialmente temporal: a existência dos mortais, que vivem sua vida sequencialmente, significa que o tempo e a mudança podem ser marcados, e que eventos no universo podem adquirir um sentido quando vistos em sequência. Diversamente do tempo de Deus, de eterna simultaneidade, os seres humanos registram o que ocorre no mundo, e contribuem através de suas ações. Em sua revisão da tradução para o inglês, ela concluiu que "em certo sentido, foi por amor à *novitas* que o homem foi criado" (ARENDT, 1996: 55). Ainda que Heidegger também examine a relação da humanidade com o tempo, ele não salienta o fato do nascimento em *Ser e tempo*, a não ser quando afirma que somos lançados em direção à nossa morte, pois nascer e morrer estão além de nosso livre-arbítrio[9]. Arendt aponta especificamente para Heidegger como alguém que promove a experiência da morte como unificadora da existência humana (ARENDT, 1996: 56); ela, em contraste, afirma a importância da recordação das origens, que fornece "unidade e completude à existência humana" (ARENDT, 1996: 56), pois "nenhum outro ser mortal, além do homem, vive em direção à sua *origem* primeira enquanto vive em direção à fronteira final da morte" (ARENDT, 1996: 57 – grifo nosso). Não é apenas a mortalidade, mas também a natalidade, que levam à ação.

Scott e Stark, tradutores de Arendt para o inglês, salientam ter sido Agostinho quem a guiou no abandono da fenomenologia heideggeriana, voltada para morte, e no foco da vida e da origem (ARENDT, 1996: 124). Sua posição, porém, não é absolutamente acrítica em relação ao filósofo cristão, e o terço final de sua tese examinou um problema surgido a partir da visão de mundo cristã e platônica de Agostinho, o qual, à sua própria maneira, priorizou as coisas eternas, como a infinitude da alma e do universo como criação divina, sem reconhecer, assim, a relevância dos atos na Terra. A maior importância conferida ao conjunto da criação e à sua natureza perpétua significa que a vida do indivíduo tem pouca significância, em especial quando fora do seu potencial para a existência celestial (ARENDT, 1996: 60). Para Agostinho, afirmou Arendt, "a vida é despojada da singularidade e da irreversibilidade em que as sequências temporais fluem desde o nascimento até a morte" (ARENDT, 1996: 60). Toda criação está destinada a ser boa, sendo parte da criação divina. As ações apenas *parecem* más quando não se adota

9 Em *Natality and Finitude* (2010), Anne O'Byrne argumenta que a obra de Martin Heidegger pode ser compreendida como sugerindo inúmeras implicações para a natalidade.

a perspectiva do todo e se observa os eventos como sequenciados, ao invés de simultâneos, como no tempo de Deus. Eventos únicos não são bons por causa de sua distinção individual, mas antes porque fazem parte do universo criado por Deus; consequentemente, o indivíduo está, ao mesmo tempo, "envolto e perdido na simultaneidade eternamente idêntica do universo" (ARENDT, 1996: 62). A vida humana não possui sentido autônomo fora do plano eterno. Arendt acreditava que a incapacidade de Agostinho em reconhecer a importância de uma vida peculiar é platônica em sua origem, uma outra instância de destaque do eterno e abstrato em detrimento do terrenal. Nesse sentido, os humanos não são "terrenos" e, tampouco, amam esse mundo (ARENDT, 1996: 66).

De fato, para alcançarem a salvação, os seres humanos precisam optar por um amor fora desse mundo, *caritas*, o oposto de *cupiditas* que os prende a ele (ARENDT, 1996: 78). *Cupiditas*, ou cobiça, o amor profano que separa coisas individuais da criação divina e, ao fazê-lo, comete o pecado (ARENDT, 1996: 81). Inversamente, escolher Deus através da correta forma de amar, *caritas*, aos olhos de Arendt, transforma o mundo real em um "deserto", dado que as pessoas salvas só o vivem orientando-se em direção a Deus e à eternidade (ARENDT, 1996: 90), e aqueles que serão salvos o veem como Deus o vê, algo que, para Arendt, levanta questões a respeito do amor ao próximo. Embora esse amor provenha da *caritas*, como tal não reconhece a existência mundana do vizinho, pois para amá-lo da maneira correta, afirma Agostinho, é necessário renunciar a si e às relações mundanas, numa imitação do divino. Ao invés de amar os vizinhos em sua singularidade, o amor vicinal "deixa o amante mesmo em profundo isolamento, enquanto o mundo permanece um deserto para a existência isolada do homem" (ARENDT, 1996: 94). Todo e qualquer humano é o mesmo, parte da criação divina, e não deve ser amado por qualquer outra razão, de modo que a Humanidade fica alienada do mundo e dela mesma. Nas palavras de Elizabeth Young-Bruehl, porque os humanos amam os vizinhos por amor a Deus, "o amor por eles, simplesmente, é impossível... nós os usamos" (YOUNG-BRUEHL, 2004: 493), eles são veículos para atingir a salvação e satisfazer o desejo pelo desfrute do amor divinal (YOUNG-BRUEHL, 2004: 492). Agostinho enfatiza os traços compartilhados pelos humanos, como ser parte da criação divina e sua necessidade de imitar o Cristo, e não o que há de distinto, de exclusivo, a seu respeito. Nesse contexto, a crítica de Arendt ao amor vicinal agostiniano implica uma imprescindível mudança de foco, à relação positiva que se pode ter com os outros pelo reconhecimento da significância de suas vidas nesse mundo. A mesma crítica pode ser aplicada à filosofia de Heidegger, pois ambos os filósofos priorizam um eu autêntico, ou uma autêntica relação com Deus, em detrimento do compromisso para com os outros no espaço da política.

A importância da natalidade para Arendt, e o fato dos humanos serem nascidos com tamanho potencial para a distinção individual, é fundamental à sua filosofia política, e ainda que seu conceito de ação política não seja examinado em relação a Agostinho, parece que tanto em sua tese original quanto em suas revisões para o inglês, sua crítica à tendência típica da filosofia ocidental em desconsiderar a natalidade emerge e é reafirmada. Ao ignorar esta noção, aqueles que miram no eternal e na contemplação acima de tudo perdem a significância do espaço convivial. Elizabeth Young-Bruehl argumenta, pois, que o interesse de Arendt na natalidade deita suas raízes na tese sobre Agostinho, mas também em suas experiências políticas pessoais, como refugiada judia durante a II Guerra Mundial (YOUNG-BRUEHL, 2004: 495). Ignorar a política, o campo mundano, em prol de preocupações ideológicas ou intelectuais, pode resultar em consequências fatais, pois para Arendt interessar-se por coisas mundanas não é sempre problemático; antes pelo contrário, ignorá-las às custas de tal ou qual visão idealizada da política permite que males desconhecidos aflorem. Mais ainda: deixa escapar aquilo que é, precisamente, o mais importante sobre a humanidade, qual seja, seu potencial para ação, e ser formada por indivíduos distintos, cujas vidas terrenas têm sentido. Arendt afirma que tanto na visão de mundo platônica quanto na cristã, a ênfase em assuntos não terrenais, o esforço em afastar-se desse campo, é fútil (ARENDT, 1958: 21): em *Entre o passado e o futuro*, ela conectou a discussão agostiniana do "começo" à liberdade e à habilidade para agir; Deus criou o homem para introduzir no mundo a faculdade de começar, a liberdade (ARENDT, [1961] 1968: 167). Como observado por Scott e Stark, sem o exame da obra agostiniana, "seria difícil imaginar o contexto do qual teria emergido sua análise a respeito da liberdade e sua relação com a política" (SCOTT & STARK, 1996: 147). Da mesma forma, Young-Bruehl comenta que, a despeito de sua crítica à filosofia de Agostinho, é na redação de sua tese que Arendt começa a resgatar o conceito de natalidade da negligência no qual a filosofia o havia colocado (YOUNG-BRUEHL, 2004: 495); não obstante, embora as sementes dessa ideia tenham emergido durante a tese, sua descrição será bem mais detalhada em seus escritos posteriores.

A natalidade completamente formulada

A noção arendtiana de natalidade se apresenta mais bem formulada naquele que é considerado seu trabalho mais importante, *A condição humana*, um livro que estabelece a planta geral para sua teoria política, e na qual a ação política ocupa um lugar central. A atividade do Labor, o interminável esforço para sustentar a vida humana, e a do Trabalho, que constrói um mundo de coisas permanentes, são condições necessárias à ação política, e para Arendt conectam-se à natalidade "de modo que possuem a tarefa de prover e preservar para, de antever e lidar com o influxo constante de recém-chegados que são trazidos, como estranhos, a esse mundo (ARENDT, 1958: 9). Dado que a natalidade reúne toda iniciativa, vincula-se tanto ao Labor quanto ao Trabalho, embora possua sua conexão mais próxima seja com a Ação. Arendt afirmou que "o inerente novo começo do nascimento pode fazer sentir-se no mundo somente porque o recém-chegado possui a capacidade de começar algo novo, ou seja, de agir" (ARENDT, 1958: 9). De todas as partes da vida ativa, a ação política é a que melhor se conecta com o recomeçar, e essa capacidade resulta da natalidade, ou do fato dos seres humanos nascerem com um potencial ainda desconhecido.

A Ação é fundamentada na natalidade, mas também se relaciona à condição humana da pluralidade, descrita por Arendt como "*a* condição - não apenas a *conditio sine qua non*[10], mas antes *a conditio per quam*[11] - de toda vida humana" (ARENDT, 1958: 7). Pluralidade diz respeito ao fato de que todos os seres humanos podem ser únicos e diferentes uns dos outros, mas também que, politicamente, são iguais. Com esta noção, Arendt não centrou sua atenção nas diferenças físicas entre as pessoas, a que ela chama de alteridade (ARENDT, 1958: 176), e que embora estejam conectadas à pluralidade, são compartilhadas com toda vida orgânica, e até mesmo com objetos inorgânicos - ou seja, não se trata de algo inerentemente humano (ARENDT, 1958: 176). A pluralidade, por outro lado, diz respeito a *quem* é a pessoa, aquela que é exibida na ação humana, o fato de que "ninguém jamais é igual a quem quer que seja que já tenha vivido, vive ou viverá" (ARENDT, 1958: 8). A pluralidade é inerente à condição humana, e a política arendtiana é atenta às diferenças entre os seres humanos, pois enquanto a teoria política de inspiração platônica molda a comunidade política com base em participantes conformados a um ideal verdadeiro do Estado mais justo, Arendt espera a discordância na política, baseada em legítimas diferenças de pontos de vista. Seria não apenas antidemocrático livrar-se da pluralidade, mas também replicaria os modelos cristão ou platônico, nos quais o significado dos eventos terrenos é minimizado. A pluralidade é exemplificada na ação política, por aquilo que os indivíduos realizam e pelo que revelam a respeito de si para o mundo.

O mais importante gatilho para a ação política é a natalidade. Agir significa começar algo novo, e por serem "*initium*, recém-chegados, iniciantes por força do nascimento, os homens tomam iniciativas, estão prontos à ação" (ARENDT, 1958: 177). Arendt cita Agostinho, e uma vez mais demonstra como suas ideias sobre natalidade refletem o pensamento agostiniano: ela traduziu o latim do filósofo cristão ([*Initium*] *ergo ut esset, creatus est homo, ante quem nullus fuit*) em "outrora não existia o começo. A fim de que ele fosse,

10 Condição sem a qual [N.T.].

11 Condição pela qual [N.T.].

um homem foi criado, antes que nenhum outro fosse"[12] (ARENDT, 1958: 177). Para ambos, cada nascimento é único, e traz algo novo ao mundo, e novas ações políticas têm suas fundações no fato de que cada pessoa pode dar começo a algo. O efeito de alguém sobre o mundo não pode ser controlado ou predito, mas pode-se ter certeza de que será diferente graças à pluralidade humana. Arendt considera a ação política como a materialização da condição de natalidade, resposta à questão "Quem é você?" (ARENDT, 1958: 178), pois é através da ação, em palavras e atos, que os homens "mostram quem são, e revelam ativamente suas personalidades únicas" (ARENDT, 1958: 179). Agir e começar permite aos humanos revelar aos outros quem são. Neste ponto, as diferenças entre Arendt e Heidegger são razoavelmente claras: embora a natalidade afete tanto o Labor quanto o Trabalho, para ela é a "natalidade, e não a mortalidade que pode ser a categoria central da política, distinguindo-se do pensamento metafísico" (ARENDT, 1958: 9). Ela concorda com Heidegger e Jaspers – a morte é um limite importante, e representa a condição da fronteira existencial – mas, em última análise, percebe a ligação do nascimento com a política como sendo a mais crucial, tanto que desconhecê-lo pode muito bem resultar em teorias filosóficas que ignoram, igualmente, a vida ativa. Sua diferença em relação à abordagem heideggeriana é demonstrada na seguinte citação:

> Fluindo na direção da morte, a vida do homem arrastaria consigo, inevitavelmente, todas as coisas humanas para a ruínas e a destruição, se não fosse a faculdade humana de interrompê-las e iniciar algo novo, faculdade inerente à ação como perene advertência de que *os homens, embora devam morrer, não nascem para morrer, mas para começar*[13] (ARENDT, 1958: 246 – grifo nosso).

A ação é a condição distintiva da humanidade e interrompe o ciclo natural com algo novo e surpreendente. O foco na mortalidade, ao invés da natalidade, ignora os auspiciosos inícios que ocorrem no

---

12 MATTÉI, J.-F. *A barbárie interior*: ensaio sobre o i-mundo moderno. São Paulo: Unesp, 2002, p. 174.

13 ARENDT, H. *A condição humana*. Trad. de Roberto Raposo. Rio de Janeiro: Forense Universitária, 2007, p. 258.

decorrer da vida mortal. Em seu último trabalho, *A vida do espírito*, Arendt sugere que se Agostinho pudesse perceber as consequências corretas de sua visão, teria definido os humanos como "natais", não "mortais" (ARENDT, 1978b: 109), pois é a virtude do nascimento que os define. Além disso, em oposição a Heidegger, o foco na natalidade implica uma relação mais positiva com os outros, posto que, segundo Arendt, aquela questão não é avaliada em si mesma, e sim necessita de outras pessoas para afirmar seu significado. São os espectadores e testemunhas que julgam as ações humanas, e decidem seu sentido, pois "quem é" alguém não pode ser revelado em isolamento; exige uma comunidade, na qual o ato é executado. Em último caso, a morte ocorre solitariamente, logo enfatizar esse evento é muito mais isolacionista; e não surpreende que, priorizar a mortalidade ao invés da natalidade, resulte numa análise amplamente negativa das relações interpessoais – como é o caso de Heidegger.

Com frequência, Arendt discute a natureza milagrosa da Ação, que se baseia na natalidade, e sugere que quando o "novo" ocorre é percebido como um milagre, porque emerge, aparentemente, contra todas as expectativas (ARENDT, 1958: 178). Em *A condição humana*, ela afirma: a Ação é a única "faculdade humana capaz de operar milagres" (ARENDT, 1958: 246), e continua:

> O milagre que salva o mundo, a esfera dos negócios humanos, de sua ruína normal e "natural" é, em última análise, o fato do nascimento, no qual a faculdade do agir se radica ontologicamente. Em outras palavras, é o nascimento de novos seres humanos e o novo começo, a ação de que são capazes por terem nascido[14].

Para Arendt, o potencial que os humanos possuem, por virtude de terem nascido, os permite ter fé e esperança pelo mundo, pois novas possibilidades de ação ocorrem a cada nascimento, e ao discutir a natureza milagrosa da ação, ela citou frequentemente Jesus de Nazaré: sem se preocupar com as qualidades divinas do personagem, ela focou nas implicações filosóficas de sua visão de mundo, acreditando que as "boas novas" dos Evangelhos podiam ser vistas

14 Ibid., p. 259.

como relacionadas àquela natureza miraculosa da ação. Ademais, vinculou a afirmação "uma criança foi nascida entre nós", do livro de Isaías, diretamente à natalidade, e estendeu, alegoricamente, esta fala para além do nascimento de Jesus, entendendo-a como um ato de expressão de fé e esperança pelo mundo em geral, pois a chegada de uma criança anuncia uma nova esperança (ARENDT, 1958: 246). Para Arendt, a "operação de milagres" podia ser compreendida dentro dos limites da ação humana, pois os homens são capazes de interromper o mundo com novos começos (ARENDT, [1961] 1968: 169), imprevisíveis e surpreendentes, que acabam por emprestar uma natureza milagrosa ao fato. Isso não significa que se deva esperar por milagres específicos para sarar os males da sociedade, mas sim "esperar" o inesperado, o imprevisível, nos negócios humanos, fruto da chegada de novos atores e sua pluralidade (ARENDT, [1961] 1968: 170). Para Arendt, a ação política é, de fato, como um "segundo" nascimento, pois dá início a algo novo e revela quem é quem (ARENDT, 1958: 176). Ela afirmou que o impulso desse segundo nascimento "desabrocha do princípio que veio ao mundo quando nós nascemos, e ao qual respondemos iniciando algo novo de nossa própria iniciativa" (ARENDT, 1958: 177). Diferentemente do nosso nascimento inicial, este re-nascer metafórico é escolhido e confirmado por atores humanos através de suas ações, e, ao agir, estes revelam quem são e serão relembrados[15], um re-nascimento que brota de nossa própria condição natal, e da nossa habilidade em engendrar o novo.

Em contraste com a análise de Agostinho, que buscava a imortalidade no reino do além vida, Arendt acreditava existir a possibilidade da imortalidade nesta própria Terra, através das ações dos atores políticos, uma ideia elaborada a partir das visões dos gregos pré-filosóficos, cujas ações memoráveis foram descritas nas obras de Homero e Heródoto. Para ela, estes helenos anteriores à filosofia admiravam a ação política acima de tudo; o interesse primeiro da política não era legislar, mas atuar de forma memorável perante

---

15 Ann W. Astell (2006: 376) vincula o "segundo nascimento" ao segundo nascimento de Agostinho, quando ele foi renascido em Cristo.

uma comunidade. Em larga medida, isto se dava porque as ações humanas, atos e palavras, possuíam para eles uma imortalidade que podia ser recordada após a morte dos atores, e Arendt afirmou que tudo o que resta a respeito de um determinado indivíduo são as histórias que podem ser contadas (ARENDT, 1958: 193). Para os gregos pré-filosóficos, não ser relembrado era equivalente a viver e morrer como um animal (ARENDT, 1958: 19), de modo que era através da ação política que os humanos apareciam, uns para os outros, como indivíduos distintos. Adentrar o mundo comum, público, permite às pessoas extrapolar suas vidas mortais, ser evocadas (ARENDT, 1958: 55), e Arendt afirmou que quando o agente é desvelado em ação de forma profunda, este ato cintila em brilho e glória (ARENDT, 1958: 180), é recordado em memórias, em narrativas, ou, mais oficialmente, em monumentos, documentos ou arte (ARENDT, 1958: 184).

Arendt insistia que o ator não pode controlar o que revelará em seu ato; logo, este não deveria ser considerado como um simples meio para um determinado fim, algo que lhe permitiria fabricar sua persona pública (ARENDT, 1958: 184). Em verdade, a narrativa sobre uma ação pode mudar com o tempo se novas facetas do ato vierem à luz, ou se a própria comunidade se transformar e com ela, consequentemente, a recepção pública do ato. Diferentemente dos objetos, que podem ser moldados e controlados pelo fabrico humano, os homens não são materiais a serem trabalhados (ARENDT, 1958: 188). As ações são imprevisíveis, resultam no desvelo dos indivíduos, sem que estes o controlem ou o conheçam com antecedência, em claro contraste com algumas teorias filosóficas, econômicas ou religiosas que tendem a ver a história como sendo criada por indivíduos que puxam as cordinhas ou dirigem a peça – uma sorte de manipulação rejeitada por Arendt que, alternativamente, fundamenta a história nas memórias da comunidade (ARENDT, 1958: 186). Agir, pois, exige coragem, dado que a recepção do ato é impossível de ser controlada, e a exposição negativa é um risco (ARENDT, 1958: 186), há que se estar disposto a abandonar a proteção da vida privada e expor-se ao julgamento alheio durante a ação.

Para Arendt, é por causa da natalidade que a ação é inesperada e não pode ser prevista.

Embora seja possível reconhecer quase de imediato a necessidade de uma vida individual ser revelada e recordada, um aspecto perturbador da análise de Arendt é que, aparentemente, isto só ocorre através da ação política, muito embora o relembrar e o reconhecer ocorram a todos, privadamente, em suas relações com os outros. Ela afirmou que todas as vidas podem ser contadas como histórias, e citou este fato como pré-política e pré-histórica condição para a história (ARENDT, 1958: 184). Publicamente, contudo, imortalidade e distinção ocorrem, primariamente, para aqueles interessados na política, embora afirme que nem todos têm o desejo de participar da política – em verdade, ela sequer descreve a si mesma como ator político, mas antes como uma pensadora política. E até para aqueles que optam por atuar politicamente, a chance de que seus atos sejam reconhecidos não é das melhores (ARENDT, 1958: 197). Embora não discuta essa questão, parece que a autorrevelação pública torna-se possível quando há interesse na política – ou, talvez, em outras áreas dos negócios públicos – mas, para a maioria, a não ocorrência é mais provável que a ocorrência, idem para o esquecimento dos seus atos. Ainda assim, dado que a verdadeira autorrevelação de "quem" se é aparenta ser inextricavelmente vinculada à vida pública, política, é perturbador que não ocorra para todos. Seja como for, é notável a crítica de Arendt, de que o respeito pela ação política foi perdido pela incapacidade da vida moderna em reconhecer a importância das ações individuais. A política importa, e Arendt acredita que não deve ser encarada como um jogo de manipulação daqueles que nela se envolvem, mas como um palco no qual um ator, corajosamente, renuncia ao controle e revela a si mesmo. Desde que a política passou a ser compreendida como uma fabricação controlada, Arendt afirma que ocorreu uma "perda quase completa da preocupação autêntica com a imortalidade" (ARENDT, 1958: 55), indicando a incapacidade de reconhecer a relevância excepcional da vida individual, bem como dos eventos mundanos específicos.

Conclusão

Hannah Arendt interessava-se pelo nascimento, e por aquilo que, posteriormente, ela chamaria de natalidade, desde o início de sua carreira. Seu interesse na ação política e na pluralidade estão enraizados na preocupação com a natalidade e os eventos que ocorrem ao longo da vida terrena de alguém. Platão cunhou uma comparação famosa entre a filosofia e o treino para a morte, dado que os filósofos e suas reflexões são bem-versadas na arte de separar a alma do corpo quando usam suas mentes para determinar a verdade (PLATÃO, 1995: 235). Arendt rejeita tal proposição, e mantém sua mente em sintonia com a aparência da vida; para ela, o interesse em verdades eternas ou nas ideologias político-filosóficas não deveria ter precedência sobre as ações mundanas. É através do fato do nascimento, tão facilmente ignorado pela tradição filosófica, que uma apreciação mais profunda da vida, individual e coletiva, pode emergir.

2
Labor, Trabalho e Ação

Paul Voice

Labor, Trabalho e Ação são os três elementos que constituem a *vita activa* de Hanna Arendt; juntos, e combinados, representam seu relato do que é ser humano. A *vita activa* é um desafio profundo e radical a duas tradições do pensamento político[16]: a primeira é a que privilegia a contemplação e o conhecimento teórico, a *vita contemplativa*, à Ação, uma percepção que ela recua até o pensamento político grego, e perpetuada pelas ideias cristãs sobre o adequado objetivo da vida humana. A *vita activa* recupera uma tradição que valoriza a Ação e o mundanismo. Em seguida, Arendt se opõe à tradição modernista que, embora rejeite a *vita contemplativa*, privilegia o Labor e o Trabalho à ação política; noutras palavras, ela não apenas defende a *vita activa*, como também uma ordem hierárquica específica desses elementos – privilegiando a ação política sobre o Trabalho e o Labor.

Sua grande contribuição para a reflexão política contemporânea é a conceptualização da ação política como uma categoria distinta da especulação filosófica. Embora muita atenção tenha sido dada à sua noção de Ação, é importante ver como esta se ajustou junto aos demais elementos da *vita activa*. Desta forma, irei discutir o Labor, o Trabalho e a Ação, nesta ordem, e finalizarei com um breve exame de algumas das maiores críticas.

Labor e Trabalho

O Labor se encontra no rés hierárquico da *vita activa* arendtiana, pois laborar diz respeito a uma atividade animal necessária ao sustento da vida, e envolve o comer, digerir e o bem-estar físico geral, e qualquer ocupação que vise a manutenção ou a reprodução da vida

16 Cf. Dana Villa (1996) para um relato extenso das especificidades da *vita activa*.

é entendida como tal, de modo que plantar sementes, tomar banho, fazer feira, lavar pratos, tomar conta de crianças... tudo isso é Labor, atividades que compartilhamos com o restante do reino animal. Também o são as atividades industriais, que visam ajudar nossas vidas e reprodução: a agricultura extensiva, o transporte de alimentos e a extração de recursos para calefação, por exemplo. Animais que somos, estamos sujeitos à necessidade biológica e ao processo natural de uma vida biológica vinculada à terra, uma restrição que, na vida humana, toma a forma da *necessidade* que nos vincula a um caprichoso reino natural, do qual somente escapamos com a morte. É importante notar que, desde logo, Arendt opõe, diretamente, a necessidade à liberdade, pois enquanto criaturas corporais atadas a nossas urgências biológicas, não podemos ser livres. A possibilidade da liberdade exige que transcendamos nossos *eus* biológicos, naturais, e, de fato, ela adotou a antiga perspectiva que "o Labor dos nossos corpos, carecido daquilo que lhe falta, é escravizador" (ARENDT, 1958: 83). Trata-se, até certo ponto, de uma difamação grosseira de toda uma classe de atividades que ocupa boa parte do quotidiano de nossas vidas.

Repousando na base da preocupação arendtiana está a natureza fútil dessas atividades: elas são repetitivas, incessantes, e somente podem ser compreendidas numa concepção circular do tempo (ARENDT, 1958: 97-98). Tendo comido, precisamos buscar mais comida para que possamos comer novamente, e assim por diante, ininterruptamente, até que o ciclo seja interrompido pela morte. Visto desse ponto, compartilhamos a circularidade temporal com o restante da natureza biológica, e nada há em nível do Labor, quando compreendido dessa forma, que me distinga de uma formiga ou de uma tulipa, posto que todos buscam sua subsistência, cada qual segundo suas peculiaridades. Arendt afirma que nossa peculiaridade como seres *humanos* se perde no grande esquema da vida, e nossa distinção como seres humanos *específicos*, com objetivos e projetos, perde-se igualmente de vista. O ciclo interminável de vida e morte nos confronta com nossas inevitáveis decadência e mortalidade.

Arendt centra atenção no fato de que os produtos do nosso Labor são gastos em consumo; logo, nossos labores não deixam nada de permanente atrás de si – "nunca produzem nada, exceto vida" (ARENDT, 1958: 88). Como veremos em breve, esta falta de permanência assinala a ausência de um mundo humano onde se habitar. Deveria estar claro, a partir dessas passagens concisas, que ela reserva um sentido especial à palavra "humano" nesse contexto: em primeiro lugar, vidas humanas exigem um mundo para habitar que é, de certo modo, ainda por ser explicado, objetivo e mais ou menos permanente. Laborar e consumir, as atividades gêmeas da vida animal, cancelam-se mutuamente, e não deixam nenhuma marca propriamente humana. Em segundo lugar, laborar com o propósito de se manter e reproduzir é um ato feito no isolamento, segundo Arendt. A digestão é um ato solitário da mesma forma que a dor é uma experiência solitária – não podemos digerir as comidas uns dos outros, tampouco podemos sentir nossas dores. Segundo Arendt,

> A única atividade que corresponde estritamente à experiência de completa ausência do mundo ou, antes, à perda do mundo que ocorre na dor, é o Labor, no qual o corpo humano, embora em atividade, também se volta para dentro de si mesmo, concentra-se apenas no fato de estar vivo, e permanece preso ao seu metabolismo com a natureza sem jamais transcender ou libertar-se do ciclo repetitivo do seu próprio funcionamento[17].

O caráter isolado e solitário do Labor não é apenas uma marca mais animal que propriamente humana, mas igualmente pré-política, eis porque Arendt insiste que uma vida humana plena é vivida entre outras pessoas, em comunidade. Uma vida humana bem vivida é conduzida em meio a uma pluralidade de pessoas, não em isolamento.

Antes de seguirmos para o relato a respeito do Trabalho, é preciso notar que conquanto deseje agudamente distinguir o Labor dos atributos positivos que atribui ao trabalho e, mais diretamente, à Ação, Arendt reconhece as "bênçãos" e o "prazer" que acompa-

17 ARENDT, H. *A condição humana*. Op. cit., p. 127.

nham o funcionamento de um "corpo saudável" (ARENDT, 1958: 105-106). Ainda que o Labor possa ser uma luta sombria, schopenhaueriana, pela existência, os prazeres do corpo oferecem alguma compensação. Todavia, ela não deseja que confundamos essa ideia de prazer com os constituintes essenciais de uma boa vida humana; de fato, ela relaciona o desejo pela "felicidade" a viver em uma sociedade que valoriza o Labor, pois "somente o *animal laborans*, nem o artesão nem o homem de Ação, jamais exigiu ser 'feliz', ou considerou que homens mortais pudessem ser felizes" (ARENDT, 1958: 134). Por último, não devemos confundir estas visões com um desejo utópico de livrar as pessoas do Labor; para ela, fica muito claro que nossa natureza mortal, corporificada, faz do Labor uma característica permanente da condição humana, e acusou Marx de pensamento utópico por acreditar que esta necessidade pudesse ser banida da vida humana (ARENDT, 1958: 87-93).

Arendt chamava a orientação política que apreciava os valores do Labor sobre os demais elementos da condição humana de "o social", e era particularmente crítica do modo como as questões sociais relativas ao bem-estar (satisfazer as necessidades do corpo humano) se introduziam, e corrompiam, o campo da política. Ela afirmou que "o ponto de vista social é idêntico... com uma interpretação que nada leva em consideração além do processo vital da humanidade, e conforme este modelo referencial, todas as coisas se tornam objetos de consumo" (ARENDT, 1958: 89). Retornaremos brevemente à questão do social no pensamento arendtiano ao revermos algumas das críticas que foram levantadas contra sua noção de ação política, ao final deste ensaio.

De certa maneira, não surpreende que um filósofo se ocupasse do Labor e do seu lugar no vocabulário político do pensamento moderno; como ela mesma havia detalhado em *A condição humana*, os modernistas clássicos, como Locke, Smith e Marx, já haviam estabelecido a noção de Labor no centro do seu pensamento. É, pois, justo dizer que a visão modernista do "homem" é de alguém que labora. Não obstante, Arendt considera que esta visão falha em estabelecer uma distinção crucial entre o Labor, da maneira como ela o descreve, e uma outra atividade relativamente diversa, nomeadamente o Trabalho. Esta diferença é importante porque sem essa perspectiva não se pode ver a realidade do Labor como um modo de ser. Ou como colocou,

> É verdade que este aspecto destrutivo e devorador da atividade do Labor só é visível do ponto de vista do mundo e em oposição ao Trabalho, que não prepara a matéria para incorporá-la, mas transforma-a em material a ser trabalhado e utilizado como produto final (ARENDT, 1958: 100).

Uma importante contribuição que Arendt traz ao pensamento político contemporâneo é apontar e articular a distinção entre Labor e Trabalho.

Ela afirma que o trabalho produz um "mundo" no qual os humanos podem viver, e que os trabalhadores fazem objetos que são duráveis e possuem um sentido de permanência. Segundo Arendt, "vistos como parte do mundo, os produtos do Trabalho – e não os do Labor – garantem a permanência e a durabilidade, sem o quê um mundo não seria, de modo algum, possível" (ARENDT, 1958: 194). Ela tem em mente objetos corriqueiros, como uma mesa ou um edifício, mas também artefatos culturais, como os livros, e, obviamente, objetos abstratos, como poemas e histórias (contanto que sejam registrados). Diferentemente do Labor, essencialmente não produtivo dado que seus frutos são usados no consumo, o Trabalho deixa atrás de si algo que vai além da satisfação das necessidades biológicas de seu fabricante. Aquilo que o Trabalho cria é um mundo objetivo, que funda uma realidade humana compartilhada, e ela o descreve como constituindo a estrutura mesma da experiência humana por construir um mundo no qual habitamos e para o qual, do nosso próprio jeito, contribuímos através do nosso próprio trabalho. Arendt forneceu uma metáfora útil para a compreensão do papel do mundo ao dizer que da mesma forma que uma mesa funciona como intermediária, separando e, a um só tempo, juntando as pessoas, também o mundo funciona como intermediário, provendo um terreno compartilhado que nos reúne em comunidade, mas também nos separa em indivíduos distintos (ARENDT, 1958: 182). É fator essencial para a possibilidade da genuína ação política que um mundo seja capaz de reunir a pluralidade de seres humanos, pois a presença do outro e do mundo tanto demanda quanto ajuda a estabelecer uma realidade objetiva, distinta da mente subjetiva do individual, para quem o outro e o mundo seriam, caso contrário, indistinguíveis das meras representações subjetivas. Este *insight* fenomenológico é afirmado quando Arendt diz que "todo o mundo factual dos negócios humanos depende, para sua realidade e existência contínua, primeiro da presença de outrem que viram, escutaram e se lembram, e depois da transformação do intangível na tangibilidade das coisas" (ARENDT, 1958: 95).

A concepção de mundo arendtiana também o torna em intermediário entre a natureza e o homem: o Trabalho nos alça das repetições, do ciclo mudo da natureza, e nos reúne em uma realidade comum, um espaço objetivo compartilhado. Logo, o mundo é um espaço não natural, inteiramente humanizado. Um outro aspecto da relação entre Trabalho e natureza, é a afirmação de Arendt que, ao transformar a natureza em artefatos, o Trabalho o faz através da violência. É, pois, uma atividade inerentemente violenta, destruindo o natural através da extração de matérias-primas e sua consequente elaboração em objetos úteis.

Não apenas os produtos do Trabalho diferem daqueles do Labor por serem peças mais ou menos permanentes do mundo, mas também representam uma orientação relativamente diferente no que tange ao tempo. Já apontamos que, para Arendt, o tempo para o *animal laborans* é circular – ter comido para depois comer novamente. O ciclo natural de nascimento, reprodução e morte é fato tanto para nós quanto para os demais animais. O Trabalho, porém, introduz uma concepção alternativa do tempo, mais linear que, propriamente, circular, pois o artefato é feito para resistir ao longo do tempo, para além da vida do seu criador, e para permanecer, em definitivo, no mundo. Assim sendo, o criador de um objeto é premiado com a possibilidade de um certo tipo de imortalidade – nesta perspectiva, o Tempo mais linear que circular é, portanto, mais "humano" que "natural".

Por último, mas não menos importante, o Trabalho é regido por uma visão teleológica, uma atividade estratégica que estabelece uma meta e busca os meios para atingi-la. Trabalha-se para alcançar algo, mais do que pelo simples ato de trabalhar. *Homo faber*, o fabricante, é um instrumentalista para quem uma atividade precisa responder a algumas questões: para que serve? A qual finalidade atende? Dana Villa pontuou que muito embora Arendt adote vários temas e atitudes filosóficas da antiga filosofia grega, em especial de Aristóteles, ela tem uma visão crítica da teleologia universal deste filósofo, pois apesar de concordar com ele no que tange ao trabalho, ela rejeita a extensão dessa visão à Ação. Veremos em breve que Arendt identifica a liberdade com a Ação, em particular com aquilo que Villa chama de "autocontenção e falta de propósito" da Ação[18].

A narrativa de Arendt sobre a *vita activa* situa-se, seguramente, entre dois tipos de afirmações: primeiro, seus elementos aparentam ser parte de uma afirmação ontológica sobre os elementos essenciais e constitutivos da vida humana. Em segundo lugar, a *vita activa* aparenta ser uma crítica do *mores* moderno, suas atitudes e valores. O leitor pode se perguntar: como é possível falhar naquilo que se é? Arendt, contudo, não oferece um relato da natureza humana no sentido tradicional; antes, ela identifica modos de ser no mundo que estão disponíveis aos seres humanos, aquilo que Seyla Benhabib (2003) chamou de existencialismo fenomenológico de Arendt. Conquanto os diferentes modos de ser sejam necessários à vida humana, cada qual possui seu próprio, e adequado, lugar, e Arendt é bastante crítica quando a ordem da *vita activa* é desorganizada pela erupção, e um modo de ser inferior consegue dominar a sociedade, cancelando as virtudes dos modos mais elevados, e é particularmente crítica do modo de existência tipificado pelo *animal laborans*, e algumas de suas rejeições serão examinadas por nós aqui, bem como alguns dos vícios do *Homo faber*.

Arendt reconhece Marx como o grande teórico do Labor, e já mencionamos sua crítica de que ele misturava Labor e Trabalho, sem distinguir esses dois tipos de atividades. Mais urgente, porém, que essa discussão acadêmica, seria o fato de Marx elevar o Labor

---

18 Para suas discussões sobre a dívida de Arendt para com Aristóteles, cf. Villa (1996, cap. 1 e 2).

ao patamar da virtude humana por excelência. Pelas razões já explicadas por Arendt– e já discutidas por nós – o Labor está longe de ser uma virtude, sendo mais uma realidade imposta sobre nós pela natureza. Marx, contudo, não está sozinho na exaltação do valor do Labor: a tradição liberal clássica também promove essas virtudes, ainda que com diferentes resultados em mente, tendo como consequência, para Arendt, a criação de uma sociedade dedicada ao consumo, a condição humana mais rasteira, mais semelhante à animal. Além disso, a atitude consumista já começara a "devorar" o mundo, tornando o que antes fora durável e permanente nos descartáveis: se nenhum artefato for criado para ser duradouro (pelo contrário, para se tornar obsoleto, ser utilizado e consumido) então a estrutura mesma do mundo, da maneira como Arendt o compreende, está ameaçada. Ela afirma que:

> A interminabilidade da produção só pode ser garantida se os seus produtos perderem o caráter de objetos de uso e se tornarem cada vez mais objetos de consumo ou, em outras palavras, se a taxa de uso for acelerada a tal ponto que a diferença objetiva entre uso e consumo, entre a relativa durabilidade dos objetos de uso e o rápido surgimento e desaparecimento dos bens de consumo, for reduzida até se tornar insignificante[19].

Como Marx bem compreendeu, o capitalismo, eventualmente, haveria de comoditizar todos os setores da vida humana e do trabalho, e neste ponto Arendt está de acordo; além disso, a elevação do Labor à cabeceira da *vita activa* não apenas distorce as corretas hierarquia e ordem de nossas capacidades humanas, mas, segundo ela, também solapa a possibilidade da ação política. Como veremos mais adiante, porque a atitude do *animal laborans* está sempre fixada na realização dos desejos e na satisfação das necessidades, o campo da política é sequestrado para servir às carências sociais, ao invés de ser um veículo para a verdadeira ação política.

Arendt dá menos importância às distorções e perigos da elevação do Trabalho à cabeceira da *vita activa*, embora tenha o cuidado

19 ARENDT, H. *A condição humana*. Op. cit., p. 138.

de reconhecer que esses perigos são reais, um fenômeno que Dana Villa chama de "política da instrumentalidade", que "generaliza a experiência da fabricação" para toda vida (VILLA, 1996: 23). Tomar a atitude dos "meios para um fim", central e característica do mundo do trabalho, e generalizá-la para cobrir o campo da política, corrompe este último por transformar questões políticas em cálculos estratégicos. Arendt escreve:

> O que está em jogo não é, naturalmente, o conceito de instrumento em si, o emprego de meios para atingir um fim, mas antes a generalização da experiência da fabricação, na qual a utilidade e a serventia são estabelecidas como critérios últimos para o mundo dos homens[20].

A ação política, quando conduzida no modo do trabalho, tornar-se-ia meramente um meio para atingir um dado fim, mas Arendt argumenta que a Ação, e a ação política em particular, já é um fim em si mesma, e vê a influência problemática do *Homo faber* através da política e também do discurso ético, almejando consequências e resultados como medidas do sucesso político.

Um aspecto da análise de Arendt sobre Labor e Trabalho que merece ser mencionado é sua afirmação de que uma vida humana "significativa" não pode ser atingida por vidas dominadas pelos valores do Labor e do Trabalho. O caráter cíclico do Labor torna-o uma vida eternamente voltada para si, que não transcende as demandas urgentes do eu. Já o Trabalho está preso a uma cadeia interminável de meios e fins, acorrentado, portanto, a uma visão instrumental da vida, em que todas as coisas são uma etapa para algo, logo a transcendência é igualmente impossível. É apenas pela Ação que a transcendência é possível, logo é somente nela que uma vida com sentido é possível.

Antes de seguirmos adiante, desde o Labor e o Trabalho à narrativa completamente diversa da ação política, é digna de nota uma importante crítica à narrativa arendtiana do Labor: as feministas têm estado tanto céticas em relação ao valor que ela atribui ao Labor quanto perplexas diante de sua incapacidade em reco-

---

20 Ibid., p. 170.

nhecer o viés de gênero da aguda divisão que postula entre o Labor e o Trabalho. As raízes dessa narrativa repousam na distinção aristotélica entre o público e o privado, entre a *ágora* e o *oikos* – a praça pública e o lar. É neste último que o trabalho reprodutivo é realizado, onde as crianças são criadas, o que Marx chamou de "reprodução da nossa força de trabalho", labores esses que foram, tradicionalmente, femininos. O fato de que o acesso à praça pública foi negado às mulheres, mantidas enclausuradas em casa e responsáveis pelo Labor que atende às nossas necessidades biológicas, não foi algo de que Arendt tenha tratado abertamente. Além disso, as feministas argumentam que o que ela considera Labor "improdutivo" deveria ser reinterpretado e reafirmado como propriamente pertencente ao centro dos valores e virtudes humanas. É claro que Arendt não pensava que o Labor devesse ser uma função feminina, e muito daquilo a que ela se refere sob este termo dizia respeito a atividades tradicionalmente executadas por homens. Seja como for, há feministas que, embora permanecendo céticas, talvez, no que tange à linguagem que usa para descrever o Labor, encontraram em sua obra elementos úteis em outras de suas preocupações (cf. HONIG, 1995).

Ação

Não é fácil resumir em poucas palavras aquilo que Arendt entende por Ação; é um conceito complexo, que reúne em si bom número de ideias numa única mais ampla e coerente, mas não menos desafiadora, noção. Esta dificuldade é parcialmente explicada pela natureza revolucionária como essa empreitada logrou derrubar vários truísmos da filosofia política. Já observamos na introdução que Arendt pensa "contra a tradição" do pensamento político; Bhikhu Parekh vai além, e afirma: "não é exagero dizer que ela foi o único filósofo na história do pensamento político a empreender investigações extensas sobre o tema, e a oferecer uma análise perceptiva sobre a natureza e a estrutura da ação política" (PAREKH, B. 1981: 125). Não é de surpreender, portanto, que sua narrativa da Ação mereça extensa elaboração.

Retornemos à ideia de que Arendt afronta duas tradições do pensamento político. A primeira foi citada na introdução, quando afirmamos que ela desafiava a visão de que a atitude contemplativa seria o pináculo das realizações humanas – dominante tanto no pensamento grego quanto no cristão. Arendt, em oposição, privilegia a prática sobre a teoria no campo da política. A segunda tradição, mas recente, tende a privilegiar a prática, assim como Arendt, mas de uma forma que ela julga ser demasiadamente destituída. O melhor representante dessa tradição moderna é Kant, ao favorecer a razão prática como uma característica essencial da vida humana, mas segundo Arendt, sua reflexão mantém alguns dos piores aspectos da visão greco-cristã pré-moderna. Primeiramente, em seus escritos éticos, dedicados a articular uma filosofia da vida prática, Kant retém a teoria de que o pensamento prático é, em essência, uma atividade solitária, conduzida entre o indivíduo e os preceitos da razão universal. Segundamente, ele situa a fonte da autoridade da sabedoria prática fora do mundo humano, no campo dos númenos. Arendt se opõe a ambas as caracterizações da vida prática – a noção de que o pensamento prático é solitário e de que a autoridade prática reside fora do mundo humano, ou como ela afirma logo no início de *A condição humana*, é crucial perceber "o fato de que são os homens, e não o Homem, que vivem na terra e habitam o mundo" (ARENDT, 1958: 7). Assim sendo, Kant importa para sua narrativa da razão prática elementos da *vita contemplativa*, e não consegue reconhecer a pluralidade dos seres humanos, e por não situar dentro da esfera humana a fonte da autoridade prática e do sentido. A articulação que Arendt fez da noção de ação objetiva ser um remédio para estas duas grandes falhas da tradição do pensamento político.

Ação é algo empreendido por uma pessoa, um fato aparentemente óbvio que esconde uma importante distinção que impulsiona muito daquilo que Arendt tem a dizer sobre ação. Ela distingue entre "*quem*" é uma pessoa e "*o que*" elas são. Somos um membro de uma determinada espécie, física, biológica e quimicamente muito semelhantes a outros tantos; contudo, quem nós somos opta pelos meios pelos os quais nos tornamos diferentes uns dos outros, de modo que para Arendt, cada indivíduo é "único, incomutável, irrepetível" (ARENDT, 1958: 97), e possui uma narrativa que o difere da mancheia da humanidade – "os homens distinguem a si mesmo, ao invés de serem meramente distinguidos" (ARENDT, 1958: 176). As ações são atos deliberados de seres humanos específicos; elas os individualizam, os erguem desde a mera instância de espécies naturais a pessoas que possuem identidades reconhecíveis. Ela afirma que "ao agir e falar, os homens mostram quem são, revelam ativamente suas identidades pessoais, e assim fazem sua aparição no mundo humano" (ARENDT, 1958: 179).

A peculiaridade do indivíduo, porém, não pode ser revelada fora de um contexto, pois em primeiro lugar, uma ação precisa ser testemunhada, pois se trata de uma autoexposição reveladora de *quem* a pessoa é pelo que faz e diz. Esta noção de revelação e exposição, logicamente, exige um espectador – a rigor, não existem ações privadas, logo elas têm de ser públicas, e há que haver um espaço no qual elas possam ocorrer e serem testemunhadas. Neste particular, Arendt ([1951] 2004) observa que uma das principais características dos regimes totalitários é a negação do espaço público para genuínas ações políticas. Em segundo lugar, a Ação de alguém é parte de uma narrativa particular que descreve o *quem* da sua vida. Uma narrativa desta natureza tenta capturar o sentido de uma ação, e, enquanto o ator está próximo ao feito, é a audiência quem possui a melhor compreensão daquilo que foi realizado: *quem* alguém é ou foi só pode ser conhecido através do conhecimento da história na qual ele é o herói – noutras palavras, sua biografia; todo resto que sabemos a seu respeito, inclusive o trabalho que eventualmente tenha realizado e legado, nos diz tão somente *o que* ele foi (ARENDT, ([1951] 2004): 186). A narrativa da vida de uma pessoa não se completa até sua vida estar completa, e mesmo então há ainda vidas de tal modo extraordinárias que seu sentido integral permanece sendo debatido.

Desta forma, a Ação desempenha um papel na individuação e na revelação das pessoas, mas como se age? Qual a forma que a Ação toma? Arendt frequentemente a associa ao discurso, de tal sorte que alguns comentadores se perguntam se Ação e discurso são, para ela, a mesma coisa, pois nesse particular seus textos são ambíguos. Qualquer que seja a interpretação escolhida, contudo, claro está que discurso e Ação são bastante próximos, pois aquele possui um número de características que combinam bem com esta: primeiro, revela a mente e o caráter de quem o profere da maneira mais clara possível; segundo, comunica-se diretamente com a audiência, conectando, de imediato, ator e espectador; terceiro, a um só tempo articula e desafia o sentido da vida compartilhado por uma comunidade; quarto, é conectado à razão e ao discernimento, de modo que humaniza a ação e oferece um retrato da motivação humana e do seu comportamento, diverso da visão hobbesbiana baseada numa motivação animalesca, que consiste em aversão e atração. Por fim, o discurso pode ser registrado, adequando-se, pois, à ideia da vida de uma pessoa como narrativa.

Arendt considera que a autoexposição de um cidadão é uma performance; suas palavras e ações são dados ao julgamento alheio, dentro do que ela chama de "espaço da aparição". Há, pois, um senso de teatralidade na ideia de Ação: o indivíduo performa seu ato como o herói da narrativa que constitui o roteiro de sua vida; seu palco é a praça pública; sua audiência, seus cocidadãos. Num sentido muito grego, ela considera os cidadãos como buscadores da glória e da fama; em sua melhor forma, seus feitos são heroicos, e eles são tidos como heróis aos olhos de sua comunidade.

Isso nos traz de volta à noção de imortalidade, que encontramos pela primeira vez em relação ao Trabalho, pois, como este, também a Ação permite essa possibilidade. A concepção do tempo na qual as ações ocorrem é linear, não circular como a do tempo do Trabalho, isto porque, como um artefato ou objeto, as ações políticas podem sobreviver aos seus autores por causa das suas consequências ou por serem relembradas, história adentro, através dos escritos, poesia e arte. Elas desaparecem no exato momento de sua execução, a não ser que sejam registradas de alguma forma, de modo a serem preservadas e garantirem a imortalidade dos seus atores.

É natural perguntar-se: o que torna uma ação digna de ser rememorada? Arendt afirma que aquilo que uma ação possui de especial é ser capaz de inserir algo original e inesperado do mundo; a regularidade enfadonha do mundo é desarranjada pela Ação, logo, a qualidade distinta dos seres humanos é serem capazes de "começar algo novo", um fenômeno a que ela chama "natalidade", dar à luz ao novo. O inesperado na história, a novidade nos negócios e na cultura resultam, para ela, da capacidade que possuímos de dar início a uma cadeia de eventos através dos nossos atos, um aspecto crucial da ideia de Ação por conferir autoria a um feito e responsabilidade pelas consequências de um ato.

Responsabilidade é um tópico essencial para se compreender a discussão arendtiana de Ação. Ela afirma que as ações são "ilimitadas" (ARENDT, [1951] 2004: 190), significando que suas consequências são "inerentemente" imprevisíveis e além do controle do autor da ação. Dessa forma, uma ação nunca está completa; antes, ela é iniciada e lançada ao mundo, como uma pedra é lançada a um lago - e uma vez provocadas, suas consequências são irreversíveis. Assim sendo, um ator é responsável tanto pela ação que está prestes a tomar quanto por aquelas que já iniciou. Ele não pode mudar o passado, claro, e tem controle apenas limitado do futuro, de modo que as ações são "riscos" que os indivíduos correm, e podem ser mitigados pela comunidade para que se permita a íntegra expressão da humanidade - em que pese nossos desejos utópicos, não há remédio para a "fragilidade dos negócios humanos" (ARENDT, [1951] 2004: 195). Arendt se atém ao dilema existencial da responsabilidade pela ação ao introduzir as normas de promessas e perdão: as primeiras atenuam a natureza imprevisível das ações, a segunda sua natureza irreversível. Da maneira como Parekh expressa o pensamento arendtiano, "a promessa estabiliza o futuro, o perdão suspende o passado" (PAREKH, B. 1981: 117). A responsabilidade pelas ações permanece com o ator, mas o risco de agir é, de certo modo, compartilhado pela comunidade em episódios de promessa, ação e perdão.

Em suma, uma ação pode ser descrita como um momento de originação que revela o ator individual em meio à pluralidade de outros constituintes de uma audiência e ligados ao ator por um mundo comum. Essas características levam ao cerne da discussão arendtiana da Ação: a ideia de liberdade. A liberdade humana é exemplificada, e talvez mesmo constituída, pelas ações, pois ser livre é agir, conforme a compreensão muito particular de Arendt. Além disso, agir é ser humano no mais alto senso da *vita activa*, pois para ela, o sentido da existência não é levar uma "boa vida", no sentido aristotélico, e sim ser livre de modo muito mais próximo à visão existencialista da liberdade. O oposto da liberdade é a necessidade, e a Ação foge tanto às necessidades do Labor quanto das obrigações do pensamento de meios e fins que constitui a instrumentalidade do Trabalho. A liberdade através da Ação, pois, promete a chance à transcendência das limitações dos nossos eus corporificados e do pensamento mecânico da instrumentalidade. A liberdade através da Ação dá sentido às vidas humanas.

Há, ainda, um outro aspecto da Ação, e muito particularmente do discurso, crucial ao conceito e que tem sido profundamente influente no pensamento político contemporâneo: a natureza deliberativa da ação política, uma ideia de que Arendt foi pioneira e adotada pelo movimento em prol da democracia deliberativa. Ela argumenta que o debate irrestrito a respeito de um determinado assunto, persuasão e negociação, é a essência mesma da vida política, e que é no discurso com os outros que adquirimos aquilo que Kant chama de "mentalidade alargada", que nos permite escapar de nossa solidão e subjetividade. Uma vez mais, percebemos sua insistência em que a genuína ação política é conduzida em meio aos "homens", em sua pluralidade e diferenças. Aquilo que ela chama de "poder", em oposição à "violência", é exercido através de uma comunidade política, entre cidadãos que deliberam entre si:

> O poder só é efetivado enquanto a palavra e o ato não se divorciam, quando as palavras não são vazias e os atos não são brutais, quando as palavras não são empregadas para velar intenções, mas para revelar realidades, e os atos não são usados para violar e destruir, mas para criar relações e novas realidades[21].

21 Ibid., p. 212.

Tem-se então uma articulação da forma do "poder comunicativo", em oposição ao "poder estratégico", parte da obra de Arendt que Habermas (1977) considera original e atraente. Para ela, a política é mais que a pálida versão de um ideal, de uma ética transcendental, ou uma prática teórica mais bem administrada por reis filósofos; pelo contrário, é um diálogo confuso que ocorre entre cidadãos. Claro, há restrições sobre deliberações que constituem a legitimidade mesma do poder exercido pelos cidadãos coletivamente, o mais importante deles o debate livre de todas as formas de coerção.

Deliberar com os outros cidadãos é um ato feito pelo discurso, o qual, todavia, requer um ponto de referência compartilhado para as deliberações dos cidadãos. Este mundo comum, como vimos, é criado através do Trabalho: forma a estrutura, os objetos, os artefatos culturais e instituições que servem de cenário compartilhado e permitem às ações dos cidadãos e ao seu discurso firmar-se em relação a outras. Este mundo compartilhado serve à função de "*sensus communis*", e permite que uma pluralidade de pessoas, na ausência de verdades universais, atinja uma decisão objetiva (ARENDT, 1992). Nosso "senso comum", formado a partir de nosso mundo compartilhado, nos permite a possibilidade do acordo político, mesmo se esse acordo for, pela própria natureza, temporário e sujeito à revisão.

Embora seja uma defensora da democracia, Arendt desconfia muito da moderna representação democrática (cf. ARENDT, 1963; KATEB, 1984). Seu relato das ações valoriza a atuação individual, de modo que a forma da democracia que melhor se coaduna com sua visão radical do individualismo é a participativa no modelo grego, enquanto a democracia representativa seria, acredita, a entrega das oportunidades de ação do cidadão – ou seja, sua própria humanidade – a uma elaborada forma de burocracia. Se a Ação assinala o ápice da atuação humana individual, logo não pode ser representado por outra pessoa – outro alguém pode até agir por você, mas *sua* ação não pode ser dela.

Na opinião de Arendt, os modernos estados democráticos administram e burocratizam o cidadão, transformando-os em objetos.

O tipo de participação democrática que ela aprecia como exemplos genuínos de ação política são historicamente raros: à parte a antiga *polis* grega, ela cita os Estados Unidos durante a revolução de independência e alguns momentos passageiros ocorridos durante revoluções como a Comuna de Paris, em 1871, e a Revolta Húngara de 1956. É possível que as reuniões comunitárias (*town meetings*) da Nova Inglaterra sejam uma forma vestigial de democracia participativa presente no mundo moderno. É fácil duvidar desse apego romântico-rousseauniano que Arendt tem à democracia direta, pois saber como institucionalizar um aparato político capaz de acomodar as reivindicações da ação política, da maneira como ela a entende não é tarefa simples[22].

Voltemo-nos, agora, para algumas das críticas dirigidas ao relato arendtiano da Ação: a discussão que ela gerou ao estabelecer as distinções entre Labor, Trabalho e Ação é profunda, e as conclusões ali originadas são, consequentemente, complexas. Uma busca trivial sobre as críticas mais proeminentes à *vita activa* irá nos ajudar a aprofundar nossa compreensão a respeito de suas perspectivas. Primeiramente, Arendt foi acusada de "amoralidade", ou até mesmo "imoralidade", porque a Ação, afirmam, teria seu foco na glória e no heroísmo do ator político, na sua *performance*, e na resposta advinda de sua audiência, e não na ação em si que o ator performou, ou nas motivações que o levaram a agir. Segundo George Kateb, "em seu jeito grego de pensar, Arendt sugere que a ação política não existe para fazer justiça ou cumprir propósitos morais. A realização suprema da ação política seria existencial, e seus padrões aparentemente mais elevados que aqueles da moral" (KATEB, 1984: 31). Sua insistência em que a Ação deva ser realizada *per se* leva a uma desconfortável conexão com a moralidade, pois se subsumirmos a ação política aos princípios morais, e insistirmos que aquela seja motivada por estes, então a ação se torna nada mais que um meio para atingir um resultado ulterior – outrossim se a ação política se destinar a atingir a justiça. Arendt exige que a ação política seja liberta dessas restrições para que seja *sui generis*; todavia, isso significa que, nesse

22 A única discussão que Arendt sustentou sobre esse tópico advogava em favor de um sistema de conselhos, elaborado e segmentado (ARENDT, 1963: 258-259).

sentido, a ação política deva ser admirável, ainda que repreensível do ponto de vista moral. Se a genuína ação não visar a algum bem moral, e não puder ser julgada pelos princípios e padrões da moralidade, temos, pois, em mãos, um provável e significativo problema para a compreensão arendtiana.

Uma outra crítica, relacionada à primeira, diz respeito ao conteúdo da ação. Arendt parece não se preocupar com o significado das ações políticas, mas, acabamos de ver, como a ação será reveladora do caráter do ator, e como inicia algo "novo" no mundo. Alguns críticos, todavia, acreditam ser de suma importância refletir sobre o conteúdo da ação[23], em especial quando lidamos com a ação política. Aquilo que move uma ação política certamente tem a ver com seu conteúdo, com seus objetivos e com o que consegue alcançar; divorciar o conteúdo da ação sugere um estetismo político que alguns críticos creem ser repreensível[24], ainda mais, se a ação for divorciada da moralidade; se o seu valor independer do seu conteúdo, como será possível distinguir entre os atos políticos dos fascistas, por exemplo, daqueles dos que lutam pela democracia? Algo particularmente desconcertante dada a história pessoal de Arendt na resistência ao nazismo, e o fato de que ela esteve entre os primeiros a teorizar a respeito do mal específico da política totalitária.

É válido abordarmos, ainda, uma terceira crítica antes de observarmos uma tentativa de lidar com as preocupações que vimos. É manifesto que a perspectiva arendtiana de Ação encoraja uma visão "elitista" da História (cf. PASSERIN D'ENTRÈVES, 1994: 95-97); em seu relato, a História se torna uma narrativa povoada pelos feitos dos grandes homens, uma compreensão arcaica que deixa de lado a significância e o lugar de homens e mulheres cujas existências não

---

23 Hanna Pitkin, p. ex., questiona o relato de Hannah Arendt quando afirma: "mas aqui existe mais erro do que injustiça. Nessa narrativa, recordo, a própria política não faz sentido; e mesmo para aqueles admitidos aos seus benefícios pode não haver benefício algum. Para entender o que digo, apresente a Arendt duas questões: o que mantém esses cidadãos unidos, como um corpo? E a respeito do que eles conversam juntos, naquele palavrório interminável da ágora?" (PITKIN, 1981: 336).

24 Cf., p. ex., a tentativa de Martin Jay's (1978) em conectar a obra de Arendt aos "existencialistas políticos", como Carl Schmitt.

foram eternizadas em poemas e epopeias de grandes façanhas. É fato que, quando se volta para exemplos históricos, Arendt opta pelos "grandes homens"; da mesma forma, quando menciona aqueles social e politicamente marginalizados, é sempre de maneira superficial e sem grande consideração.

Devemos apontar, aqui, uma bifurcação no pensamento arendtiano sobre a ação política, entre o foco no indivíduo e o foco nas práticas democráticas – ou seja, entre os agentes e a *polis*. O primeiro diz respeito a como a Ação revela o *quem*, e o segundo, o contexto político que a permite acontecer. Maurizo Passerin d'Entrèves argumentou que essa bifurcação revela uma tensão no pensamento arendtiano entre o que ele chama de modelo de ação expressivo e o modelo de ação comunicativo (PASSERIN D'ENTRÈVES, 1994: 84-85). Aquele promove uma concepção da política como busca da excelência individual, em que homens heroicos se exibem e são aplaudidos por sua coragem e realizações. Nessa perspectiva, a política é a arena na qual são demonstrados os traços mais distintivos da humanidade. Quanto às preocupações sobre a economia e o social, elas pertencem ao exterior da *polis*, às práticas de Labor e Trabalho.

O modelo de ação comunicativo, por seu turno, mostra uma Arendt interessada nas práticas democráticas e nas exigências das ações políticas no seio de uma comunidade de cidadãos. Aqui ela está alerta às muitas formas pelas quais as sociedades censuram e reprimem o discurso e a ação, solapando, dessa forma, a possibilidade real do poder democrático. Ela se preocupa, também, com a ideia de deliberação irrestrita entre iguais, e em mapear a ideia de legitimidade política como dessemelhante às formas de violência estatal. Passerin d'Entrèves defende que Arendt se move com dificuldade entre esses dois modelos de ação política, e que seus críticos miraram, largamente, no modelo expressivo, e transbordaram este criticismo ao conjunto da obra arendtiana. Passerin d'Entrèves sugere que tais críticas se aplicam, quando o fazem, mormente ao modelo expressivo, e não ao comunicativo.

Se a moralidade é distinta da ação política no modelo expressivo, alguma forma de constrangimento moral reaparece no comunicativo. Conforme Dana Villa, se tomarmos a deliberação irrestrita como fundamento da noção arendtiana de política, temos então que a ação, na forma do discurso, é a "base para ser e agir em conjunto, não violento e não coercitivo" (VILLA, 1996: 32). Privilegiar o discurso na forma da deliberação entre cidadãos em meio a uma comunidade política automaticamente exclui certas noções de opressão, fraude e violência, um argumento que Villa leva mais adiante ao defender, de modo mais genérico, que para Arendt a ação política, entendida como tal, visa a "criação" e a "expansão" da esfera pública. Segundo tal interpretação, podemos distinguir claramente entre as políticas do fascismo e as da democracia e, ao seguir o modelo comunicativo, aliviar algumas das preocupações de que já falamos.

A distinção entre esses dois modelos, contudo, não é exatamente à prova de falhas: algumas daquelas preocupações mais antigas reemergem quando relembramos a diferença aguda que Arendt afirma existir entre o político e o social; este, como já mencionamos, inclui as preocupações econômicas, que ela entende como relativas ao campo da necessidade – enquanto a política é o espaço da liberdade. No entanto, conforme Villa e outros já mencionaram, as questões econômicas e sociais ganham enorme vulto quando se pensa no *acesso* à deliberação, pois quem fala e quem escuta é tanto uma questão de *status* econômico quanto de vontade política. A esfera pública de Arendt é, em princípio, aberta a todos os cidadãos por igual, mas os fatos demonstram sobejamente que os pobres e marginalizados têm seu acesso negado e, sendo assim, não têm como se expressar, como iguais, perante o conjunto de seus cocidadãos. Se a política não se ocupar com as questões sociais, consequentemente com o acesso à esfera pública, logo a ideia arendtiana de deliberação irrestrita entre cidadãos iguais está seriamente ameaçada. Por outro lado, se a política se abrir às questões sociais, a quarentena que Arendt impôs entre o político e o social está rompida. Como muitos dos seus críticos afirmaram, é necessário que haja um lugar para a moralidade e a justiça em sua narrativa da ação política; a questão provocativa, porém, é como chegar a tal lugar sem abrir mão dos *insights* imensamente valiosos de seu relato da ação política.

3
Hannah Arendt sobre o mundo

Siobhan Kattago

Introdução

O conceito de mundo de Hannah Arendt captura a centralidade do mundo sobre o eu, e o sentimento de que não se deve fugir dele, e sim acolhê-lo e preservá-lo. E para que se entenda por que o mundo é um conceito de tal importância para ela, há que se ver como pensou a tradição filosófica, tanto a favor quanto contrariamente; é necessário, em especial, salientar essa sua atitude como um *amor mundi*, ou o amor pelo mundo (YOUNG-BRUEHL, 2004). Suas reflexões sobre este conceito foram influenciadas por muitos pensadores – Santo Agostinho, Martin Heidegger, Friedrich Nietzsche, Immanuel Kant, Karl Jaspers, dentre outros – mas foi, acima de tudo, sua própria experiência como uma judia alemã na Alemanha, na França e nos Estados Unidos, bem como seus muitos anos como apátrida, que o inspiraram.

Este capítulo enlaça cinco temas característicos do conceito arendtiano de mundo, e como estes se sobrepõem em diferentes textos, seguimos a ordem cronológica das publicações. Ainda que esse conceito seja mais inteiramente examinado em *A condição humana*, suas ideias exibem maior coerência quando vistas em conjunto com outros escritos: desde sua tese de doutoramento sobre Agostinho até sua obra póstuma, *A vida do espírito*, o conceito de mundo permaneceu parte integral da filosofia política arendtiana, enraizado, antes de mais nada, no diálogo que manteve ao longo da vida com Agostinho e Heidegger sobre sentir-se em casa no mundo, uma questão de pertencimento que trouxe importantes consequências para suas reflexões subsequentes a respeito da metafísica, da ética e da política. Arendt inspira-se no argumento agostiniano de que o homem vive entre dois reinos; outrossim, seu pensamento inicial foi influenciado pelo conceito heideggeriano de ser-no-mundo. Estas reflexões existenciais levam ao seu segundo tema, a exclusão política. Em alguns trechos dos seus escritos, as questões de inclusão e exclusão manifestam-se nas categorias históricas do pária e do arrivista; noutros, ela foca sua atenção no moderno fenômeno da solidão, da alienação do mundo, da apatridia e da irrelevância do indivíduo. As questões existenciais do pertencimento cristalizam-se em um terceiro tema: de como a moderna sociedade de massas e o totalitarismo encorajam os indivíduos a fugir do mundo, ao invés de engajar-se nele. Este escapismo, esta rejeição do mundo, é espelhado num quarto tema, o do conflito entre a filosofia e a política, o qual, como veremos, relaciona-se a uma atitude particular do eu em relação ao mundo. Em seu exame da natureza fenomênica do mundo, Arendt enfatiza a importância da ação e do discurso sobre a contemplação e o retiro das coisas mundanas, e à medida que os indivíduos se tornam progressivamente desarraigados e alienados, ela deseja cultivar o espaço público como o delicado campo de integração interpessoal. E ainda assim, e a despeito de sua crítica aguda à filosofia, é justamente seu senso de gratidão pela existência do mundo que se torna mais e mais relevante. Ao longo do seu trabalho, ela retorna à antiga ideia do espanto que é a existência do mundo. Mais além, em seu quinto tema, ela redireciona esse espanto desde a reflexão filosófica sobre as verdades eternas para o mundo exterior, para o quotidiano de gratidão pelos aparecimentos e opiniões no mundo.

Encontrando um lar no mundo: o amor mundano e o desarraigado

Arendt começou a pensar sobre o mundo como um lugar físico e existencial onde se pode pertencer em sua tese, escrita sob a supervisão de Karl Jaspers: em *O conceito de amor em Santo Agostinho*[25] (ARENDT, 1996), ela questiona como é possível viver simultaneamente em dois mundos, a cidade dos homens (Babilônia) e a cidade

25 *Der Liebesbegrif bei Augustin: Versuch einer philosophischen Interpretation* [N.T.].

de Deus (Jerusalém), e como é possível amar a Deus e ao vizinho. Ela argumenta que o amor e o desejo (*appetitus*) podem tanto ser mundanos quanto não mundanos; que *cupiditas* é um amor mundano porque seu objeto do desejo pertence ao mundo, não ao eternal. *Caritas*, por seu turno, assim como a caridade, situa-se entre indivíduos, mas é desarraigada porque vinculada a um deus eterno. A questão de como reconciliar o amor mundano pelo vizinho com um Deus desarraigado é o ponto de partida para a fascinação de Arendt com o conceito de mundo: é através do amor mundano que o homem explicitamente sente-se em casa no mundo e, desejoso, olha para ele, sozinho, pelo bem e pelo mal que encerra – até esse momento, nem o mundo nem o homem eram "mundanos" (ARENDT, 1996: 67). Embora esse conceito tenha sido mais inteiramente desenvolvido em *A condição humana* (1958), sua tese demonstra como o mundo, e não um eu solitário, é a categoria central da experiência humana.

A existência simultânea entre dois mundos, combinada com a ênfase agostiniana no homem como um início (*initium*), teve profunda influência no pensamento mais amadurecido de Arendt. Origens e princípios significam a entrada para o mundo, estando, pois, repletos de possibilidades. Além disso, o mundo não apenas precede, mas também sobrevive à existência individual. Novos começos a inspiram – seja no sentido mais dramático da revolução, ou na aparentemente mais mundana habilidade para prometer e perdoar. Ela resiste à tendência de escapar dos assuntos humanos em direção à contemplação filosófica; antes pelo contrário, somos compelidos a nos sentir em casa no mundo. Citando Agostinho, "pois isso a que chamamos "mundo" não é apenas o tecido que Deus produziu, céus e terra... mas também seus habitantes são chamados mundo... Em especial, todos os que amam o mundo são chamados mundo" (ARENDT, 1996: 17). Agostinho a inspirou a refletir sobre como o eu possui atitudes diversas em relação ao outro, o mundo e Deus. Ela começou a perceber que o sentimento de desabrigo leva à vontade de encontrar um lar melhor, fora do mundo. Assim, o mundo físico se torna um espaço transitório no caminho para algo mais além.

O pária e o arrivista

O sentimento da dualidade do mundo, descoberto nos escritos filosóficos de Agostinho, cambiou para questões sobre inclusão e exclusão do espaço público em sua biografia de Rahel Varnhagen. Após a publicação de *O conceito de amor em Santo Agostinho*, Arendt começou a escrever o que seria sua *Habilitationsschrift*, a habilitação para ensinar em universidades alemãs. O manuscrito sobre Rahel Varnhagen estava pronto em 1933, à parte os dois últimos capítulos, escritos durante o exílio na França em 1938, e foi posteriormente publicado, em 1958. O elo entre *Rahel Varnhagen: a Vida de uma Judia Alemã na época do Romantismo*[26], a tese de doutoramento, e sua obra mais tardia é a preocupação com sentir-se em casa no mundo. Varnhagen (1771-1833) foi uma judia alemã que viveu em Berlim, e que era conhecida pela vivacidade dos seus salões... Sendo assim, que significado teria "sentir-se em casa no mundo", para uma judia alemã da virada do século XIX para o XX?

Arendt utiliza as categorias de "pária" e "arrivista" do jornalista francês Bernhard Lazare para descrever a situação dos judeus na sociedade europeia. Se o pária é um outsider, um permanente excluído, o arrivista é um assimilado, a quem é garantida uma aceitação marginal. O colapso do salão de Rahel coincidiu com o colapso da ideia de Iluminismo Alemão, na qual os judeus acreditaram, e nas palavras da própria Rahel, "tínhamos sido criados para vivermos a verdade nesse mundo... Estamos ao lado da sociedade humana. Para nós, não existe lugar, posto ou título vão!" (ARENDT, [1958] 1974: 205). O caráter mundano que judias como Rahel criaram no século XIX contrasta com o povo apátrida e desarraigado que o judeu se tornou no século XX. Interessante notar como estes salões não eram públicos, e sim ocorriam na privacidade do lar. Para Arendt, os judeus do século XIX eram os melhores exemplos dos arrivistas que ansiaram pela inclusão na sociedade europeia – e de muitas maneiras Rahel foi, de fato, uma arrivista. E ainda assim, o fato dela jamais sentir-se em casa no mundo, ou seja, permanecer um pária, fascinou Arendt:

26 *Rahel Varnhagen – Lebensgeschichte einer deutschen Jüdin aus der Romantik.*

"ela permanecera uma judia e um pária apenas porque, agarrada a ambas as condições, encontrou um lugar na humanidade europeia" (ARENDT, [1958]: 227). Este sentimento de estar dividida entre dois mundos, descrito por Rahel, tornou-se um motivo central de *As origens do totalitarismo* e de *A condição humana* – em verdade, Seyla Benhabib argumenta que o próprio conceito arendtiano de mundo é um elo importante entre a existência desarraigada de Rahel como judia e o desejo mesmo de Arendt de cultivar o espaço público através da ação e do discurso (BENHABIB, 2003: 11-12).

Solidão, apatridia e totalitarismo

Com a ascensão de Hitler ao poder, e a fuga de Arendt da Alemanha, seu foco moveu-se das questões filosóficas e sociológicas de sentir-se em casa no mundo para como o totalitarismo. Este novo fenômeno político transformara os contornos mesmos da nossa compreensão de mundo. Em *As origens do totalitarismo* (1951), originalmente publicado no Reino Unido sob o título *The Burden of Our Time*[27], ela aplicou as categorias existenciais de solidão e desarraigamento a uma análise do totalitarismo. Nem um nem o outro eram, *per se*, novidades, mas Arendt argumentou que o totalitarismo não teria sido possível sem a profunda solidão dos indivíduos, tão característica da moderna sociedade de "massas", e na qual inexiste o sentimento do seu lugar no mundo. Como forma de governo, a dominação totalitária é, pois, nova na medida em que não se contenta com esse isolamento, mas destrói também a vida privada. Ela se baseia na solidão, na experiência do mais absoluto não pertencimento no mundo, a qual está entre as mais radicais e desesperadas experiências do homem" (ARENDT, [1951] 2004: 612). O que liga o interesse de Arendt por Rahel Varnhagen à sua leitura existencial e fenomenológica do totalitarismo é um agudo sentido de exclusão e desarraigamento.

A solidão conecta-se com o desenraizar-se e com o processo de tornar indivíduos em inumanos e supérfluos. O desenraizamento é

27 O fardo do nosso tempo [N.T.].

diretamente ligado à ascensão da sociedade de massas, ao imperialismo, e à dominação das massas. Arendt, contudo, concentrou-se nas consequências devastadoras de ser supérfluo, desnecessário, e escreveu: "ser desenraizado significa não ter seu lugar no mundo reconhecido e garantido pelos outros; ser supérfluo significa não pertencer, de modo algum, ao mundo" (ARENDT, [1951] 2004: 612). Uma das marcas registradas do totalitarismo foi rotular indivíduos como indesejáveis, subumanos, desnecessários, e nesse sentido, Arendt afirma que os campos de concentração cristalizaram o processo racional de eliminação daqueles considerados indignos de compartilhar o mundo com os demais.

Influenciada pela noção heideggeriana de angústia e pela noção de desespero de Kierkegaard, a concepção arendtiana de solidão expressa a alienação daquele que não se sente à vontade no mundo, aquele cuja existência não tem nada a ver com mais ninguém. Solidão não é o mesmo que solitude; antes, trata-se de um sentimento de não pertencimento aos demais: aquilo que prepara o homem para a dominação totalitária no mundo não totalitário é o fato de que a solidão, antes uma experiência extrema, usualmente vivida em condições sociais marginais como a velhice, transformou-se na experiência quotidiana das sempre crescentes massas do nosso século (ARENDT, [1951] 2004: 615). Sua linguagem existencial denota como os extremos do desarraigamento, solidão e superfluidade tornaram possíveis os movimentos totalitários. Ao contar a história desse novo fenômeno político, Arendt também buscava maneiras para recriar um mundo comum – é, de fato, possível dizer que sua concepção de mundo se liga à sua concepção mais ampla de modernidade. Vistos juntos, *As origens do totalitarismo* e *A condição humana* rastreiam os elementos do desarraigamento, da alienação do mundo e da solidão em meio ao mundo moderno.

Do ser-no-mundo ao ser no mundo com outros

Foi principalmente em *A condição humana* que Arendt mergulhou, política e filosoficamente, no significado de ser vivo no mundo ao lado de outras pessoas; em mais outros dois ensaios anteriores,

O que é filosofia existencial? (1948) e *O interesse pela política no pensamento filosófico europeu recente*[28] (1954), ampliara a distinção entre a sua concepção de mundo e a de Heidegger, cujos *insights* existenciais e conceito de mundo foi transformando, e ao fazê-lo inaugurou novas veredas para o engajamento político. Críticos como Seyla Benhabib, Elizabeth Young-Bruehl, Margaret Canovan e Dana Villa propõem que Arendt não aplica, pura e simplesmente, as categorias heideggerianas, mas as modifica; além disso, dado que ela muda de terreno, da existência do self para a pluralidade, sua conceituação de mundo é bem mais rica que as de Husserl ou do próprio Heidegger. O primeiro seguia ainda o padrão cartesiano do sujeito à medida em que descobre objetos no mundo; da mesma forma, o ser-no-mundo (*in-der-Welt-sein*) e o cuidado (*Sorge*) heideggerianos são centrados no eu. Ao comentar a posição de Heidegger, Arendt afirma: o modelo básico de ser-no-mundo é alienação, sentida tanto como desarraigamento quanto como ansiedade (ARENDT, 1994: 179); posteriormente, desenvolveu sua reflexão: ser-no-mundo é sempre ser com outros. Sua ênfase não se situou numa existência autêntica, em oposição às massas (*das Man*), mas sim na existência com os outros num mundo compartilhado, e diferentemente de Heidegger, está interessada nas consequências políticas e morais daquilo que ele chama de *Mitsein*, ou ser no mundo com os outros. "É possível", ela sugere, "que o conceito de 'mundo' de Heidegger, o qual, em muitos aspectos, situa-se no centro de sua filosofia, constitua-se num passo para fora dessa dificuldade" (ARENDT, 2005: 443).

Para Arendt, o fato distintivo de nossa humanidade é a pluralidade, e não a morte, e Heidegger e Agostinho forneceram os pontos de partida para sua própria filosofia política: a filosofia heideggeriana é a primeira, absoluta e declaradamente, mundana, pois o elemento crucial do ser humano é ser-no-mundo, e o que está em jogo para este ser-no-mundo é, pura e simplesmente, sua sobrevivência no mundo (ARENDT, 1994: 179). Mas embora influenciada por esta descrição fenomenológica da existência humana, Arendt não

28 *Concern with Politics in Recent European Political Thought* [N.T.].

permaneceu fixada no eu; ao contrário, afirmou que a filosofia tradicional valoriza a experiência autêntica como a solidão e o homem no singular, e ao refletir sobre tal ideia em *A promessa da política*[29], uma publicação póstuma, ela escreveu: para o homem comum, a solidão é essencial, mas nem por isso deixa de ser uma "experiência marginal" (ARENDT, 2005: 443).

Em *A condição humana*, Arendt afirmou que sua tarefa é "rastrear os passos da moderna alienação do mundo e da sua dupla fuga, da terra para o universo, e do mundo para o eu" (ARENDT, 1958: 6). Ao dividir o mundo entre dois espaços, o público e o privado, equivalentes aos conceitos gregos de *polis* e *oikos*, ela também rastreia de que maneira a ascensão do social acompanhou o encolhimento do espaço público e a deformação do mundo compartilhado. Ainda que o nome de Heidegger não seja citado sequer uma vez no livro, Arendt estava transformando radicalmente o conceito heideggeriano de ser-no-mundo, cujo senso de mundo baseava-se no cuidado, na ansiedade, no ser-em-direção-à-morte, no sentido de ser lançado ao mundo, no *das Man* e na trivialidade. Em suas próprias palavras, "a 'Mundanidade' é um conceito ontológico, e se refere à estrutura de um dos itens constitutivos de ser-no-mundo" (HEIDEGGER, [1927] 1967: 92). O amor arendtiano, via Agostinho e Jaspers, retém aspectos de *cupiditas*, *caritas*, amizade, gratidão, vida, natalidade e novos começos, e diverge do cuidado (*Sorge*) heideggeriano por este último enfatizar o eu como objeto singular. Arendt leva muito a sério o ser-no-mundo de Heidegger, e salienta a pluralidade do mundo, e não um Ser abstrato.

Foi também em *A condição humana* em que Arendt diferenciou a terra do mundo, bem como os espaços do público, do privado e do social. A alienação do mundo significa a perda das experiências compartilhadas e da ação, enquanto a alienação da terra, por seu turno, denota o desejo concreto de abandoná-la pelos meios da ciência e da tecnologia. A alienação do mundo e a ascensão do social ocorreram, mais ou menos, entre os séculos XVI e XIX, enquanto a

29 *The Promise of Politics* [N.T.].

alienação da terra, em contraste, é algo específico do XX. A alienação do mundo ameaça a continuidade mesma do mundo compartilhado na Era Moderna, a qual, segundo Arendt, é caracterizada por três eventos: a descoberta da América, a Reforma e a invenção do telescópio. A descoberta do Novo Mundo e o mapeamento de novas terras expandiu a moderna compreensão do mundo físico. Da mesma forma, a invenção do telescópio permitiu a exploração do espaço e a possibilidade de deixar o planeta, enquanto a Reforma promoveu a ética protestante e o espírito do capitalismo como um desenvolvimento global. Influenciada por Weber, Arendt lamenta o ascetismo ensimesmado do moderno capitalismo, e observa: a alienação do mundo, e não a *autoalienação* pensada por Marx, tem sido o marco fundador da era moderna (ARENDT, 1958: 254), apontando para a rejeição de tudo o que se compartilha em comum – a pluralidade das línguas, tradições, culturas e visões de mundo; mais além, é característica da Modernidade, e seu potencial destrutivo é mais amplo que o da autoalienação.

Desarraigamento e pluralidade: o espaço entre as pessoas

A distinção estabelecida por Arendt entre a terra e o mundo teve implicações políticas claras: os seres humanos vivem na terra, mas moram no mundo. Sua visão da natureza foi influenciada pelas antigas ideias gregas de vida, crescimento e decadência; daí a civilização ser provedora da estabilidade e contraponto à incerteza natural. Porque há vários, e diferentes, seres humanos – "os *Homens*, e não o *Homem*, habitam o mundo" – um espaço se abre entre eles para discussão e ação (ARENDT, 1958: 7). Diante do fato de que a pluralidade é parte tão fundamental do dia a dia, Arendt buscava meios para encorajar as pessoas a compartilhar e cuidar desse mundo, e discutia a ação e o espaço entre as pessoas, de modo que a pluralidade dos homens criasse o espaço público, a *polis*, aquele hesitante, inseguro, espaço entre as pessoas.

O desarraigamento é um importante aspecto da condição humana. O mundo é composto ou mobilhado por produtos feitos pelos homens, tais como os edifícios, as pontes, as casas e a arte (ARENDT,

1958: 7-11), mas essas coisas não são o mundo em si; aquilo que o vem a constituir é, em verdade, o que ocorre entre as pessoas, o espaço público compartilhado entre elas. O campo do privado não pode ser comum aos outros, permanece particular, de modo que para Arendt, o mundo é o espaço intermediário entre os homens:

> Conviver no mundo significa essencialmente ter um mundo de coisas interposto entre os que nele habitam em comum, como uma mesa se interpõe entre os que se assentam ao seu redor; pois, como todo intermediário, o mundo ao mesmo tempo separa e estabelece uma relação entre os homens. A esfera pública, enquanto mundo comum, reúne-nos na companhia uns dos outros, por assim dizer. O que torna tão difícil suportar a sociedade de massas não é o número de pessoas que ela abrange, ou pelo menos não é este o fator fundamental; antes é o fato de que o mundo entre elas perdeu a força de mantê-las juntas, de relacioná-las umas às outras e de separá-las[30].

Originalmente intitulada *Amor mundi*, *A condição humana* descreve a relação entre a *vita contemplativa* e a *vita activa*: a capacidade de engajar-se no mundo é necessária, bem como a habilidade em afastar-se dos negócios mundanos, para que seja possível pensar e deliberar. Arendt lamenta a expansão do social e a atrofia do campo da política, pois sociedade não é o mesmo que espaço público, ou *polis*, e tampouco é sinônimo do mundo. Da mesma forma, o público significa dois aspectos inter-relacionados: a aparição pública e o mundo. "Para nós, a aparição – algo visto e ouvido pelos outros tanto quanto por nós mesmos – constitui a realidade" (ARENDT, 1958: 50), e realidade é aquilo que se compartilha entre indivíduos. Embora cada um possua um campo privado de experiências íntimas e sentimentos, apenas o espaço público reúne as vivências que podem ser vistas pelos demais, e das quais se pode falar a respeito.

Arendt questiona como é possível cultivar esse espaço intermediário entre as pessoas para conter o crescente sufocamento do social. Historicamente, a Cristandade primitiva tentou criar um laço potente o suficiente para substituir o mundo, mas a "irmandade" e

30 ARENDT, H. *A condição humana*. Op. cit., p. 62.

a caridade de Agostinho são desarraigadas, pois focam em um Deus transcendente, e não nas aparições humanas. Arendt insiste: o desarraigamento, como fenômeno político, torna-se possível somente quando se supõe que o mundo não durará; sob tal acepção, contudo, é quase inevitável que o desarraigamento, de uma forma ou de outra, comece a dominar a cena política (ARENDT, 1958: 54). Em sua opinião, o mundo sobrexcede as mudanças de gerações, possuindo, assim, uma forma de imortalidade.

O mundo comum, *polis* e realidade

Arendt vai aos antigos gregos em busca de um espaço intermediário comum entre as pessoas, e a *polis* traduz-se nesse campo imaginário. Similarmente à metáfora da mesa, previamente mencionada, a *polis* está ligada à ação e ao discurso dos indivíduos, é o "espaço da aparição", mesmo que não seja permanente, e ser privado dessa experiência compartilhada é ser privado da realidade, "o que, em termos humanos e políticos, é o mesmo que a aparição" (ARENDT, 1958: 199). Arendt confere bastante ênfase à impermanência e fragilidade da *polis* como o mundo em comum, de modo que é possível perguntar: tratar-se-ia do Santo Graal ou de Camelot? De uma trêmula imagem ou de uma utopia? Seja como for, Arendt é uma crítica severa dos projetos utópicos para uma sociedade melhor, e de quando em vez retornou ao ponto de que são os homens, e não um homem (ideal), os habitantes do mundo. Pluralidade e novos começos, espontaneidade e ação, são todas fundadas num profundo respeito por cada indivíduo (ARENDT, 1958: 243), e o mundo se mantém pelo nascimento contínuo de novas pessoas, sendo, então, "ontologicamente enraizado" na natalidade, e não na mortalidade (ARENDT, 1958: 247).

Embora os seres humanos produzam coisas duráveis no mundo, tais artefatos não são, em si mesmos, o mundo, cabendo à ação, à narrativa e à recordação a tarefa de unir o espaço intermediário entre as pessoas. O conceito arendtiano de mundo é construído sobre ações e discursos, "todo o mundo factual dos negócios humanos depende, para sua realidade e contínua existência, primeiramente, da presença dos outros, que viram, ouviram e relembrarão; depois, da transformação do intangível na tangibilidade das coisas" (ARENDT, 1958: 95). Eis, então, o necessário para que o mundo permaneça sendo: pensar, desejar, deliberar, agir e relembrar. O gosto de Arendt por Heródoto e Homero nos recorda que o poeta e o historiador rememoram os feitos dos heróis imortais – e estes apenas o são na medida em que nós os recordamos. O Mundo não se define pelo Labor ou pelo Trabalho; acima de tudo, ele consiste do espaço simbólico e imaginário da Ação e da pluralidade.

Arendt escreve que "é no mundo comum que entramos quando nascemos, e aquilo que deixamos para trás quando morremos. Ele trespassa nosso tempo de vida, no passado como no futuro; já estava lá quando chegamos e transcenderá a breve jornada que nele realizamos" (ARENDT, 1958: 55). Um mundo como este, durável, comum, só é possível se aparecer em público, e sendo comum, não pode ser nem secreto nem privado. A Imortalidade é exemplificada na *Ilíada*, de Homero, quando as histórias, dos vencedores como também dos derrotados, são contadas para as futuras gerações – de modo que a *polis* ateniense foi o local da aparição imortal. A moderna sociedade de massas e a solidão, por seu turno, destroem aquele senso de realidade comum às pessoas do mundo. Resguardar-se no reino do privado significa que os indivíduos "estão todos aprisionados na subjetividade de sua experiência singular" (ARENDT, 1958: 58). Ademais, o solipsismo filosófico, de Descartes em diante, enfraqueceu a importância do mundo ao privilegiar o sujeito solitário, tendência que, conjugada com a sociedade de massas e o consumismo, encolhe o mundo que compartilhamos entre nós. Isso significa que Arendt estava em guerra contra a privacidade e o reino do privado? Em especial para os liberais, a privacidade é um dos valores mais importantes. Da mesma forma, seu apelo pela centralidade do mundo comum fez dela uma comunitarista? Nem um nem outro: ela enfatizava, acima de tudo, o republicanismo, a importância da *res publica*, e era à sociedade de massas e à ascensão do social que cabia a destruição das antigas distinções entre o público e o privado – entre a *polis* e o *oikos*.

O conflito entre Filosofia, Política e o Mundo

O conceito arendtiano de Mundo vincula-se à crítica da filosofia tradicional, defendida pela escritora ao longo de sua vida. Se a Filosofia estuda o homem em sua singularidade, rebaixando o mundo em favor da mente, a Política se baseia na pluralidade dos negócios humanos: a Política é baseada no fato da pluralidade humana. Deus criou o *homem*, mas os *homens* são humanos, produtos terrenais, produtos da natureza humana (ARENDT, 2005: 93). Além da distinção entre homem e homens, Arendt argumenta que o campo filosófico é espacialmente distinto da arena política, pois de Platão em diante, a filosofia tendeu a rejeitar o dia a dia de aparições em prol de uma realidade mais elevada, a da contemplação. Em *Entre o passado e o futuro*[31], ela reflete sobre um preconceito intestino à filosofia, que a fez "dar as costas" ao mundo, e se pergunta como seria possível redirecionar a reflexão filosófica em direção a ele (ARENDT, [1961] 1968: 25). Além disso, ela interpreta o interesse filosófico pela morte como uma fuga problemática do mundo. Sobretudo à luz do destrutivo século XX, ela apela à necessidade de conferir valor ao mundo das aparições e da opinião, ao invés de rejeitá-lo.

Em seu derradeiro livro, *A Vida do Espírito*, ela defende a "natureza fenomênica do mundo" (ARENDT, 1978b: 19-23), e argumentando contrariamente à teoria dos dois mundos (que opõe a aparência ao Ser), Arendt pergunta como o pensamento, uma não coisa, aparece no mundo. Partindo da noção heideggeriana da verdade como *aletheia*, desvelamento, a verdade apareceria aos indivíduos no mundo, sem situar-se espacialmente num outro qualquer reino da existência, mas sendo, em si mesma, uma aparição: neste mundo no qual entramos aparecendo do nada, e do qual desaparecemos em direção ao nada, Ser e Aparecer coincidem (ARENDT, 1978b: 19). Ela retoma questões iniciais a respeito do papel do pensamento no mundo, e apela à primazia do mundo fenomênico, pois a aparência não é um engano, ou ilusão, que leva para longe da verdade; antes, é essencial compreender a "natureza fenomênica" do mundo,

31 *Between Past and Future* [N.T.].

que parece apresentar-se diferentemente para cada pessoa. Vivemos no mundo da aparência, mas podemos escolher pensar sobre nosso verdadeiro "lar" conforme abstração filosófica, fé religiosa ou ideologia política, mas Arendt reforça que cada um e todos nós fomos nascidos em um mundo de aparências; logo, este mundo é definido pela pluralidade e pela aparência. Não se trata de realidade *versus* aparência, mas antes, a realidade *é* aparência. O mundo é um palco para a reflexão, o desejo, a deliberação, a fala e o agir com os demais. Mais que isso, é um lugar entre pessoas que sobreviverá nossas breves entrada e saída: "o palco é comum a todos os vivos, mas aparenta ser diferente para cada espécie, e também para cada espécime individual" (ARENDT, 1978b: 21).

Arendt admirava a afirmação de Nietzsche, e seu criticismo no que tange à teoria dos dois mundos, e foi particularmente tocada pelo ensaio *Como o ""mundo verdadeiro" finalmente se tornou fábula*, do livro *Crepúsculo dos ídolos ou Como se filosofa com o martelo*. Nessa breve fábula, o autor delineia como a história da filosofia desacreditou, chegando até a esquecer, o mundo; começando com Platão, "o verdadeiro mundo – alcançável para o homem sábio, pio, virtuoso; ele vive nele, ele o é" – equivale a um reino transcendental, por detrás ou além da mera aparência. À medida que a fábula segue adiante, até a Cristandade, o mundo verdadeiro se torna inalcançável, mas prometido ao pecador arrependido. Então, o verdadeiro mundo kantiano, numenal, é inatingível, e com o Positivismo, o verdadeiro mundo do pensamento é inacessível e desconhecido. A parábola nietzschiana se encerra com Zaratustra: o verdadeiro mundo? Nós o abolimos. Qual mundo permaneceu? Aquele aparente, talvez? Mas não! Junto com o mundo verdadeiro, abolimos também o aparente (NIETZSCHE, 1968: 485-486). Tal e qual Nietzsche, Arendt considera que a maioria dos filósofos estava ansiosa para abandonar o mundo do quotidiano pelo campo mais elevado da existência além das aparências, e enfatiza como a fuga do mundo é a rejeição da responsabilidade, e um perigoso favorecimento da mente solitária sobre as pessoas.

Gratidão pelo mundo e humanidade

Ao par da crítica à tendência filosófica de rejeitar o mundo e o cultivo do espalho público interpessoal, Arendt era, também, grata pela simples existência do mundo, e em seu discurso de aceitação do Lessing Prize, em 1959, ela expressou esse sentimento como uma forma de amor pelo mundo. Mais que o *Sorge* heideggeriano ou o *amor* agostiniano, Lessing era grato pela simples existência do mundo, embora tal sentimento não o impedisse de criticá-lo. Contudo, insistiu Arendt, "era uma atitude que reconhecia seu débito para com o mundo, sem jamais abandonar seu terreno sólido, e sem jamais encaminhar-se para o extremo do utopismo sentimental" (ARENDT, 1968: 5). O mesmo poderia ser dito dela própria, pois seu conceito de mundo segue de mãos dadas com a humanidade: em sua opinião, se os pensadores do século XVIII, tais como Lessing e Kant, celebraram a humanidade, os do XIX celebraram a História e a Ideologia. Lessing personificava, para Arendt, o pensar por si mesmo (*Selbstdenken*), mas diferentemente de Heidegger, não privilegiou o isolamento filosófico; pelo contrário, vinculou sua gratidão pelo mundo à apreciação da humanidade e da amizade.

Para Arendt, como para Lessing, a humanidade não se trata de um conceito abstrato, mas está concretamente relacionada à amizade: a comunicação, o diálogo espirituoso e o engajamento com os demais a respeito do mundo são centrais ao ser humano. É particularmente através de Aristóteles, mas também por Karl Jaspers, que Arendt desenvolve a relevância política da amizade, que seria semelhante ao debate público. Não se trata de uma conversa íntima, ou do moderno retiro para o self, pois "no discurso, a importância política da amizade, e a humanidade tão peculiar a ela, fizeram-se manifestas" (ARENDT, 1968: 24). E a discussão e o debate apaixonado sobre opiniões diversas são, justamente, os aspectos que Hannah Arendt mais preza.

Arendt coloca tal questão mais claramente quando pergunta: até que ponto permanecemos submetidos ao mundo, mesmo após este ter-nos expulsado ou termos nos retirado dele? (ARENDT, 1968: 22). Dada sua biografia e seus escritos sobre o totalitarismo e o mal, este problema está longe de ser abstrato. O fato de que a tecnologia ter permitido ao homem deixar a Terra ou destruí-la completamente deixa o Mundo ainda mais frágil que antes; outrossim, a destruição provocada por duas guerras mundiais e o poder das ideologias totalitárias subjaz as tendências à violência e ao niilismo. Dessa forma, o horror e o espanto são partes do conceito arendtiano de mundo: a primeira leva à cínica retirada para fora do mundo, enquanto o segundo vincula-se à gratidão. "Pois o horror inominável perante aquilo que o homem é capaz de fazer e naquilo em que o mundo pode ser tornar está relacionado, de muitas maneiras, ao inominável espanto da gratidão, do qual brotam as questões filosóficas" (ARENDT, 1994: 445). Em alemão, a palavra "pensar" (*denken*) está próxima de agradecer (*danken*). A gratidão pela humanidade e pelo mundo significa distanciar-se dos negócios quotidianos, parar e refletir. O conceito arendtiano provém de um dos mais antigos questionamentos filosóficos: por que existe o algo, e não o nada? Seja como for, quando coloca esta pergunta, salienta que sua emergência adveio de uma moderna condição de desarraigamento, que há de ser distinguida da outra forma desarraigamento, a religiosa. A questão sobre "por que existe o algo, e não o nada" não é nova, mas o contexto em que foi levantada o é, pois como a própria Arendt explica, "fora das condições de desarraigamento surgidas inicialmente na Era Moderna – e que não devem ser confundidas com o desapego ao mundanismo cristão – emergiu a pergunta elaborada por Leibniz, Schelling e Heidegger: por que existe o algo, e não o nada?" (ARENDT, 2005: 203-204). Mais além, ela indaga por que há alguém, e não ninguém, no mundo. O totalitarismo tentou produzir um reino de ninguéns, supérfluos e incapazes de pensar – tendência cujo exemplo acabado teria sido, na opinião dela, Adolf Eichmann; logo, percebe-se que Arendt conseguiu levantar velhas dúvidas filosóficas a partir de um contexto bastante moderno.

Para além do Existencialismo e do cristianismo primitivo, Richard Bernstein sugere que outra fonte do *amor mundi* de Arendt foi o judaísmo: sua "fé, como a de muitos judeus antes dela, dirigiu-se mais à criação que ao criador" (BERNSTEIN, 1996: 188), e ao prezar tanto quanto, ou até mais, a criação que o criador, ela bebeu não apenas da filosofia e da teologia europeias, mas também de sua própria experiência de vida e do judaísmo para afirmar que o olhar maravilhado da filosofia deveria dirigir-se ao mundo em transformação, ao invés de fugir dele. Em carta ao amigo Gerschom Scholem, escreveu: "existe algo como uma gratidão básica por tudo o que existe, da maneira que existe; pelo que foi *dado*, e pelo que não foi, e nem poderia ter sido, *feito*" (ARENDT, apud BERNSTEIN, 1996).

Conclusão

Embora Agostinho tenha sido uma influência incipiente para o conceito arendtiano de Mundo, ela enfatizou mais a beleza da criação que a da criatura; apropriou-se do amor a Deus e do amor vicinal agostiniano, bem como do sentido de viver entre dois mundos, a Cidade de Deus e a Cidade dos Homens. Porém, muito embora Agostinho preferisse um deus eterno ao mundo mortal, Arendt direcionou o próprio amor ao mundo. Da mesma maneira, apropriou-se do conceito heideggeriano de ser-no-mundo, e embora refletisse o desassossego existencial no mundo e o desejo concomitante de sentir-se bem nele, ela conseguiu desenvolver uma compreensão mais fecunda do ser-com-os-outros (*Mitsein*). Diversamente de Heidegger, que privilegiava o pensar e o Ser, Arendt restaurou o espanto (*thaumazein*) à sua origem no mundo; mais: se ele tendeu a perceber o quotidiano como palavrório inútil e inautenticidade, ela buscou por momentos em que a liberdade, a espontaneidade e a pluralidade pudessem aparecer entre as pessoas, e não somente para um pensador solitário.

O conceito de Mundo de Arendt é profundamente relevante para o século XXI, enquanto confrontamo-nos com diferenças culturais violentas, escassez de recursos e mudanças tecnológicas sem precedentes, e seus escritos lembram-nos da importante fragilidade do mundo que compartilhamos entre nós. Além disso, ela nos chama a atenção para as conexões políticas e morais entre o eu, os outros e o mundo: "em última análise, o mundo humano é, sempre, produto do *amor mundi* do homem, um artefato humano cuja imortalidade potencial está sempre sujeita à mortalidade daqueles que o construíram e à natalidade daqueles que virão a residir nele" (ARENDT, 2005: 203).

Agradecimentos

Sou grata ao *Estonian Research Council* pelo financiamento recebido (Bolsa n. IUT3-2).

4
Narrativa e compreensão

Maša Mrovlje

A abordagem distinta que Hannah Arendt deu à teoria política – algo a que ela carinhosamente se referiu, embora não sem um quê de ironia, como "minha narrativa fora de moda" (ARENDT, apud DISCH, 1993: 666) – inspirou muita perplexidade nos comentaristas de sua obra. De fato, seus exercícios de reflexão política permanecem manifestando uma resiliência teimosa perante todas as tentativas de fácil categorização nos figurinos estabelecidos e nas escolas de pensamento. É possível, sem dúvida, atribuir ao menos parte dessa perplexidade à sua relutância, de forma geral, em engajar-se nos debates metodológicos e epistemológicos. Seu trabalho, ao contrário, foi guiado por uma invulgar atenção à experiência vivida na sempre mutante realidade, à qual, em suas próprias palavras, "o pensamento precisa permanecer ligado... como os únicos marcos pelos quais se orientará" (ARENDT, [1961] 1968: 14; cf. HINCHMAN & HINCHMAN, 1984: 183). E ainda assim, se não perdermos a inteireza de sua relevância, este mesmo foco garante uma exploração das premissas ontológicas e epistemológicas que o subjazem. Diante de tal cenário, este capítulo tentará ler a abordagem narrativa arendtiana dos fenômenos políticos não como um método, estritamente falando, mas em termos de seu compromisso fenomenológico-existencialista de iluminar e conferir sentido à plural, imprevisível e sempre mutante realidade mundana. Desse modo, também se destina a mostrar que seu "testamento" (ARENDT, [1961] 1968: 5) consiste não de prescrições sobre o que pensar, tampouco oferece regras procedimentais acessíveis sobre como pensar. Antes, sugere, indiscutivelmente, um modo de ser no mundo e em relação a ele, pelo qual vemos a reconhecer, continuamente, as possibilidades e limitações inerentes à ação política e à nossa própria existência enquanto tal.

Na primeira seção, ligo o problema surgido após a moderna quebra dos padrões, e das categorias tradicionais do pensamento, ao desafio da compreensão, e aponto para sua significância política. A segunda seção explora como a narrativa de Arendt respondeu a esse desafio; ao examinar as fontes filosóficas e literárias do seu retorno à narrativa, e situando-o em relação à teoria narrativa, pretendo elucidar a peculiaridade de sua abordagem. Por último, a terceira seção usa de alguns exemplos-chave da prática narrativa arendtiana para lançar luz à maneira singular como seus escritos falam a nós e ao nosso presente.

O pensar e o desafio da compreensão

A preocupação de Arendt com a necessidade de manter a dignidade da ação política é acompanhada pela sua atenção à significância política do pensar. De fato – e embora explicitamente abordada somente em seu derradeiro escrito, *A vida do espírito* – Arendt apresentou, no decorrer de sua obra, uma duradoura preocupação com o pensamento e sua relação com o mundo dos negócios humanos. A urgência desse foco emergiu diretamente da sua percepção de que os modelos e categorias tradicionais do pensamento haviam se tornado profundamente inadequados para entender "o mal incalculável que os homens eram capazes de causar" (ARENDT, 1994: 132). De sua tentativa de chegar a termos com a moderna experiência política, em especial com o mal radical do totalitarismo, provém a consciência compartilhada com a tradição mais ampla da filosofia *Existenz*: por terem sido tão tragicamente expostos à ruína dos padrões tradicionais de pensamento, os eventos modernos também situaram o genuíno problema *filosófico* da relevância continuada e da significância do próprio pensamento, e confrontaram a teoria política com a necessidade urgente de repensar sua própria atitude em relação ao espaço público, político (ARENDT, 1994: 430, 444), desafio esse que ganha terrível concretude na afirmação tardia de Arendt de que o mal radical de Adolf Eichmann poderia ser associado não a motivações demoníacas do perpetrante, mas "somente" à inabilidade dele de pensar. Em suma, conforme Buckler (2011: 162), pensar tornara-se agora "diretamente implicado ao destino do mundo".

A sensibilidade fenomenológico-existencialista arendtiana, nesse particular, manifestou-se nos esforços para ressuscitar o exercício da reflexão a serviço daquilo que chamava de necessidade geral humana da compreensão. O elo entre ambos surge da distinção que Arendt traçou entre a *vita activa* e a *vita contemplativa*: muito embora pensar e agir fossem intimamente relacionados, segundo ela eram, igualmente, distintas "posições existenciais" fundadas em formas distintas de experiência "genuína" – distinção essa que há de ser reconhecida para que as inerentes dignidade e importância de ambas sejam mantidas (ARENDT, 1979: 305; ARENDT, 1978b: 78). Enquanto agir envolve participação direta no mundo e é somente possível entre muitos, a atividade do pensar caracteriza-se por sua natureza reflexiva, só pode realizar-se solitariamente, e pressupõe como sua condição essencial o afastamento do envolvimento ativo no mundo de aparições, para assim ser capaz de contemplar ações e eventos passados (ARENDT, 1978b: 74-75, 78).

Pensar, para Arendt, é uma atividade "basal", "autônoma" (ARENDT, 1978b: 69-70); com isso, quer dizer que, em sua essência, não está condicionado ou demandado por qualquer coisa fora de si mesmo, e surge, simplesmente, da necessidade existencial, imprescindível, de um ser humano vivo em engajar-se na busca pelo sentido do que quer que exista (ARENDT, 1978b: 166). Para que sua distinta forma de proceder fosse bem-sucedida, Arendt tomou como exemplo o diálogo dois-em-um socrático, entre eu e eu mesmo; pensar não corresponderia à mera consciência de si, uma afirmação autoidentitária do eu-sou-eu, mas consistiria de uma incessante atividade dialógica, na qual a mente reconhece a inerente dualidade na consciência, e reflete sobre que quer que tenha sido oferecido, ou o que quer que tenha atiçado sua curiosidade, na experiência (ARENDT, 1978b: 74-77). Para tanto, baseia-se fundamentalmente na faculdade da imaginação, que lhe permite retirar-se do sentido imediato da percepção e reapresenta a si mesma aquilo que está ausente dos sentidos (ARENDT, 1978b: 76). Embora os objetos do pensamento estejam "dados no mundo", é intrínseco à atividade de pensar o constante transcender, questionar e submeter ao escrutínio crítico os "dados pura e simplesmente concedidos" pelo mundo exterior (ARENDT, 1978b: 70). Por essa razão, pensar não pode ter um fim estranho a si mesmo, e Arendt adverte, persistentemente, contra a percepção do pensamento como uma atividade instrumental destinada a, por exemplo, providenciar um mapa para a ação política. Pelo contrário, ele permanece leal aos seus impulsos originais, e pode possuir significância política apenas e tão somente se conduzir à compreensão. Compreender é uma manifestação distintivamente política do pensar precisamente porque atende ao instinto humano básico de conferir sentido a qualquer coisa que tenha havido no curso de nossas vidas, e que nos permite sentir-nos em casa no mundo (ARENDT, 1994: 307-308). Em outras palavras, trata-se de uma significância política sem par, dada a natureza fenomênica do mundo dos assuntos políticos – o fato em que o mundo se fundamenta, e que também representa a aparição da condição existencial constitutiva da pluralidade humana, consistindo, pois, no desdobrar de novas iniciativas, manifestações das exclusivas capacidades humanas para a ação e o diálogo. Para Arendt, os seres humanos tanto estão *no* mundo, percebendo-o e reconhecendo-o, quanto são *do* mundo, aparições a seres percebidas e reconhecidas pelos outros:

> (A) Palavra aparição não faria sentido se os receptores da aparição não existissem – criaturas vivas, capazes de acusar o fato, reconhecê-lo e reagir a ele – de passagem ou de propósito, aprovando ou recriminando, culpando ou celebrando algo que não está meramente lá, mas aparece para eles, e se destina à sua percepção (ARENDT, 1978b: 19).

A habilidade em reconhecer e vir a termos com a originalidade, a contingência e a imprevisibilidade dessa condição dinâmica da vida política se torna, para Arendt, a tarefa primordial do pensamento político, e é também onde a interconectividade essencial entre pensar e agir vem à luz. Arendt considera a compreensão o "outro lado da ação", de modo que é de suma importância para os seres humanos, criaturas mundanas e (potencialmente) atuantes, "resolver-se com o que irrevogavelmente ocorreu e reconciliar-se com o que inevitavelmente existe" (ARENDT, 1994: 321, 308, 322).

A importância política do desafio da compreensão pode ser captada a partir da investigação feita por Arendt sobre a inadequação do "ferramental tradicional da compreensão" (ARENDT, 1994: 313): ela dirigiu a mira de sua reprovação à teoria política tradicional àquilo que considerava ser sua "falácia básica": a subordinação da capacidade humana, universal (e singular), do pensamento em busca de sentido ao desejo, tipicamente filosófico, de atingir a suprema verdade do Ser (ARENDT, 1978b: 15). Guiados por este anseio pela verdade, os filósofos reivindicaram para si uma posição aislada, solitária e supostamente objetiva, completamente desgarrada do campo desordeiro da política, para contemplar um reino de conceitos e ideias eternas, "o eternamente invisível, e verdadeiramente duradouro" (ARENDT, 1978b: 131). A razão de Arendt considerar esta falácia tão perturbadora é porque ela engendraria a crença de que o mundo dos assuntos políticos pode ser igualmente abordado a partir do modelo da verdade racional ou filosófica, ou seja, assumiria a pretensão de que resultados atingidos na solidão possuíam igual validade universal na política para depois aplicá-las, por assim dizer, naquele campo de fora para dentro. Ao borrar a linha que separava a ação do pensamento, os teóricos políticos previram a reconciliação entre as duas atividades, erigindo uma hierarquia na qual o pensamento, graças à sua suposta habilidade em alcançar o verdadeiro conhecimento da realidade, foi identificado com o comando, enquanto a ação foi reduzida à mera execução de um padrão ou ideia pré-moldados (ARENDT, 1958: 225). Seguindo por essa vereda, contudo, esses teóricos, de acordo com Arendt, em verdade abriram um "abismo" entre pensamento e ação, filosofia e política, que veio plenamente à luz com a moderna crise da compreensão (ARENDT, 2005: 6).

O grande problema, para Arendt, é que tal procedimento presta pouca atenção à natureza fenomênica do mundo e ameaça a existência do espaço público. O senso do mundo compartilhado e da realidade mesma do espaço público como um campo da aparição, conforme ela persistentemente apontou (ARENDT, 1958: 55-57), só emerge a partir das relações *entre* a pluralidade de indivíduos distintos engajados na palavra e no ato, falando, agindo e aparecendo uns para os outros. A atitude "racional" na política, mais claramente apresentada na tradicional metáfora metafísica dos "dois mundos", tenta explorar e elaborar o reino da "mera" aparência vis a vis realidades supostamente mais profundas e verdadeiras, que pairam acima ou abaixo dele, fundamentam-no ou o provocam (cf. ARENDT, 1978b: 10-12, 216). Contudo, a prática de subordinar o que quer que venha a acontecer dentro dos limites de pensamentos preconcebidos não permite que nada de novo - tanto no sentido da originalidade quanto no da irrevocabilidade - surja sob o sol (ARENDT, 1994: 309). Dessa feita, o Racionalismo tende a crescer cada vez menos informado e progressivamente distante das ocorrências e fatos específicos do campo dos negócios humanos, nutrido num atrofiado senso de realidade mundana. É precisamente esta preocupação que pode ser entendida como fundadora do ceticismo de Arendt para com os debates metodológicos, pois o conceito mesmo de método, como apontado por Vollrath (1977: 162-163), pressupõe uma atitude ocupada em desenvolver modelos e ferramentas "apropriados" para, através deles, abordar, controlar e dominar o objeto observado, tudo a partir de uma posição essencialmente alheia a ele.

A prevalência da atitude racional na teoria política representa, para Arendt, um monumental problema político, porque os seres humanos dependem de um senso compartilhado do mundo para conferir sentido aos seus próprios eus, agentes autônomos, capazes de engajar-se com, e responder à, sempre mutante realidade política, e aquilo que o prolongado rompimento entre o pensamento e a experiência põe em risco é o que Arendt chama de "compreensão preliminar", o sentido mais básico de si mesmo como um ser mundano, fundador de toda possibilidade de pensamento e ação (ARENDT, 1994: 310; [1951] 2004: 614), um perigo que apareceu com particular clareza na Era Moderna. A mudança crucial ocorreu quando, desvairada desde o reino dos absolutos eternos, mas sem abandonar a busca pela tradicional pela certeza, a atividade reflexiva se tornou crescentemente semelhante a um mero raciocínio instrumental ou de logicidade, cuja principal característica era carregar em si a afirmação de compulsória validade, a despeito dos outros e do mundo, ou seja, a despeito da existência situada (ARENDT, 1994: 318). A perturbadora resultante foi que o pensamento moderno, mais notavelmente nos filósofos da história dos séculos XVIII e XIX, terminaram, então, subordinando a própria realidade à supostamente evidente e necessária, ainda que absolutamente arbitrária, lógica do processo (cf. ARENDT, 1978b: 26-27, 53-55; ARENDT, 1958: 296-297, 304; ARENDT, [1961] 1968: 57) que, de fato, reduziu os humanos a meros objetos de forças inumanas e processos e, por fim, destruiu o sentido de mundo compartilhado como uma moldura dentro da qual as palavras e feitos humanos podiam aparecer. Arendt, em verdade, menciona o desarraigamento radical do pensamento moderno como uma das mais importantes condições que tornaram os indivíduos suscetíveis ao engodo dos movimentos totalitários e suas interpretações ideológicas (e recriações) da realidade.

A verdade racional, ao criar um retrato óbvio da realidade e fornecer mapas para a ação política, aparenta facilmente ser uma atitude política mais efetiva e poderosa; todavia, há o risco de ela distorcer, ou até mesmo destruir, a base existencial fundamental da pluralidade, representante da condição mesma da possibilidade da política, e também seu derradeiro objetivo. Usando desses termos, Arendt foi profundamente crítica das tentativas, dentro das ciências sociais e da historiografia de seu tempo, de alcançar uma "verdadeira compreensão" do totalitarismo como uma força emersa de fora da política, e a partir daí elaborar ferramentas apropriadas que o derrotassem de uma vez por todas. Não se percebeu, então, não apenas o fato perturbador de que "governos totalitários não haviam sido importados da lua", e sim brotados do seio das sociedades modernas, como também a compreensão da experiência política, que teria conferido sentido à luta contra estes regimes (ARENDT, 1994: 310; cf. tb. BUCKLER, 2011: 12).

Desse modo, a moderna transformação na compreensão não se referiu simplesmente ao fato de que os padrões tradicionais de pensamento teriam, subitamente, tornado-se obsoletos, e só se precisasse colocar um novo conjunto de réguas, mais adequado às novas realidades (cf. ARENDT, 1966). Antes, a *debacle* daqueles padrões trouxe à luz, como "realidade tangível" e "fato de relevância política", o desafio da compreensão, erguido da perplexidade inerente à própria experiência de pensar (ARENDT, [1961] 1968: 13), resultante do fato de que o privilégio de se retirar do mundo é exercido por um ser vivo que é, em si mesmo, parte do mundo das aparições, logo, em busca de conferir sentido a tudo o que existe, mas incapaz de transcender ou abandonar de todo esse desejo (ARENDT, 1978b: 45). Ao invés de tentar fugir dessa perplexidade, ela deveria ser assumida, naquilo que Arendt chama de "pensar sem um corrimão", ou seja, o confronto da experiência sem conceitos pré-fabricados e modelos reflexivos (ARENDT, 1979: 336). Seguindo os passos dos seus mentores filosóficos, Heidegger e Jaspers, ela abraçou a noção de verdade como desvelamento ou revelação, crucial para sua própria perspectiva da compreensão porque lastreada no reconhecimento do caráter subjetivo e localizado do pensar, e reafirmativa, consequentemente, da existência independente e do valor da realidade factual, em sua "teimosa exterioridade" e contingência, sua particularidade e pluralidade (ARENDT, [1961] 1968: 253). O significado político emergiu na medida em que sua preocupação se voltou para aquilo que Arendt chamou de *verdade factual*, em contraste com a *verdade racional*. A verdade racional se referia, por um lado, aos axiomas e teorias, relativamente permanentes e abstratos, pertinentes à matemática, às ciências e à filosofia especulativa; mas também à "própria realidade, factual e comum", ou seja, aos eventos, ações e situações que ocorrem quando muitas pessoas interagem juntas, o tecido contingente do campo da política (ARENDT, [1961] 1968: 232, 227).

Destarte, a preocupação de Arendt não reside em negar ao conhecimento uma parte necessária ao processo de compreensão; antes, ela permanece cautelosa sobre as diversas formas pelas quais a busca "racional" pela completude e finalidade poderia desviar o foco do objetivo específico: confrontar a multiplicidade de ações e eventos em sua originalidade e particularidade e tecê-los ao tecido do mundo compartilhado, ou seja, aferir o que eles significam para *nós*, e ao fazê-lo revigorar constantemente nosso sentido de mundo compartilhado e de nossa presença mesma nele. Contudo, sendo uma atividade de incessante confronto e transcendência do mundo em busca por sentido, "pensar sem corrimões" jamais poderá estabelecer um sentido definitivo, e permanece, ao menos por esse ângulo, "inteiramente sem resultados" (ARENDT, 1978b: 171, 191, 197). Arendt sugere, a partir do exemplo de Sócrates, que o "sopro do pensamento" corresponde à "técnica de desmantelar", possui um "efeito destrutivo e solapador" sobre todos os padrões estabelecidos, valores e regras pelos quais entendemos o mundo e levamos nossas vidas, incluindo nossas próprias conclusões previamente alcançadas (ARENDT, 1978b: 212, 174-175). Como, então, pode o pensamento ajudar a dotar a pluralidade e a contingência da experiência com suficiente coerência e compreensibilidade, de modo a capacitar a ação humana no mundo? A resposta de Arendt é a seguinte: tecendo os sentidos capturados em histórias, de modo a compartilhar o sentido daquilo que apareceu com os outros. Se pensar nos extrai do mundo em busca do sentido do que aconteceu, a narrativa responde ao desafio da compreensão, porque nos devolve à pluralidade do mundo das aparições e, ao fazê-los, nos move em direção ao futuro.

A narrativa e a recuperação do "tesouro perdido" da liberdade política

A tentativa arendtiana de recuperar a narrativa como uma abordagem distinta dos fenômenos políticos busca inspiração da antiga, e pré-filosófica, preocupação, manifesta na poesia e na historiografia gregas, com dotar de sentido e, dessa forma, imortalizar os efêmeros e perecíveis negócios humanos (ARENDT, 1978b: 131). Antes do desvio filosófico na direção da "verdade perpétua", era "função política" específica do narrador, poeta ou historiógrafo, vigiar e celebrar as palavras e atos dos mortais, contar histórias sobre eles, e mantê-los vivos na memória histórica (ARENDT, 1958: 197). Narrar, para Arendt, corporificava o reconhecimento de que os homens, seres mundanos, separados do reino dos absolutos eternos, só poderiam buscar sentido para suas vidas em sua própria temporal e intersubjetiva experiência. As histórias falam a esse horizonte porque correspondem à estrutura temporal da ação humana no mundo, ao fato de que os humanos existem no espaço entre o passado e o futuro, e que a maneira de pensar, agir e viver, e até mesmo a própria liberdade, consiste em uma negociação constante entre a necessidade de recuperar e designar sentidos para aquilo que já aconteceu e a aspiração de projetar-se em direção a futuros incertos, tudo isso sem a ponte estável das verdades tradicionais. Nessa perspectiva, Arendt anuncia o recente retorno, dentro da teoria política, a buscar na proximidade narrativa ao particular e ao plural da existência humana, um valioso prisma e uma voz, e com eles iluminar e confrontar os problemas que empesteiam a mente contemporânea[32].

O particular da abordagem de Arendt, porém, é seu foco na importância especificamente política da narrativa. Não há dúvidas de que a narração arendtiana está intimamente ligada aos esforços de fazer reviver, após os horrores do século XX, o sentido da liberdade humana, e revigorar, em meio às condições "desérticas" da vida moderna, um espaço público capaz de abrigar, com propriedade, as ações e os discursos humanos. Esta defesa da narrativa, do ponto de vista ontológico, faz eco àquilo que Paul Ricoeur, um dos mais proeminentes teóricos contemporâneos da narratividade, chamou de "capacidade pré-narrativa da vida" (RICOEUR 1991: 28-29), uma noção que contém um duplo reconhecimento: a vida humana é, já e desde sempre, historiada, implicitamente apanhada nos dramas temporais do mundo aparente como "uma atividade e uma paixão em busca de uma narrativa" capaz de organizar o fluxo de eventos em uma história de vida que faça sentido, e ofereça pontos

32 Através dos campos da teoria política, literatura, história e psicologia, p. ex., teóricos têm examinado como a sensibilidade narrativa pode ser chamada a confrontar os problemas do mal e do trauma, tratar de questões de identidade e diferença, e revigorar debates a respeito de julgamento e deliberação pública. Cf., entre outros, Nussbaum (1995), Rorty (1993), Lara (2007), LaCapra (2001) e Black (2010).

de orientação para o futuro (RICOEUR 1991: 28-29); ou, segundo as próprias palavras de Arendt, enquanto nossa condição de seres mundanos, engajados no mundo através dos atos e dos discursos, fundamente a possibilidade mesma das histórias e constitua "a condição pré-política e pré-histórica da história", são as histórias que têm o poder de humanizar nossas vidas, ao revelar o caráter distintivamente humano da ação (ARENDT, 1958: 184; ARENDT, 1978b: 131-135). Este abraço da narrativa repousa, então, na seguinte afirmação: porque a forma mesma das histórias imita a estrutura da ação humana e do sofrimento, elas são capazes de afirmar o feitio humano do mundo, da história e da política, e de avivar nosso sentido de agentes mesmos da política, capazes de ação responsável no mundo (cf. KRISTEVA, 2001: 7-8).

Crucial ao entendimento da especificidade da narrativa arendtiana é sua rejeição às narrativas tradicionais de continuidade histórica e sucessão lógica, nas quais cada evento adquire seu significado apenas enquanto parte de um todo maior ou de um processo, e é, de fato, representado como uma mera instanciação de alguma "lei maior" inevitável; ela abominava, em particular, a noção historicista da salvação na história, notavelmente na ideia de "Progresso" da "Humanidade", segundo a qual quaisquer ocorrências poderiam ser explicadas e, até mesmo, justificadas em termos do estágio seguinte do desenvolvimento geral, e em que a posição de juiz últimos dos negócios humanos seria atribuída, por consequência, ao critério de "Sucesso" (ARENDT, 1978b: 216). Contra essa tendência, a narrativa arendtiana é devedora da historiografia de Walter Benjamin, de um passado fragmentado, cuja epítome é a metáfora do "anjo da história" (ARENDT, 1968: 165). Como o anjo benjaminiano, a narrativa de Arendt afirma a realidade do hiato na sucessão linear do tempo, bem como da liberdade de olhar o passado com olhos desoprimidos do espectro da teleologia, prontos a "redimir" os fragmentos das experiências passadas que a "tormenta do progresso" havia destinado ao esquecimento (ARENDT, 1968: 197, 165). Liberto da busca por causas e realidades mais profundas, desígnios e fins, e afastado das necessidades imediatas do mundo, o anjo está pronto a considerar cada feito em particular em sua particularidade, e dotá-lo de um sentido geral.

A noção do "poder redentor da narrativa" (BENHABIB 1990), que Arendt absorveu de Benjamin, é de imediata importância política por encerrar em si a habilidade das histórias de "reivindicar nossa humanidade" (ARENDT, 1978b: 216), já que ao dotar com significância particular eventos gestos individuais, elas são capazes de afirmar a liberdade humana como fonte dos eventos mundanos. De fato, o peculiar alcance político das histórias, segundo Arendt, pode ser rastreado até sua exclusiva capacidade de revelar o "quem", mais do que "o quê" sobre a identidade do protagonista (ARENDT, 1958: 186); dito de outra forma, elas afirmam o "caráter revelatório" da ação e do discurso, o fato de que estes, além de tratarem de "uma realidade mundana objetiva", envolvem a revelação do agente atuante e falante (ARENDT, 1958: 182). Assim, as histórias alimentam a visão dos seres humanos como atores e sofredores, e não vítimas passivas ou objetos de mais profundas e verdadeiras realidades, imperativos ou fins históricos, capazes, portanto, de defender as potencialidades da liberdade humana e estabelecer o peculiar significado humano da política tanto no presente quanto no futuro. Tal ênfase é crucial porque a liberdade humana e o *status* de um ser atuante, para Arendt, não são questões autoevidentes, ou fatos naturais, mas existem tão somente como "realidades políticas e humanas" (ARENDT, 1994: 408) – noutras palavras, dependem de nosso reconhecimento mútuo como membros iguais do espaço público, podendo, portanto, ser negadas ou mesmo completamente obliteradas se este reconhecimento político e intersubjetivo for recusado.

São estas consciência e preocupação que fundamentam a reivindicação de Arendt de que o alvo da narrativa não é atingir o conhecimento objetivo do passado através, por exemplo, da busca por desvendar uma essência previamente oculta, ou a origem de um fenômeno, ou sua explicação, em termos de suas supostas "causas" (ARENDT, 1994: 319, 403-405, 407), algo que não somente denegaria a realidade do novo e do inaudito na história como significaria, igualmente, que o futuro poderia ser predito. Trabalhar com a noção benjaminiana de historiografia redentora, pelo contrário, é um "método de 'perfuração'", próximo da "qualidade da escavação" do "pensamento apaixonado" de Heidegger, transmitida por Arendt sob a metáfora do "caçador de pérolas" (ARENDT, 1968: 202, 206; ARENDT, 1971: 50-52), que mergulha nas profundezas do passado, "não para ressuscitá-lo da maneira como foi e contribuir para o reviver de eras extintas" (ARENDT, 1968: 205), mas com o intuito de trazer de volta à vida aqueles "corais" e "pérolas" da experiência passada, há muito enterrados ou escondidos sob as camadas sedimentares das categorias tradicionais, e ouvir, no presente, os seus "ricos" e "estranhos" ecos (ARENDT, 1968: 205-206), torná-los uma realidade viva no próprio mundo do narrador, e fazê-los falar com renovado vigor e inesperada importância às preocupações e complexidades do presente e do futuro. A preocupação em imortalizar palavras e atos passados torna-se, então, intimamente relacionada, ou até mesmo indistinguível, da afirmação de um novo começo no presente, e nesse sentido Arendt (1994: 320) afirma que a "História é uma história que possui muitos começos, mas nenhum fim".

Contudo, se o vínculo entre passado e futuro precisa ser mantido, o mesmo deve ser dito da distinção entre ambos: embora a História confira sentido à ação e à vida, em suas reflexões sobre Isak Dinesen, Arendt afirmou que tentar viver a vida como se fosse história, ou seja, tentar tornar um roteiro preconcebido em verdade na política, trata-se de um erro perigosíssimo (ARENDT, 1968: 105, 109). O risco dessa estética reversa, a bem da verdade, está presente no próprio método de "perfuração", pois o desejo de liberar experiências passadas de seus espaços predeterminados dentro de conjuntos mais amplos descamba, facilmente, no abraço daquilo que é, supostamente, puramente original ou autêntico, genuíno em suma, para revelar qualquer sentido mais vasto, de modo a ser capaz de se comunicar com os demais e falar ao presente (ARENDT, 1968: 198-199). Como Arendt elaborou em sua reflexão sobre as implicações políticas perturbadoras da filosofia heideggeriana, contudo, esse reverso ocorre apenas quando o pensamento, fundamentado como é em um distanciamento do mundo das aparições, esquece-se de retornar à realidade fenomênica comum e volta-se para dentro, em direção a si mesmo (cf. ARENDT, 1971). Nesse caminho, ele tampouco consegue afirmar a existência independente da realidade exterior e assume, erroneamente, que o caráter plural do mundo pode ser solucionado pelo – e, em verdade, reduzido a uma mera função do – processo essencialmente subjetivo da reflexão. Muito distante da realidade comum intersubjetiva, essa forma de pensamento só pode conduzir à ação através da "absolutização de categorias de ser individuais", promovendo, assim, a visão do mundo e dos outros como simples material a ser moldado ao bel-prazer, e representando a manifestação última do tradicional preconceito filosófico contra o campo da política (cf. ARENDT, 1994: 185, 176-182).

Pelo contrário, a regra básica da narrativa é "ser leal à vida" (ARENDT, 1968: 97), e ao proclamar o caráter intersubjetivo e plural da existência humana, Arendt afirmou, claramente, que "ninguém é autor ou produtor de sua própria história de vida" (ARENDT, 1958: 184). Ou seja, ninguém pode, verdadeiramente, "fazer" sua história, mas apenas fazê-la emergir a partir da repetição imaginativa do que quer que a vida "estiver te dando" (ARENDT, 1968: 97). Subjacente a essa regra há o reconhecimento de que o caráter temporal, plural e imprevisível do mundo das aparências jamais será de todo feito transparente ao pensamento (ARENDT, 1994: 183-184), e seguinte a tal compreensão, vem o *insight* da reflexão de Karl Jaspers que Arendt tanto admirava: o sentido, em oposição à verdade, e o próprio pensamento, só podem vir a existir *entre* seres humanos "em comunicação", os quais só assim podem assumir a forma de um "apelo perpétuo" à liberdade alheia (ARENDT, 1968: 85; ARENDT, 1994: 182-183), uma mudança que Arendt desenvolveu mais além a partir da noção de "reflexão representativa" (ARENDT, [1961] 1968: 237), aquela que permanece em contato próximo com o mundo e com outras pessoas, representando-os e considerando suas visões de mundo no diálogo solitário do pensamento. Daí emerge a perspectiva da imparcialidade mundana, celebrada por Arendt nas obras dos grandes historiógrafos antigos, e que, posteriormente, irá estabelecer a distinta importância política de sua abordagem narrativa (ARENDT, [1961] 1968: 51), pois viajar livremente pelo mundo e imaginar sua aparência desde a pluralidade de perspectivas diversas, traz à existência um espaço de aparências, no qual os conteúdos "redimidos" do passado podem ser trazidos a uma comunicação "lúdica" entre si, e "iluminadas", numa expressão de Karl Jaspers, em sua mundana e intersubjetiva existência. (ARENDT, 1968: 79-80, 85; ARENDT, 1978b: 216; ARENDT, 1994: 186). Tal ênfase é crucial, pois fundamenta a capacidade das histórias de humanizar o mundo, dado que o reconhecimento dos humanos como seres atuantes e expressivos só pode advir da compreensão da maneira como eles aparecem no plano espacial e temporal do mundo, na teia de relações humanas constituintes do espaço público.

É precisamente aqui que a narrativa arendtiana, a um só tempo, ecoa e se distancia da principal preocupação que orienta os mais recentes defensores do valor ético e político da voz narrativa. A ênfase principal nos escritos de, por exemplo, Martha Nussbaum (1995) e Richard Rorty (1993), situa-se na habilidade da narrativa em inspirar identificação empática com as experiências de sofrimento e injustiça alheias, cultivando, assim, no leitor as devidas respostas emocionais e sentimentos morais. Da perspectiva de Arendt, porém, há o risco desse foco reduzir o significado de um evento ou experiência particular a uma lição ou ideia moral, perdendo assim sua aparição distintiva no mundo político comum. Pela mesma razão, ela se recusou a escrever história a partir do ponto de vista das vítimas ou dos oprimidos, dado que quaisquer dessas tentativas, sem a perspectiva mediadora da pluralidade mundana estaria, para Arendt, fadada a abstrair a experiência do sofrimento ou da opressão, afastando-a de sua manifestação fenomênica, e reduzindo-a a um essencial, e aparentemente eterno, tratado a respeito da identidade das vítimas, algo que, de fato, poderia justificar sua vitimização e obscurecer a possibilidade dos oprimidos em afirmar sua liberdade no futuro (ARENDT, [1961] 1968: 257). Pelo contrário, o valor da imparcialidade do narrador é que, e em contraste aberto com a moderna noção de objetividade, ele resiste à conclusão para que possa manter o "impacto da realidade e o choque da experiência" (ARENDT, [1951] 2004: xxvi; BUCKLER, 2011: 12, 45-46, 57-58, 107). Tal noção de pluralidade mundana deixa o significado (ou o julgamento de valor) das ações vir à tona, experimentalmente e jamais livre de ambiguidades, a partir da consideração de como emergiu do âmago da rede de relações humanas, "em meio à sociedade humana" (ARENDT, [1961] 1968: 404). De modo recíproco, revela a significância dos eventos ao examinar como reverberaram no mundo compartilhado, como suportaram o *status* político, e humano, da pluralidade dos indivíduos que o constituíram (cf. ARENDT, 1994: 404). Sendo o que são, as histórias propiciam compreensão crítica, e desde já contém apelos à liberdade alheia pois, ao mostrarem como uma dada situação veio à luz, através de uma pluralidade de (in)ações humanas, revelam igualmente potenciais previamente desconhecidos ou ocultos da liberdade humana no presente.

Para ilustrar a capacidade humana, e humanizadora, das histórias, a próxima seção discorrerá sobre dois exemplos da prática narrativa de Arendt: o ensaio sobre Isak Dinesen, seu narrador modelar, no livro *Homens em tempos sombrios*[33], e sua seminal tentativa da compreensão da realidade do seu tempo em *As origens do totalitarismo*. Ambos os exemplos foram escolhidos porque reúnem histórias como respostas a "tempos sombrios", nos quais os potenciais para a liberdade humana estavam dormentes ou extintos. Como tais, eles realçam de modo particularmente claro o aspecto resistente envolvido na compreensão da narrativa – algo que Arendt chamou de "incogitada tentativa de estar à altura da, e de resistir à, realidade" (ARENDT, [1951] 2004: xxvi).

Isak Dinesen (1885-1963)

Isak Dinesen (pseudônimo de Karen Blixen) não apenas contava histórias – o que a tornou "única", para Arendt, é que ela "também... sabia o que estava fazendo" enquanto as contava (ARENDT, [1961] 1968: 257). "Todas as dores podem ser suportadas se você as puser em uma história, ou contar uma história a seu respeito". É com essas

33 *Men in Dark Times* [N.T.].

palavras, atribuídas à Sherazade dinamarquesa, que Arendt sublinhou a função política do contador de histórias em seu capítulo sobre a Ação em *A condição humana*, e no seu ensaio *Verdade e política*[34], pois por trás destas palavras encontrava-se não o desejo de "ser uma escritora", mas o recurso consciente à narrativa como forma de suportar as paixões e amarguras da vida, de permanecer "plenamente vivo" (ARENDT, 1968: 96-97). A história de Arendt sobre Dinesen, por conseguinte, não é nem uma biografia convencional nem um ensaio literário em honra de um grande autor. Respondendo criticamente a uma tentativa dessa natureza realizada por Parmenia Miguel em seu livro *Titania: The Biography of Isak Dinesen*, Arendt seguiu pela livre edição de fatos e ocorrências da biografada, junto com citações dos seus escritos, com o intuito de resgatar e preservar para o futuro a prática e a sabedoria da narrativa.

O que Arendt aprecia nessa história de vida é a convicção de que mesmo nos mais sombrios dos tempos, as histórias são capazes de suscitar significados e tornar a vida mais tolerável. Tanto melhor que, para Arendt, a vida de Dinesen contivesse um alerta de que mesmo "o menor dos mal-entendidos" seria capaz de, inevitavelmente, trair a relevância humanizadora das histórias (ARENDT, 1968: 105). Sua juventude despreocupada, por exemplo, havia sido a tentativa de tornar realidade uma história preconcebida, autoconstruídas, a respeito de si mesma – a ideia de uma vida de paixão entre os nativos, herdada de seu pai. Foi esse "mal-entendido" entre o contador de histórias e a vida, sugere Arendt, que a fez casar-se com o irmão gêmeo do seu verdadeiro amor e embarcar com ele para a aventura da África Oriental e, lá estando, retomar o rumo de sua vida. Não sem ironia, Arendt recorda a maneira como Dinesen se apropriou da imagem de Sherazade, lançando mão de sua habilidade narrativa, para manter viva a "chama da paixão" pelo seu amado, o aventureiro inquieto Denys Finch-Hatton, bem como pelas ainda insubmissas vastidões africanas (ARENDT, 1968: 101). As histórias ajudaram-na a lidar com a realidade, e através delas Dinesen deleitou-se, livre das

34 *Truth and Politics* [N.T.].

sufocantes normas de respeitabilidade que norteavam as sociedades europeias na virada dos séculos XIX e XX, e afirmou sua liberdade naquele "contato direto com Deus, que compartilhamos com o hipopótamo e o flamingo" (DINESEN, apud (ARENDT, 1968: 102).

Havia, porém, um problema: suas histórias fizeram seu amor, sua aventura africana, sua vida inteira, parecerem "mágicos", embora fossem qualquer coisa, menos isso (ARENDT, 1968: 103). Para Arendt, como também sugerido no conto *The Poet*, de Dinesen, essa tentação juvenil corporifica "os vícios da *Bildung*", a tendência romântico-oitocentista de usar a cultura como refúgio da sociedade e da política, a busca de fugir da ameaça do real, e a recriação do Paraíso perdido por virtude do cultivo de si próprio. De fato, a tendência de Dinesen em projetar na realidade suas próprias ideias a respeito "daquilo que queria ser, e de como queria viver", segundo Arendt, em verdade deixaram-na mal preparada a reconhecer e confrontar o desastre que se avizinhou (ARENDT, 1968: 103). Dinesen mesma expôs, com lucidez, em seus escritos a armadilha representada pela preocupação com a própria identidade, como se vê em seu conto *The Dreamers*, ser seu próprio "escravo e... prisioneiro" (ARENDT, 1968: 96; cf. tb. ARENDT, 1958: 211), pois destacar a preocupação com o eu é, na verdade, medo do "destino" mundano que espera adiante (ARENDT, 1968: 105), medo esse que, longe de afirmar a liberdade humana em responder ao que der e vier (ela bem o sabia, não estranha que era às seduções da vaidade e do prestígio social), leva, inescapavelmente, para trás, ao abraço da sociedade ignara, fomentando o desejo de "aceitar como sucesso o que os outros garantem ser... na frase do dia" (ARENDT, 1968: 96, 105).

A sua consciência dos perigos do estetismo, e a lealdade ao impulso original da narrativa, só vieram à tona quando se perdeu "aquilo que havia constituído sua vida", a fazenda na África, seu amado, quando de nada dispunha além do "luto excepcional, da dor e das memórias" (ARENDT, 1968: 98). Destruídas, pois, todas as ilusões de uma fuga mágica, num eco trágico do *insight* arendtiano de quebrar o fio da tradição, só restou a Dinesen o recurso ao mundo, em sua natureza intrinsecamente fragmentar. Sua preocupação, pois, cambiou, e ao invés de tentar dotar o mundo com sua própria "mágica", passou a repetir na imaginação os fragmentos da experiência, reorganizando-os em histórias, no intuito de revelar tanto o padrão de uma vida quanto a si mesma, a maneira como havia vivido no mundo, algo a que chamou "destino" ou, conforme o termo arendtiano, o "quem" mundano (ARENDT, [1961] 1968: 257; ARENDT, 1968: 104). Dessa feita, as histórias tornaram "suportável e dotada de sentido" a sua dor, salvaram "seu amor, e... sua vida" (ARENDT, [1961] 1968: 257; ARENDT, 1968: 104), porque a libertaram de uma identidade fixa, aparentemente fora do próprio controle, pois quando revelam o destino de alguém, suas alegrias e sofrimentos em seu humano, e mundano, caráter, as histórias também asseveram o fato de que o sentido da vida humana necessariamente transcende o que quer que a pessoa tenha feito ou sofrido, e ao fazê-lo devolvem ao reino das competências humanas o privilégio de refletir sobre qualquer coisa: compreendê-la e julgá-la; respondê-la ou resisti-la (ARENDT, 1968: 97).

Através das histórias que escreveu, a velha Dinesen foi capaz de revisar sua vida, julgá-la e, portanto, "desprender-se" e agir outra vez (ARENDT, 1968: 97). Arendt recontou três de suas histórias, todas enfrentavam diretamente, e expunham como erro fundamental, sua tentativa primeira de fazer a vida conformar-se à arte, e em especial usar os outros para a consumação de uma ideia preconcebida. Suas histórias não são narrativas de crescimento emocional ou moral, de perda e eventual redenção (particular), típicas do *Bildungsroman* do século XIX; elas falam sobre as discrepâncias entre os ideais de um indivíduo e a resistência do mundo, explorando sempre os limites da realidade e, portanto, dando a conhecer um espaço para a ação humana – não conforme um objetivo predeterminado, mas antes abrindo-se e respondendo às "infinitas possibilidades da vida" (ARENDT, 1968: 96), e é nesses termos que podemos entender a importância política do exemplo de Dinesen. Nas palavras de Arendt, "ao fim e ao cabo", foi a narrativa que "a tornou sábia" (ARENDT, 1968: 109).

As origens do totalitarismo

É possível dizer que foi esta sabedoria advinda da narrativa que instruiu a decisão de Arendt em compreender e lidar com "o fardo do nosso tempo": ela qualificou *As origens do totalitarismo* como um exercício narrativo, enfatizando que seu objetivo não era escrever um livro histórico, e sim político (ARENDT, [1951] 2004: 617-618), no sentido de que a guiava uma preocupação com o presente, ou seja, a busca por lançar luz sobre a "perturbadora relevância" da emergência do totalitarismo (ARENDT, [1951] 2004: xxvi). Esta preocupação, em sua forma mais basal, fundava-se no seguinte *insight*: sendo uma tentativa de destruir a humanidade nos próprios seres humanos (o que ela chamou de *torná-los humanos supérfluos*), o totalitarismo pôs, igualmente, a questão radical do sentido de ser humano (ARENDT, [1951] 2004: 620). Arendt foi, por conseguinte, crítica de qualquer tentativa de explicar aquele fenômeno de modo "objetivo", rastreando-lhe uma causa claramente discernível, ou retratando-o como produto de alguma essência ou ideia subjacente, prática essa que, ela estava convencida, terminariam por não apenas por normalizá-lo, justificá-lo, mas também (como notoriamente manifesto nas profecias do Progresso e da Ruína Final) por atordoar as manifestas capacidades humanas da compreensão e da resposta (cf. ARENDT, 1994: 404-405). Seu propósito, pelo contrário, era "destruir", revelar que qualquer narrativa a respeito do totalitarismo seria, necessariamente, inconclusiva, e que não haveria uma história final, definitiva, para contar (ARENDT, [1951] 2004: 617), algo que ela tentou criar iluminando certos elementos que, em retrospecto, pudessem ser vistos como em vias de cristalizar-se em totalitarismo (ARENDT, [1951] 2004: 617; ARENDT, 1994: 403). Para fazê-lo, recorreu extensivamente à literatura, memórias, cartas, anedotas e biografias, além dos saberes históricos, políticos, legais e filosóficos. A análise que se segue aponta, brevemente, para vários exemplos da "caça às pérolas" de Arendt, para mostrar como ela buscou revelar aquelas condições "em meio à sociedade humana" que tornaram possível o totalitarismo, bem como recuperar os potenciais humanos de resistência às "soluções totalitárias" no futuro (ARENDT, 1994: 404; [1951] 2004: 620).

Dentre os elementos que tornaram possível a afronta totalitária à humanidade, Arendt elencou a maneira como a categoria do Social interveio no desenvolvimento do moderno antissemitismo (ARENDT, [1951] 2004: 115). Rejeitando as ideias do antissemitismo "eterno" e da "eterna" vítima, ela voltou-se para o (auto)retrato literário de Marcel Proust com o intuito de iluminar a posição dos judeus dentro dos estados-nações europeus. Segundo Arendt, o mundo proustiano, no qual todos os eventos e questões mundanas eram reduzidos a "reflexões deslumbrantes e fascinantes" de certos indivíduos da sociedade, pintou o retrato mais amplo do desenvolvimento moderno, em que a preocupação dos cidadãos com o espaço público deu lugar à veneração burguesa pelos interesses privados, traços pessoais íntimos e posição social (ARENDT, [1951] 2004: 106). Do mesmo jeito que *Em busca do tempo perdido*[35] registrou a realidade como reflexo de uma virtualmente incomunicável vida interior, a sociedade burguesa europeia considerava a "*judaicidade*" como um tipo de inata, e curiosamente perversa, "experiência interior" (ARENDT, [1951] 2004: 106). Coube a Benjamin Disraeli – para Arendt, o caso modelar da ascensão da mentalidade arrivista entre os judeus – descobrir que dentro dessa constelação, o "crime" do judaísmo, como categoria religiosa e política, poderia ser facilmente transformado em um vício privado potencialmente atrativo, alusivo a uma "qualidade psicológica, inata" racialmente predeterminada (ARENDT, [1951] 2004: 93, 107, 110). Todavia, o revés de tal desenvolvimento foi que a (não) aceitação dos judeus pelas sociedades ocidentais foi anunciada à opinião pública como "algo" que deveriam ser em seu mais recôndito interior, e não por causa de alguma coisa que, efetivamente, teriam dito ou feito publicamente. Como Proust também reconheceu, essa situação tornou-os, da mesma forma, particularmente vulneráveis, pois "se a punição é o direito do criminoso", o vício da judaicidade poderia, nas

35 *À la recherche du temps perdu* (1906-1922) [N.T.].

mãos de um movimento político, levar ao "extermínio em massa" (ARENDT, [1951] 2004: 107, 115). Arendt observa que tais "fatores sociais" eram invisíveis aos olhos dos historiadores dos grandes eventos políticos e econômicos, e só foram "registrados pela força mais pungente e apaixonada dos poetas ou novelistas" (ARENDT, [1951] 2004: 115).

O caminho para a categoria "raça" se tornar o princípio organizador de um movimento político aparelhado para a dominação global, contudo, seria aberto pelo imperialismo, o qual, para Arendt, refletia "a emancipação política" da mentalidade social, com a apropriação burguesa do aparato estatal com o objetivo de alcançar seus interesses privados de acumulação de capital (ARENDT, [1951] 2004: 185-186). Ela percebeu o fulgor inicial da verdade que sustentava essa Era no romance *Kim*, de Rudyard Kipling, retrato de um agente exemplar do imperialismo, um indivíduo apaixonado pelo jogo da conquista e da expansão *per se* (ARENDT, [1951] 2004: 281), a imagem de alguém carente de propósito, separado de todos os laços sociais, preocupações específicas e objetivos, em crise com a própria identidade. Como tal, ele estava mais do que disposto a reprimir sua individualidade para se tornar parte integrante em uma mera função das forças históricas do momento, tratando os demais, e até mesmo nações inteiras, como "degraus" banais do percurso da expansão infinita – não pelo bem do seu país, ou por qualquer outro interesse discernível, mas em prol do despropositado processo em si, que parecia concretizar o inexplicável mistério último da vida (ARENDT, [1951] 2004: 161, 281-282). Em sua carência de sentido, Kim aponta para o novo desenvolvimento introduzido pelo imperialismo, segundo o qual o poder político desarticulara-se dos motivos utilitários que, originalmente, estimulavam seu movimento, libertando-se daquelas restrições específicas – políticas, constitucionais – do corpo político (ARENDT, [1951] 2004: 184-185, 268-269). Esta mudança mostrou-se mais claramente na ascensão dos "pan-movimentos" regionais europeus, que separaram a categoria raça de todas as experiências efetivas e quaisquer interesses discerníveis, tornando-a na fonte de uma ideologia, a lei oculta de um processo que operava acima das leis do Estado (ARENDT, [1951] 2004: 269-298).

Para Arendt, o imperialismo trouxe à baila as falhas da atitude "social" na política, ao mostrar como a busca incessante de interesses privados e a prática de reduzir os outros a meros objetos ou meios para um fim, fora baseada em, e nutrida por, uma atmosfera de desarraigamento, que deixou as pessoas progressivamente mais distantes e expropriadas de um lugar e um propósito, no mundo e entre os demais. O imperialismo revelou, igualmente bem, como esse processo, em retorno, atrofiou o desenvolvimento do eu como um agente moral e político, capaz de reconhecer aos outros como membros equânimes do mundo compartilhado, e assumir responsabilidade por eles. Tal situação ganhou especial concretude e terrível ímpeto com a transformação das pessoas em massas, surgidas do crescimento do desemprego e do colapso do velho sistema de classes. Ao voltar-se para o romance de Kipling, Arendt evocou o princípio dos indivíduos atomizados, solitários, social e economicamente supérfluos, os quais, após terem perdido os derradeiros fios que os uniam ao mundo e aos outros, estavam prontos a escapar, a qualquer momento, do risco da realidade e renunciar à sua capacidade autônoma de julgamento quando diante desta ou daquela força ou movimento aparentemente inexorável.

A partir dessa breve ilustração da abordagem narrativa de Arendt, fica evidente que ela não segue qualquer conclusão óbvia como causa ou essência subjacente ao totalitarismo; ao contrário, mantém seu foco no "próprio evento da dominação totalitária", e lá seu "método" encontra-se com as "implicações filosóficas gerais" de sua análise (ARENDT, 1994: 402). Da mesma forma que não há uma "essência" do totalitarismo lá fora, esperando ser descoberta, tampouco nenhum reino de ideias eternas pode ser útil para resisti-lo no futuro (ARENDT, 1994: 407-408; ARENDT, [1951] 2004: 625-632), pois qualquer recurso a uma dada e imutável natureza humana não apenas falharia em reconhecer a radicalidade da afronta totalitária contra a humanidade, mas também, como bem o demonstra a narrativa arendtiana sobre as várias experiências do período, se deixaria levar facilmente pela perversão. O relato de Arendt, pelo contrário, afirma que a natureza humana, no sentido das "capacidades essenciais" dos seres humanos, pode ser transformada - ou seja, destruída (ARENDT, 1994: 408). Além disso, sua "caça às pérolas" pelas condições de possibilidade dessa mudança revelou, pelo exemplo negativo, que essa "natureza humana" só pode ser mantida por uma comunidade solidária, a única capaz de garantir "um lugar no mundo que gere opiniões importantes e ações efetivas" (ARENDT, [1951] 2004: 376). Seu relato narrativo procura, então, reter o potencial da liberdade humana e da política, para que as formas atuais de superfluidade (política, econômica ou social) sejam confrontadas pela afirmação política da solidariedade humana: não faça mal a ninguém, pois estamos todos aqui (ARENDT, [1951] 2004: 632).

Conclusão

O retorno de Arendt à narrativa não deve ser considerado como uma tentativa de fornecer um novo conjunto de regras ou padrões substantivos segundo o qual a pluralidade e a imprevisibilidade da vida política poderiam ser abordadas. A ideia de que um pensador, seja na forma de um supostamente neutro cientista, ou na de um "intelectual engajado", deveria instruir ou providenciar diretamente os objetivos a serem seguidos na ação política provocava-lhe, em geral, ceticismo (ARENDT, 1979: 303-310). Ao contrário, sua abordagem narrativa sugeria um modo para movimentar-se significativamente no vão entre presente e futuro (ARENDT, [1961] 1968: 14); resolver o que quer que tenha estado no passado traz sempre a marca do novo, do estranho, de modo a estar melhor preparado para enfrentar as incertezas do futuro. Aqui, também, a narrativa se torna a outra face da ação, pois não apenas a reconciliação com a realidade política corresponde ao desejo do filósofo pela unidade entre pensamento e Ser, teoria e prática, como também à necessidade dos seres, agentes mundanos, de acertar-se como o caráter fenomênico de sua existência humana e política. As histórias não podem oferecer um remédio para as perplexidades da ação política – não no sentido de provê-la com uma fundamentação segura, livrando-a de suas maravilhosas espontaneidade e imprevisibilidade, sem igualmente reduzir, no processo, seu valor intrínseco. Contudo, ao trazer à existência um espaço no qual os assuntos deste mundo podem aparecer em seu caráter humano e plural, revelam "as condições da [nossa] liberdade", e aquilo que "podemos e não podemos fazer" (ARENDT, 1994: 186); elas possuem, portanto, uma crucial função revelatória e comunicativa no que tange à ação e à liberdade no campo da política. Ao trazer à luz o caráter humano e político dos eventos, nos convidam a reconhecer o passado como parte do nosso próprio mundo, cuja responsabilidade precisa ser assumida. Mas elas nos livram desse arbítrio fortalecendo a consciência de que o passado poderia ter sido diferente e, por conseguinte, é possível agir para criar algo novo e distinto. Ao mesmo tempo, ao destacar a realidade fenomênica do mundo político, as histórias aprofundam a visão de que um novo começo é, do mesmo jeito, somente possível quando ao lado de muitos. Nesse sentido, elas nos ajudam a reconhecer e a nos reconciliar com as possibilidades e limitações da ação política, inseparáveis que são da moldura do espaço político, em toda sua pluralidade e imprevisibilidade.

Agradecimento

Um especial obrigado a Patrick Hayden por seus utilíssimos comentários a este capítulo.

Parte II

Sobre a crise da Modernidade

5

O totalitarismo e o mal

Lars Rensmann

Para Hannah Arendt, o totalitarismo constitui uma nova forma de dominação política diversa de todas as outras que o antecederam, e particularmente cristalizado no terror nazista exercido nos campos de concentração de Auschwitz e Treblinka, onde a morte, e apenas a morte, era a regra, e "onde não restava absolutamente nenhum sentido, qualquer que fosse" (ARENDT, 1989: 3). Arendt insistia que essa dominação genocida representou um novo, e distinto, mal, e que seu legado afeta o cerne da nossa compreensão da história, da política e da existência humana. Como colocou Jeffrey Isaac (1998: 23), para ela as atrocidades significaram "a apoteose dos impulsos destrutivos no coração da civilização moderna", cujo colapso foi de tal maneira monumental que demandou novas categorias de análise, entendimento, e até experimentos com uma nova epistemologia. Segundo Arendt, o totalitarismo fundamentalmente rompeu o *continuum* de nossa história, pois suas políticas "explodiram nossas categorias tradicionais de reflexão política... e os padrões de nosso julgamento moral" (ARENDT, 1994: 405). Não obstante, como reconhece em seus trabalhos mais tardios, os agentes das atrocidades genocidas, que articularam e foram articulados pela dominação totalitária, eram, em sua maioria, sujeitos contemporâneos, mesquinhos, desprovidos da capacidade de refletir e julgar, encarnações da "banalidade" radical do mal nos tempos modernos.

Contra tal cenário, não surpreende que considerar o totalitarismo como um evento histórico sem precedentes, e entender suas condições no mundo moderno, tenha sido uma das preocupações teoréticas centrais de Hannah Arendt, objetivo este que atingiu o seu ápice em uma mancheia de ensaios e em dois de seus mais importantes trabalhos, *As origens do totalitarismo* (frequentemente descrito como um dos livros mais influentes do século XX), e o controverso estudo *Eichmann em Jerusalém* (1963). Ambos garantiram à autora um legado duradouro, mas o segundo também "deslanchou uma tempestade como poucos livros o fizeram antes", conforme disse Fred Kaplan (2013), e "remodelou a maneira como as pessoas têm refletido sobre o Holocausto, genocídio e a questão do mal desde então".

A questão do regime totalitário e do abismo genocida influenciou e instruiu seus trabalhos, os concomitantes bem como os posteriores; logo entender a concepção arendtiana de totalitarismo e das novas formas de mal político radical que representa é fundamental para alcançar completamente seus motivos teoréticos e argumentativos gerais, e seu repensar da moderna condição em particular. Outrossim, trata-se de esforço importante porque a obra de Arendt representou papel significativo no redesenho dos estudos subsequentes a respeito do totalitarismo e das políticas genocidas. Ainda mais relevante, dedicar-se aos seus escritos pode oferecer lentes cruciais para entender as origens, a dinâmica e o legado dos movimentos totalitários e do Estado total, pois seu trabalho aclarou a emergência de novas formas do mal radical no século XX, e ilumina seu significado no contexto de novas ameaças à humanidade sob as condições contemporâneas da política global. Contudo, embora tenha havido renovado interesse sobre aspectos específicos de sua obra sobre o totalitarismo e o mal na política, o impacto substantivo de sua teoria sobre o totalitarismo e o mal, uma abordagem arendtiana da teoria política global em uma era de genocídios, ainda não foi sistematicamente desenvolvido[36].

Este capítulo explora a preocupação de Arendt com o totalitarismo e o problema do mal radical moderno que, ela acreditava, este último gerara e consubstanciava. A primeira seção lidará com a maneira como Arendt concebeu o totalitarismo, uma nova e distinta

36 Para um trabalho inicial sobre essa temática, e especificamente sobre o impacto de uma teoria crítica cosmopolita dos direitos humanos em uma época de genocídios, cf. Hayden (2009), Benhabib (2011), Fine (2012), Rensmann (2012), Ingram (2008) e Villa (1999).

forma de regime e de mal radical no mundo moderno; a segunda, discutirá como entendeu sua emergência no contexto da evolução moderna do antissemitismo, do racismo e do imperialismo, bem como do declínio do sistema de estados-nações soberanos, que percebia como inerentemente paradoxal pelo engendramento e, em último caso, cumplicidade na criação das massas "supérfluas" de humanos apátridas. A terceira se dedica a explorar o mal radical como consequência da relação entre o despotismo burocrático, o declínio da liberdade pública na sociedade de massas e uma paralisia distintamente moderna do julgamento e da reflexão entre os cidadãos atomizados, que realçou as condições para as políticas totalitárias. Esta seção examina a compreensão teórica de Arendt das novas formas do mal radical, cuja epítome é o terror totalitário, subproduto da modernidade política que confundiu ideais morais tradicionais com princípios políticos. Por fim, concluímos o capítulo esboçando, brevemente, algumas das implicações políticas e morais cosmopolitas das reflexões arendtianas para a política do século XXI, indicando sua relevância para a teoria crítica que pensa sobre a relação entre democracia, totalitarismo e o mal radical nos dias de hoje.

Ideologia e terror: a fenomenologia arendtiana do moderno totalitarismo

Arendt percebia o totalitarismo como um evento histórico moderno no caráter, que rompera com todas as outras formas de dominação humana existentes até então – "um tipo de governo totalmente diferente" (ARENDT, [1951] 2004: 595) –, pois não apenas quebrara a própria ideia do "senso comum" entre os homens como arrebentara, igualmente, com a "verdadeira alternativa, segundo a qual todas as definições da essência dos governos haviam sido baseadas em filosofia política, ou seja, a alternativa entre o governo legal e o sem lei, entre o poder legítimo e o arbitrário" (ARENDT, [1951] 2004: 595). Sempre que se tornaram realmente totalitários, os regimes "começaram a operar conforme um sistema de valores de tal modo diverso de todos os outros, que nenhum dos nossos sentidos tradicionais, legal ou moral, ou nenhuma das nossas categorias utilitárias comuns poderiam nos ajudar a compreendê-lo, julgá-lo, ou prever o curso de sua ação" (ARENDT, [1951] 2004: 593).

Perspectivas tipológicas dominantes, que se espelham no senso comum, enxergam o totalitarismo como uma ditadura de partido único, que exercita uma "impiedosa" e maquiavélica forma de política de poder que utiliza os modernos meios de propaganda, comunicação, tecnologia e repressão para controlar a sociedade - ou mais precisamente, todos os aspectos da vida social[37]. Todavia, para Arendt, confundir o mando totalitário com tiranias e formas outras de ditaduras de partido único é compreender mal sua essência mesma, a de um novo e distinto fenômeno moderno, pois ainda que determinadas características institucionais possam pertencer, integralmente, ao regime, não constituem sua substância. Pelo contrário, Arendt argumentou que a dominação totalitária não criou um conjunto de instituições que suportavam o despotismo, mas uma nova forma de associação que é naturalmente "antiestado". Em sua compreensão, a verdadeira *ausência* de qualquer política estável e ordem legal é uma marca do totalitarismo, bem como a carência de interesses racionais fundamentados em conceitos tradicionais de poder político. Por trás de sua autoproclamada imagem de "Estado total", sumariza o verdadeiro colapso da sociedade e das relações sociais, de modo que, nessa conceptualização, a dominação totalitária é vista como um *processo* de *dissolução universal* que situa o Estado sob o sortilégio do movimento totalitário, sua ideologia e terror.

Arendt se preocupa, particularmente, em distinguir o regime totalitário da tirania, ou seja, um governo sem lei cujo poder é exercido por um único homem. O totalitarismo, afirma, não pode ser entendido como uma tirania a serviço dos interesses de poder (*racional*, portanto) de um ditador, mesmo se a perseguição de opositores políticos e a consolidação do poder ditatorial possam moldar seus estágios iniciais, porque (ARENDT, 1994: 330) o totalitarismo

37 Cf. principalmente a definição e o modelo propostos por Friedrich e Brzezinski (1965); para estes autores, que acrescentam às características totalitárias a ideologia totalmente desenvolvida e a economia estatal, a organização moderna e a tecnologia servem tanto como critério de definição quanto como variáveis explicativas centrais do totalitarismo.

não é nem despótico no sentido kantiano (um regime ilegal que desafia, arbitrariamente, o direito positivo e evita a separação dos poderes) nem tampouco constitucional, democrático ou republicano (ou seja, baseado na legalidade, na representação popular e na separação dos poderes governamentais). À luz da tese de Montesquieu (1989), de que toda forma de governo é definida por uma "particular estrutura" e um princípio correlato que orienta todas as suas ações relevantes (honra em uma monarquia; virtude, na república; medo, na tirania), ela sugere que o mando totalitário é guiado por "leis objetivas", "supra-humanas" e cruelmente executadas, ou seja, ideologias totais que se dizem aptas a explicar todas as coisas e cada ocorrência, deduzindo-as de uma premissa singular que substitui e destrói todas as relações sociais.

Enquanto ditaduras convencionais são definidas pelo mando arbitrário a serviço dos interesses de poder de um ditador ou partido, que emprega um sistema de terror contra a população, sob o regime totalitário o ditador, e até o partido, são guiados e subordinados àquelas leis ideológicas supra-humanas – os meios para o fim: uma ideologia universalmente abrangente, determinante da vida humana. Na visão arendtiana do ditador totalitário, este, em agudo contraste com o tirano, não se crê um agente livre, mas afirma ser o intérprete e "executor de leis superiores a si mesmo" (ARENDT, 1994: 346), uma nova e mais apavorante instanciação das palavras de Hegel: liberdade é introspecção e conformação à realidade. Assim sendo, para Arendt o totalitarismo é ilegal no sentido de que sua ideologia supra-humana desafia todo o direito positivo, mesmo aquele que ele próprio houvera estabelecido, pondo um fim às mesquinhas legalidade e ordem. O totalitarismo, no entanto, não chega a ser sem lei e arbitrário na medida em que "obedece, com rigor lógico, e executa, com precisão compulsiva, as leis da História ou da Natureza" (ARENDT, 1994: 340). Ele é "mais obediente" em relação às forças supra-humanas "que qualquer outro governo jamais foi", e vai direto às supostas fontes da autoridade, de onde todo o direito positivo recebe sua suprema legitimidade, isto é, a humanidade ou a espécie, sem jamais ocupar-se em traduzi-lo em padrões para os indivíduos. O discernimento, individual ou coletivo, são erradicados, de modo que as ideologias totalitárias não procuram, a priori, legitimar ditaduras; antes, apelam para uma forma superior de legitimidade, acima e além de todo governo, e diversa de todas as ações dos homens. Elas ambicionam o eclipse da ação humana e da vida individual, sob o feitiço dos proclamados desdobramentos históricos futuros, e longe de brandir seu poder no interesse de um único homem e de uma tirânica, e arbitrária, vontade, o regime totalitário está "bem-disposto a sacrificar os interesses vitais de todos em prol da execução daquilo que acredita ser a lei da História ou da Natureza" (ARENDT, [1951] 2004: 595).

Ao mudar o sentido mesmo da "lei", de uma moldura de estabilidade e normatividade para a verdadeira expressão de forças supra-humanas que se afirmam inevitáveis e "objetivamente necessárias", as ideologias totalitárias realizam a metamorfose da "Ação" em comportamento, de *bios* em *zoé*, o mero fato de viver. Elas consideram todas as referências às ações, pensamentos ou escolhas individuais como supérfluas. Diferentemente da simples consistência epistemológica, as leis supra-humanas são a hipóstase de uma lógica consequente que não pode ser desafiada por eventos. A "razão gélida" de suas deduções lógicas e sua alegada cientificidade, oriunda da moderna ideologia científica, é completamente imune a todas experiências e realidade " (ARENDT, [1951] 2004: 607; ARENDT, 1994: 204), e embora todo o mundo de modernas explicações ideológicas, tais como o darwinismo e o "materialismo dialético", tragam em si elementos totalitários – explicando não o que é, mas em que se torna, e anulando as contradições factuais – apenas os movimentos totalitários os desenvolvem em sua plenitude, conferindo, assim, à ideologia totalitária sua *forma* distinta. Nessa ideologia, o conteúdo é secundário, devorado que é pela lógica (a forma) segundo a qual cumpre-se a "ideia". Essa forma usa da humanidade como material para sua logicidade, severa e autocoercitiva, e transmuta os indivíduos em "espécimes exemplares" (ARENDT, 1994: 343).

Estas leis ideológicas são, pois, executadas pelo terror totalitário num fluxo permanente e legal, se por "tomar-se a lei do movimento de alguma força supra-humana" (ARENDT, [1951] 2004: 599). Não se trata mais de um modo de intimidação para assegurar o poder, e sim da substância mesma do totalitarismo: se a ilegalidade é a essência da tirania, então o terror é a essência da dominação totalitária" (ARENDT, [1951] 2004: 599). O terror totalitário, Arendt afirma, aponta especificamente, e executa sistematicamente, àqueles ideologicamente elaborados como "inimigos objetivos", indivíduos desgraçados, declarados antagônicos à "raça superior" ou à "classe superior" e supérfluos: os judeus sob o totalitarismo nazista, as "classes moribundas" sob o stalinismo (ARENDT, 1994: 341, 348). Tratam-se de vítimas puramente inocentes, cujas opiniões e ações não representam nenhuma influência sobre seu destino. Afetando todas as relações intersubjetivas, o terror totalitário elimina os homens para abrir caminho ao movimento predestinado pela História ou pela Natureza, para o suposto bem da espécie ou da "raça superior"; "executa no ato sentenças de morte supostamente proferidas pela Natureza contra raças ou indivíduos 'inaptos à vida', ou pela História contra "classes moribundas" (ARENDT, [1951] 2004: 601). O terror abole, impiedosamente, todas as fronteiras – em especial aquelas que, no escopo legal, constituem o espaço vital para a liberdade humana e a livre-ação. Como a forma mais radical do mal, para Arendt o totalitarismo faz do terror o 'cinturão de ferro' da sociedade" (ARENDT, [1951] 2004: 610), que serve como motor do sistema, sua derradeira *raison d'être*, e que "desconhece um fim" (ARENDT, 1994: 302).

Dessa forma, Arendt demonstra que o terror totalitário não diminui quando a oposição é destruída; pelo contrário, tal destruição marca o início do seu reinado, pois só se torna verdadeiramente total apenas e tão somente após a liquidação da oposição política (ARENDT, [1951] 2004: 598). O terror totalitário não diminui à medida que a oposição é reduzida; ele cresce, e se volta contra "gente absolutamente inocente, que não havia feito nada de errado, e que, no sentido mais literal da palavra, não sabia por que estava sendo presa, enviada para campos de concentração, ou liquidada" (ARENDT, 1994: 299). É essa a razão por que, para Arendt, o terror totalitário diferiu da violência praticada por movimentos revolucionários ou ditaduras modernas: segundo seu entendimento, tal horror ficou evidente apenas na Alemanha Nazista pós-1938, e na Rússia Soviética depois de 1930 (os julgamentos de Moscou), embora em 1966 ela reconhecesse tendências totalitárias na China sob Mao Zedong[38].

Arendt sugere, porém, que o terror não destrói apenas os inimigos e os "outros", mas também o "espaço intermediário" entre os homens: no contexto do totalitarismo, o terror se torna o modo geral das relações, e arrasa a verdadeira diversidade da vida humana e da política, "a pluralidade dos homens" (ARENDT, [1951] 2004: 600). É esse terror que, de fato, plasma a pluralidade humana em uma espécie homogênea, removendo um mundo fundado na pluralidade e na diversidade nas quais os homens podem atuar livremente na busca por objetivos compartilhados, transformando-se em, segundo a metáfora arendtiana, "um Único Homem de dimensões gigantescas" (ARENDT, [1951] 2004: 602). Para Arendt, esse terror consiste numa mistura peculiar de coerção terrível e cooperação entusiástica – e embora se volte contra todos, Arendt sugere que ele opera, simultaneamente, como um último apoio, quando ninguém mais é confiável, e nada mais é garantido. Afinal de contas, não se trata apenas de "algo que as pessoas podem vir a temer, mas de um modo de vida" (ARENDT, 1994: 357). A compulsão pelo terror total, em suma, pressiona as massas de homens isolados e impotentes a se unirem e os apoia perante um mundo que se tornou uma selva para eles (ARENDT, [1951] 2004: 611). O totalitarismo, portanto, visa a transformação da condição mesma de ser humano, o extermínio dos humanos, mas também a extinção da *liberdade humana como tal*, a "mais radical negação da liberdade" (ARENDT, 1994: 328). Vê-se, então, o totalitarismo como o eclipse da política, a destruição das condições e da capacidade de agir e, em verdade, da verdadeira possibilidade de diversidade, discernimento e razão humanos. O campo de concentração é, conforme tal perspectiva, a "instituição

38 Transliteração conforme o padrão atual (*pinyin*) para Mao Tsé-Tung [N.T.].

mais consequente" do totalitarismo, a "instituição central do poder organizacional totalitário", pois objetiva a eliminação das verdadeiras fontes e das capacidades humanas da liberdade, ao mesmo tempo que fornece a verificação "teorética" da ideologia totalitária (ARENDT, [1951] 2004: 565, 590)[39].

Por fim, para Arendt o totalitarismo é "total" no seguinte sentido: não apenas é inerentemente expansionista, permeando todas as esferas da sociedade, mas também inerentemente global e imperialista em suas ambições, um desdobramento lógico, dado seu constructo de leis históricas e supra-humanas. Os movimentos totalitários, afirma, lançam mão do Estado para seu objetivo de longo-prazo, a provável conquista do mundo, pois a luta pela dominação total da população total da Terra é intrínseca à sua ideologia e à sua dinâmica (ARENDT, [1951] 2004: 510-511). O totalitarismo não apenas elimina completamente o espaço público, loco da ação e da liberdade, e a diferença entre as esferas do público e do privado, cidadão e indivíduo, ou entre a política e a sociedade (fronteiras delimitadas pela lei); sua reivindicação ao domínio global e à dominação de toda humanidade extingue, igualmente, a distinção entre governo doméstico (constitucional) e relações institucionais (ARENDT, 1994: 332). Afinal de contas, conforme o modelo arendtiano, ele é definido pela falta, ou dissolução, das estruturas políticas, quaisquer que sejam. É sua característica o permanente, e essencialmente global, impulso ao terror, e dirige-se contra o Estado – ou seja, contra uma ordem política territorialmente circunscrita e que produz alguma sorte de estabilidade e moldura legal. Seguindo uma ideologia e um movimento que desconhece qualquer limite ou objetivo prático, governos totalitários servem apenas como "quartéis generais" no percurso à dominação global. Subjacente à autoproclamada ideologia do Estado total, o Estado, paradoxalmente, colapsa em um movimento que é a argamassa organizacional totalitária. Arendt afirma que não

39 A bem das coisas certas, segundo a visão de Arendt sobre a natureza humana e a condição da natalidade, a liberdade dos homens, enraizada no fato de que os homens são nascidos e de que cada um deles é um novo começo, não pode jamais ser erradicada.

se deve esquecer que somente um edifício requer uma estrutura, enquanto um movimento "pode ter apenas uma direção, para qual qualquer forma de estrutura legal ou governamental representa uma desvantagem" (ARENDT, [1951] 2004: 517).

Segundo essa compreensão, o assim-chamado Estado totalitário deixa de ser um Estado, ponto-final. O Estado, corporificação da ordem administrativa e da estabilidade governamental, é sobrepujado e, no devido tempo, substituído pelas leis ideológicas que são executadas e apoiadas pelo moderno movimento de massas, posto em permanente movimento até que o mundo inteiro seja conquistado. Ele se dissipa sob o peso de leis "superiores" a si mesmo, que arruínam todos os limites políticos, e se transforma em um amorfo, uma disformidade planejada. Em verdade, o regime totalitário só existe enquanto estiver em permanente movimento: o intuito nazista e stalinista da completa dominação global é algo que "nenhum Estado ou mero aparato da violência jamais poderá alcançar, mas apenas um movimento constantemente mantido em atividade" (ARENDT, [1951] 2004: 432). Esse Estado totalmente integrado é uma fachada, e conforme Arendt, até mesmo a estrita e autocoercitiva logicidade da *Weltanschauung*, segundo a qual a organização totalitária opera, revela a verdadeira oposição à estabilidade e a previsibilidade: qualquer um pode se tornar uma vítima. Ao invés de representar determinado tipo de estrutura política, o totalitarismo não possui qualquer espécie de objetivo prático capaz de definir o seu alvo, e Arendt o enxerga como um processo que leva à destruição universal, genocídio e autoaniquilação niilista, e ao invés de criar numa nova humanidade, destrói o Estado, os outros e, em último lugar, a si mesmo.

Para Arendt, tal dissolução de relações sociais e estruturas políticas sob o feitiço da dominação totalitária, específica e contingente como é, só pode ser compreendida contra o pano de fundo de um conjunto de condições e desenvolvimentos modernos, cujas origens podem ser traçadas ao século XIX – desde a evolução das modernas ideologias, incluindo o racismo e o antissemitismo, até o declínio dos estados-nações europeus e dos espaços públicos funcionais em burocráticas sociedades de massa que aviltam a política e o discernimento humano. Conceber o totalitarismo, pura e simplesmente, como uma ditadura o faz parecer menos perigoso, e os relatos explicativos que veem esse regime como majoritariamente provocado por condições culturais minimizam a natureza aterrorizante e a relevância desse fenômeno moderno (ARENDT, 1994: 347).

Antissemitismo, racismo e imperialismo

Antes de abordarmos os argumentos de Arendt a respeito das condições gerais para a ascensão da ideologia totalitária, movimentos e dominação que podem ser associados à modernidade política, uma olhada no exame que ela realizou sobre desenvolvimentos históricos específicos da Europa pode trazer à baila alguns *insights* surpreendentemente relevantes e contemporâneos. Seu "exercício de compreensão" do totalitarismo e do mal radical seguiu uma via histórico-genealógica bem específica, e ao explorar as origens e condições da emergência do totalitarismo, a narrativa teorética arendtiana reconstruiu múltiplos desenvolvimentos e condições interconectadas que possibilitaram a ascensão desses movimentos. Ela se referiu, em especial, (I) à evolução das modernas ideologias, tais como o antissemitismo e o racismo; (II) à expansão imperialista das modernas potências europeias, e sua implicação na disseminação do pan-nacionalismo, dos movimentos racistas e políticas desumanas em casa; e (III) ao declínio - colapso, na verdade - do sistema europeu de estados-nações, que produziu massas "supérfluas" e apátridas, sem ninguém a quem pudessem se voltar para a proteção dos seus direitos, ficando assim sujeitas à expulsão, perseguição e terror.

Em primeiro lugar, Arendt explorou as tradições antissemíticas e as transformações específicas por que passaram no mundo moderno, desde um *ressentimento* particular até uma ideologia (totalitária), asfixiante de todo o espaço para a ação individual. Os partidos antissemitas, levantes e movimentos, de finais do século XIX em diante, já exibiam um nível chocante de crueldade, e Arendt percebeu que, por volta dessa época, os judeus frequentemente não eram mais percebidos como indivíduos, cidadãos ou membros de um grupo, e sim como irremediavelmente contidos em uma entidade completamente objetificada na qual os particulares eram percebidos como meras expressões de um coletivo de cuja fuga era impossível[40]. Essa transformação é indicativa de que a ascensão do antissemitismo moderno não foi apenas um fenômeno politicamente motivado, mas também serviu, segundo Arendt, a funções sociais importantes numa moderna sociedade de massas que mergulhava, mais e mais, em desesperado isolamento e na "solidão". A bem da verdade, Arendt insiste que as forças decisivas que empurraram os judeus para o foco da atenção pública e os submeteram à perseguição tinham origens políticas – dentre as quais o declínio das organizações de classe representativas e a gradual dissolução do Estado moderno em facções, algo que observou ocorrer em toda Europa continental durante a primeira metade do século XX. Mas ela também sugere que não devemos subestimar as modernas condições sociais e psicológicas que engendraram a insana, catastroficamente meticulosa e apaixonada caçada aos "judeus em geral", noutras palavras, a "crueldade específica, o assalto organizado e calculado sobre cada um e todos os indivíduos de origem judaica, que já estava patente durante o Caso Dreyfus" (ARENDT, [1951] 2004: 115). O antissemitismo político, tomando forma como força ideológica em meio à moderna Europa, não poderia ter sido bem-sucedido sem a atração psicológica e a ressonância pública de imagens francamente irracionais "do Judeu". Em último caso, argumenta, "fatores sociais, despercebidos pela história econômica e política, ocultos sob a superfície dos eventos... mudaram o curso daquilo que o mero antissemitismo político poderia ter tomado se tivesse sido deixado agir por sua própria conta, e que poderia ter resultado em legislação antijudaica ou até em expulsões em massa, mas dificilmente em extermínio completo" (ARENDT, [1951] 2004: 115). Para Arendt, a erradicação dos judeus europeus dependeu do apoio de uma crescentemente antissemítica, ainda que desagregada, sociedade de massas, composta por indivíduos solitários e atomizados. Embora o "conceito de raça"

40 Sobre o relato arendtiano a respeito do moderno antissemitismo, cf. Bernstein (1996), Benhabib e Eddon (2007) e Wessel e Rensmann (2012).

tivesse "objetivos políticos imediatos, sua aplicação à questão judaica, em seu aspecto mais sinistro, deveu muito de seu sucesso ao fenômeno social e às convicções que eram, virtualmente, consensuais junto à opinião pública" (ARENDT, [1951] 2004: 115).

Em seguida, Arendt vinculou a ascensão da ideologia racista ao colonialismo europeu e ao moderno imperialismo, afirmando (na seção Imperialismo de *As origens do totalitarismo*) que o exercício da conquista imperial e do mando colonial pelas nações europeias transgredira sistematicamente aquelas normas civis, legais e morais que limitavam o exercício do poder naqueles próprios países[41]. Em sua captura de territórios estrangeiros, cidadãos europeus "civilizados" submeteram habitantes locais e regrediram a níveis sem precedente de inumanidade ao administrar despoticamente, objetificar, oprimir, torturar e violentar populações inteiras de "selvagens" que encontraram. Após experimentar tais formas de dominação no estrangeiro, as lições aprendidas na África, afirma Arendt, acabaram retornando para a Europa continental trazendo o totalitarismo (ARENDT, [1951] 2004: 159-286; BENHABIB, 2011: 212). O racismo é parte integral dessa dialética: ao conceber as leis como o desenvolvimento de uma substância nacional, e não como fruto de deliberação pública, os estados-nações europeus denegaram autonomia legal e pretensões de soberania aos povos que haviam conquistado. Ao negar às vítimas do colonialismo os direitos legais de cidadania e as reivindicações à soberania nacional garantidas domesticamente, o racismo emergiu como ideologia justificatória e autorizou as potências imperiais europeias a tal negação de direitos e soberania além-mar, uma política de expansão e submissão imperial dependente da legitimação de uma ideologia racista, ou de uma "teoria de raça", que viria a alcançar repercussão doméstica.

Para Arendt, a fratura externa do Estado de direito, causada pelo imperialismo e justificada pela ideologia racista, engendrou também movimentos (pan)nacionalistas racistas na Europa, e tanto uma quanto os outros instruíram e prepararam o colapso polí-

41 Sobre o relato de Arendt a respeito da relação entre imperialismo e racismo, cf. Mantena (2010), e King e Stone (2007).

tico e moral da verdadeira autoridade legal no próprio continente. Movimentos (pan)nacionalistas e, depois, fascistas puderam, então, mobilizar mais e mais racismo e antissemitismo, desintegrando, no processo, os estados-nações europeus e seu frágil equilíbrio econômico e social[42]. Ao fazê-lo, simultaneamente pavimentaram o caminho para a revogação ideológica e prática de direitos de cidadãos europeus, discriminando e excluindo minorias étnicas em prol da "nação étnica" e da "raça" (ARENDT, [1951] 2004: 210ss.). Dito de outra forma, a conquista imperialista e racista transformou-se no triunfo da nação (étnica), ou da "comunidade racial" sobre o Estado e os direitos subjetivos antes garantidos. A ruína do sistema de estados-nações, "tendo sido preparada pelo seu próprio imperialismo além-mar, eventualmente foi carreada por aqueles movimentos oriundos de fora do seu próprio espaço (ARENDT, [1951] 2004: 321), e o experimento colonial, com a inumana e implacável política moderna, em última análise teria ajudado, segundo Arendt, a engendrar o totalitarismo e a destruição da Europa.

Em terceiro lugar, conforme a perspectiva arendtiana do moderno totalitarismo, este agiu ativamente para dissolver e lançar fora o modelo de estados-nações, já em vias de desintegração, e o Estado de direito. O moderno totalitarismo violou todas as fronteiras e limites, e denegou a raças ou classes "supérfluas" todos os seus direitos. O núcleo dessa desintegração, porém, pode ser rastreado até o princípio do modelo de Estado-nação, pois antes de mais nada, a produção de minorias rejeitadas e a criação de massas apátridas e "supérfluas" expôs as contradições inscritas na própria construção do Estado-nação e em sua subsequente implosão como tal, a irreversível "falência do Estado-nação e do seu conceito de soberania" (ARENDT, 1972: 108). Arendt sugere que esse caráter contraditório

42 Para Arendt, tais movimentos também se beneficiaram de outros fatores agravantes da desintegração social: o declínio do sistema partidário europeu, das organizações de classe e da sociedade de classes, de modo mais geral, substituída pela sociedade de massas. Arendt atribui o colapso do sistema partidário europeu àqueles fatores estruturais e à peculiar aliança entre a "ralé" com capital e as elites europeias, que sacrificaram, de boa vontade, o Estado de direito pelas ambições imperiais e o nacionalismo. Cf. Arendt ([1951] 2004: 339ss.) e também Katznelson (2003: 58ss.).

se tornara plenamente óbvio quando os estados-nações começaram a expulsar milhões de cidadãos baseados em critérios "nacionais" ou "raciais" pseudonaturais, algo que remeteu, em particular, ao "conflito secreto entre Estado e nação", ou seja, entre o regime protetivo dos direitos humanos, de um lado, e a soberania nacional, do outro (ARENDT, [1951] 2004: 297). A implicação total da "identificação dos direitos dos homens com os direitos dos povos no sistema europeu de Estado-nação veio à luz somente quando um crescente número de povos e pessoas surgiu repentinamente, e cujos direitos estavam tão pouco assegurados pelo funcionamento ordinário dos estados-nações em plena Europa quanto estariam no coração da África" (ARENDT, [1951] 2004: 370). Enquanto as modernas ideologias debilitaram por completo a vida política e se apossaram das instituições políticas, o mítico "interesse nacional" ganhou primazia e a lei, e o Estado solucionou a tensão entre si e a nação a seu favor muito antes que Hitler declarasse que "o direito é aquilo que é bom para o povo alemão" (ARENDT, [1951] 2004: 379). A transição do Estado moderno, do "instrumento da lei ao da discriminação ilegal à serviço da nação, só seria completada", todavia, "quando os estados começaram a praticar desnaturalizações maciças contra minorias indesejadas" (BENHABIB, 2004: 54).

Ao fundar sua legitimidade na aura mítica do nacionalismo e na demarcação aguda da fronteira entre si e os direitos garantidos pela dignidade humana, o Estado-nação, assim pensava Arendt, acolheu a própria semente do irracionalismo, da arbitrariedade ilegal e da agressão imperial que haveria de se tornar um terrível símbolo da modernidade política europeia (ARENDT, [1951] 2004: 382ss.). A apatridia como um fenômeno de massa do século XX, que gerou milhões de pessoas supérfluas e inteiramente desprotegidas, expôs, igualmente, a aporia moderna dos direitos humanos: na ordem internacional contemporânea, as pessoas dependem do Estado-nação para o fundamental "direito a ter direitos", o direito a pertencer numa comunidade política, sem o que todas as outras expectativas de efetivação de direitos se provaram estéreis e sem sentido. Num sistema global de estados soberanos, não é possível fiar-se em quaisquer "direitos inalienáveis" (ARENDT, [1951] 2004: 369-384)[43]. Pelo contrário, os estados-nações são, precisamente, os culpados pela perda dessas garantias: eles expulsaram seus cidadãos e produziram massas "supérfluas" de apátridas que se tornaram desprotegidas, sujeitas à perseguição totalitária e ao genocídio. A confiança no moderno Estado-nação e no princípio da soberania (popular) não é mais uma solução factível quando se está lidando com a apatridia e o mal radical moderno do genocídio. Antes, o Estado-nação é cúmplice de sua própria derrocada e da perda do pertencimento fundamental e dos direitos daqueles que foram feitos "supérfluos". Por trás de toda fraseologia nacionalista, passada e presente, Arendt percebe que:

> A soberania nacional já não é mais um conceito político, pois não há mais uma organização política capaz de representar ou defender um povo soberano dentro de fronteiras nacionais. Dessa forma, o "Estado nacional", tendo perdido seus próprios fundamentos, vive como um defunto que anda, cuja existência espúria é artificialmente prolongada por injeções repetidas de expansão imperialista (ARENDT, 1994: 143).

Nessa perspectiva, o racismo, antissemitismo e imperialismo modernos foram, portanto, precondições e, no caso da Alemanha nazista, elementos-chave da dominação totalitária, produtores de massas "supérfluas" e "inimigos objetivos" subsequentemente exterminados. É possível argumentarmos com Arendt que tais ideologias coisificantes e práticas de dominação são mais do que meros legados do passado pois, sob diferentes formas, sobreviveram à própria morte nas vésperas da destruição da Europa. Em que pese a tendência atual de desacreditar o racismo declarado, o antissemitismo e o imperialismo – ao menos nas democracias liberais e instituições internacionais – é possível argumentar que eles, amiúde, se metamorfosearam em formas mais sutis, sem jamais desaparecer completamente. Como uma ameaça contínua, constituem o mal persistente da política moderna, mesmo após a catástrofe do imperialismo e do

43 Cf. tb. Arendt (1945). Sobre a discussão do mal político e da apatridia, cf. Hayden (2009: 55-91).

Holocausto. Além disso, o fracasso do sistema de estados-nações em proteger os seres humanos do mal das novas políticas globais totalitárias significa que, daqui em diante, como num caminho sem volta, o mal radical e as crises humanitárias terão de ser enfrentadas no contexto de uma "situação global", e já não é mais possível confiar apenas nos estados-nações: quer gostemos, quer não, começamos verdadeiramente a viver num Mundo Único. E apenas com uma humanidade completamente organizada a perda do lar e do *status* político pode ser considerada idêntica à expulsão da própria humanidade" (ARENDT, [1951] 2004: 376-377).

Proteger os seres humanos da apatridia, da superfluidade e do genocídio demandaria um novo *nomos* para a Terra, mas até agora, afirmou Arendt, "os homens de Estado não encontraram nenhuma outra pista para a política mundial além do beco sem saída do imperialismo" (ARENDT, 1994: 117).

A específica genealogia histórica arendtiana, um tanto contraintuitivamente, ofereceu implicações críticas à compreensão do mal político nos tempos atuais. Desde há muito, ela questionou o retorno à soberania nacional num mundo globalizado, que enfrenta o mal do totalitarismo, da apatridia, dos crimes contra a humanidade e o genocídio, e também apurou nossos sentidos na dinâmica potencial do antissemitismo e do racismo como desafios globais. Através da crítica ao imperialismo, ela iluminou a maneira como a "rispidez" com que uma sociedade trata seres humanos em um território "estrangeiro", como de resto a humanidade, possui um feito na política e nas políticas (democráticas) domésticas, um tipo de dinâmica do "bumerangue" na qual o modo como lidamos com os "outros" pode, igualmente, ajudar a entender como até mesmo estados constitucionais e democráticos discriminam imigrantes e minorias.

Teorizando as modernas condições do mal

Arendt também situou os três problemas supracitados, e o problema do mal radical na política, num contexto de crise generalizada da sociedade moderna. Embora estivesse longe de ser uma pensadora antimoderna, ela argumentou que certas inclinações na atual sociedade de massas erodiram as oportunidades e promessas igualitárias, democráticas e constitucionais que a modernidade política criara (cf. BENHABIB, 2003; PAREKH, S., 2008). Sua abordagem do totalitarismo reflete uma interpretação particular da teoria de Max Weber sobre a modernização social, burocratização e racionalização[44]. Mais especificamente, sua crítica às subterrâneas modernas correntes sociais da cultura de massa e da política convergiu para a afirmação-chave de que "a condição moderna", sua específica racionalidade e a lógica que produz, debilitou sistematicamente a livre esfera pública e a individualidade inerente à noção mesma do moderno Iluminismo. E sugeriu, então, que as novas formas do mal radical - dentre as quais o totalitarismo e o genocídio - poderiam se afirmar num cenário de declínio da vida política e do espaço público na sociedade de massas e na inconsequência da Modernidade. Sua esmagadora lógica econômica e burocrática, afirma, tende a sufocar a liberdade pública, a ação e a responsabilidade, e ajuda a forjar uma paralisia especificamente moderna do discernimento e da reflexão dos cidadãos. O que se segue é um olhar minucioso sobre a afirmação teorética geral de Arendt, de como o mal radical é um *potencial* subproduto da modernidade política.

Essa afirmação é fundamentada na crítica à dominância dos modelos econômicos e burocráticos modernos, ocupantes da sociedade de massas. Em *A condição humana*, ela elaborou sua crítica prévia a esta sociedade e condenou aquilo que chamou de moderna "sociedade do Labor", vinculada, sob essa perspectiva, a um modo instrumental de labor que, progressivamente, "*coloniza*" todas as formas de atividade humana, tal a preocupação da sociedade moderna com o labor, a produção e o consumo. As esferas públicas em atividade são minadas, e o sentido da vida política dissolvido em uma sociedade de indivíduos atomizados e alienados. Embora, nessa descrição, Marx, de resto bastante criticado, esteja presente, o

44 Em larga medida, Arendt põe de lado a ênfase weberiana na natureza *inescapavelmente ambivalente* dessa jaula, sua função como metáfora para o fardo que pesa sobre o moderno espírito cético. Pelo contrário, ela vê a "jaula de aço" como uma encapsulação metafórica da dominação moderna.

conceito arendtiano de "alienação", como desenvolvido em *A natureza humana*, aponta numa outra direção: ela vê a "alienação mundial" como a perda do mundanismo no qual as pessoas podem falar e agir, e não como a "autoalienação" do humano como eixo do mundo moderno (ARENDT, 1958: 254). As comunidades políticas são crescentemente transformadas mais em sociedades de *jobholders*[45], e menos em comunidades cidadãs. No tecido social específico da moderna sociedade de massas, urdido pelos modos instrumentais da ação e da lógica da permanente racionalização, permeando todas as esferas societárias, a organização da vida pública foi mais e mais modificada sob a lógica funcional - e, de fato, totalizante - do imperativo econômico e das restrições disciplinares de uma sociedade administrada. A moderna sociedade do Labor tende, assim, a liquidar todas as condições para a ação política, a individualidade e o *inter-esse* entre os seres humanos, tendências essas que apontam em direção a um mundo no qual ou ninguém age ou, ao fazê-lo, não é responsabilizado.

O colapso da moderna vida política e das instituições não é um processo inevitável - para Arendt, de fato, nenhum evento na história humana o é. A modernidade política, em verdade, também corporifica a temporalidade, ou seja, o *rompimento* com a tradição, a insegurança radical, a imprevisibilidade e a transformação sociocultural: rápidas e constantes transformações que arrancam pelas raízes tradições, povos, sociedades e sistemas políticos. As crises da Modernidade, contudo, e "as condições específicas de uma massa atomizada e individualizada" podem ajudar a criar a demolição das estruturas políticas nacionais, públicas e sociais (ARENDT, 1994: 406). Essas crises têm potencial para produzir vácuos morais e políticos - o nada de onde podem emergir novas formas do mal radical. No relato teorético-genealógico arendtiano da moderna sociedade de massas, as comunidades políticas são ameaçadas pela erosão provocada pelos processos sociais intestinos, e conforme tal perspectiva, a dissolução dos laços tradicionais e dos interesses organizados

45 Uma palavra de difícil tradução, que evoca mais o "empregado" do que o "trabalhador". Deixamo-la, portanto, em sua forma original [N.T.].

sob imperativos econômicos e administrativos tende a produzir uma massa desestruturada, desarraigada, de indivíduos desesperados, capazes de nutrir movimentos e ideologias totalitárias. Deste modo, Arendt descreve o "homem massificado" moderno como peculiarmente desinteressado, enquanto "anseia pelo anonimato, em ser apenas um número, uma mera engrenagem funcional" (ARENDT, [1951] 2004: 436). Indivíduos isolados e desinteressados não mais se preocupam com as próprias vidas, e com frequência estão dispostos a sacrificar vidas alheias. De fato, Arendt vê essas massas atomizadas, despojadas de laços comuns, interesses, e da capacidade de julgar e agir, como precondição central para o totalitarismo[46], o qual, então, fusiona-as em uma nova forma de massas desarraigadas, fazendo de seres humanos, coisas – uma degeneração e uma nulificação da individualidade que reflete na racionalidade coisificante das modernas ideologias e da sociedade (ARENDT, [1951] 2004: 565).

Para Arendt, a lógica social, burocrática e despolitizante, capaz de transformar até mesmo o genocídio em um procedimento administrativo abstrato, "surgiu dos fragmentos de uma sociedade altamente atomizada" (ARENDT, [1951] 2004: 421). Sua estrutura competitiva havia sido mantida em xeque somente através da filiação a uma classe de organizações baseadas em interesses[47], e ainda assim, reforçada pela história das guerras modernas e seu maciço desperdício de vidas humanas (marco do prelúdio ao esfacelamento societário), a gigantesca massificação de indivíduos evoluiu, na Europa, para um mundo caracterizado pelo niilismo, a "indiferença apática perante a morte", o vulgarizado desprezo pelas regras do senso comum e, talvez o mais impactante de tudo, a perda radical do genuíno

46 Arendt afirmou que as circunstâncias da moderna sociedade de massas foram "bem diferentes" na Alemanha e na Rússia: Stálin precisou, primeiramente, criar o tipo de moderna sociedade atomizada que ajudou a engendrar a ascensão dos nazistas ao poder (ARENDT, [1951] 2004: 423).

47 Arendt insiste que as massas modernas não são o resultado do crescimento das condições de igualdade, mas, pelo contrário, da atomização social. Embora seu uso do termo "massas" pareça, às vezes, condescendente em *As origens do totalitarismo*, ela apoiava os levantes democráticos das massas. No que tange ao totalitarismo nazista, ela está bastante ciente de que "a percentagem das assim chamadas classes educadas entre os verdadeiros assassinos é impressionante" (ARENDT, [1951] 2004: 115).

interesse próprio (ARENDT, [1951] 2004: 421). As sociedades totalitárias são, para Arendt, caracterizadas pela solidão extrema – em sua forma mais radical e moderna, a experiência das vidas pública e privada desaparecidas, de ter sido verdadeiramente desertado de toda companhia humana e de não pertencer, de forma alguma, ao mundo (ARENDT, [1951] 2004: 611); daí em diante, "o eu e o mundo, a capacidade de pensamento e a experiência, tudo se perde de uma só vez" (ARENDT, [1951] 2004: 614), uma solidão que aponta para os já citados processos e condições de atomização social na moderna sociedade de massas. A solidão constitui o terreno comum do totalitarismo, segundo Arendt, e está "proximamente conectada ao desarraigamento e à superfluidade que tem se tornado a maldição das massas modernas desde então... a ruínas das instituições políticas e das tradições sociais de nosso tempo" (ARENDT, [1951] 2004: 612).

Dissolução e superfluidade correspondem à ascensão das modernas ideologias; esta última, Arendt sugere, eleva o pensamento coisificante, que transforma os negócios humanos em meros assuntos de controle administrativo, racionalidade econômica ou quaisquer outras formas de lógica (pseudo)científica, operando independentemente da verdadeira interação humana. As ideologias modernas, como o antissemitismo e o racismo, em sua compreensão, replicam, até certo ponto, racionalidades econômicas e administrativas que buscam aplicar rigorosa logicidade, funcionalidade objetiva e critérios puros às relações humanas. Tais ideologias, que corporificam a aplicação da ideia armada com a "força coercitiva da logicidade" e submetem o particular ao geral/abstrato, são concebidas como precursoras da lógica totalitária, que luta para organizar as infinitas pluralidade e diferenciação dos seres humanos "como se toda a humanidade fosse um único indivíduo" (ARENDT, [1951] 2004: 609, 565). Desse modo, anulando o mundo vivido e a experiência, a lógica totalitária estabelece automaticamente tudo aquilo que não se encaixa, a começar por aqueles grupos historicamente declarados como "supérfluos" ou "inimigos objetivos", a um "despotismo burocrático" que, para Arendt, atomiza ainda mais as pessoas, transformando-as, na prática, de indivíduos únicos e capazes de agir em simples quantitativos de corpos biológicos engajados num comportamento bestializado[48].

Nada expressa mais drasticamente a moderna forma de "despotismo burocrático" e seu vínculo com a lógica totalitária que o administrador nazista de alta patente, e "especialista em deportação", Adolf Eichmann, examinado por Arendt em seu controverso livro *Eichmann em Jerusalém*: neste texto, ele é um ambicioso, autocentrado, irrefletido administrador pequeno-burguês, movido por intenções ideológicas relativamente cambiáveis, e cujo desejo pessoal em matar os judeus europeus era, tão somente, limitado. Arendt o considera razoavelmente "não ideológico"; sua qualidade marcante não era algum tipo específico de maldade ou depravação moral, mas sim a irreflexão, ou seja, ser genuinamente "incapaz de proferir qualquer sentença que não fosse um clichê" (ARENDT, [1963] 1965: 48). Sua incapacidade para expressar-se, e, portanto, de manifestar uma identidade individual, indicou para Arendt sua geral "inabilidade para pensar, isto é, pensar a partir do ponto de vista de outro alguém" (ARENDT, [1963] 1965: 49). Seguindo uma de suas primeiras especulações a respeito da importância da perda da reflexão e da experiência entre as massas totalitárias (nas últimas páginas de *As origens do totalitarismo*), Arendt observa que Eichmann não era um fervoroso ideólogo antijudeu, mas, antes, que carecia da capacidade de julgamento – de fato, ela o retrata como o tipo ideal da perda dessa faculdade (ARENDT, [1963] 1965: 21-55; cf. BENHABIB, 2012), e dali em diante ele representou o típico, e em alguns casos o mais perigoso e distintamente novo, criminoso nazista – um assassino de gabinete, funcional e irrefletido, que jamais chegou a matar alguém com as próprias mãos. Seguidor de uma ideologia de "objetividade", considerava o extermínio dos judeus europeus como, acima de tudo, um "desconcertante trabalho de administração e organização" (ARENDT, [1963] 1965: 151).

48 Embora o progresso econômico possa atenuar esse despotismo burocrático, para Arendt este não é incompatível com o primeiro; tampouco o progresso econômico em relação à ideologia e ao terror. Cf. Baehr (2010: 78), que também discute a crítica arendtiana das ciências sociais e do behaviorismo, que replicam e reforçam essa tendência.

Os crimes totalitários contra a humanidade, cuja responsabilidade Eichmann compartilhava, foram monstruosos e monstruosamente inumanos, e ainda assim, Arendt afirmou, o próprio Eichmann não era um ser inumano; se muito, parecia um palhaço que, visto por si mesmo, despido de suas funções no regime nazista, poderia ser menosprezado. Para Arendt, ele não era um grande cérebro ideológico, e sim uma figura simplória, um administrador pequeno-burguês carreirista e, verdadeiramente, banal. E ainda assim, representava, simultaneamente, o inaudito genocídio moderno e ajudou a organizar atrocidades inimagináveis, o mal impensável. Somos, então, alertados de que o paradoxo do moderno genocídio inverte a heroica noção antiga que os feitos são maiores que a vida individual: cidadãos simples, "ordinários", são capazes de participar e criar o mal inimaginável, cujas novas formas (em especial o extermínio sistemático de um povo inteiro) são muito maiores que a soma dos seus perpetradores, cujas intenções individuais e responsabilidades tornam-se quase irrelevantes. Eichmann, representante do genocídio realizado por burocratas irrefletidos e ordinários em um sistema totalitário, sumariza, assim, alguns dos mais importantes desafios políticos, legais e morais do mal moderno.

Eichmann, o burocrata quase mudo, incapaz de compreender aos outros e a si mesmo, passou a exemplificar *também* a moderna subjetividade e seus problemas. Diante dele, Arendt refuta Kant e sua suposição de uma faculdade humana independente, "não apoiada pela lei ou pela opinião pública, que julga em total espontaneidade, como se novidade fora, todo feito e intenção sempre que a ocasião se apresenta" (ARENDT, 1994: 41), ao mostrar que, muito pelo contrário, a capacidade para ação e julgamento individuais – a habilidade de discernir o certo do errado, o bem do mal – depende de uma esfera pública, constitucionalizada e livre, que pressupunha seu exercício, e fora arrancada e severamente danificada sob as modernas condições (cf. BERNSTEIN, 1997: 305). A moderna subversão das faculdades humanas essenciais de atuação, experiência e julgamento político-moral precipitaram a emergência histórica do totalitarismo e, como aponta Dana Villa (BERNSTEIN, 1997: 302), tal subversão "pode ainda ser bem-sucedida, onde quer que a ideologia totalitária seja capaz de reivindicar uma vitória, provisória que seja".

Com a voz da consciência e a habilidade para julgar abaladas pelo declínio do senso comum (o qual, para Arendt, regula todos os outros sentidos e depende de um mundo compartilhado com os demais), o totalitarismo pode inverter o cosmos moral em o raciocínio gélido do "matarás" (BERNSTEIN 1997: 304), de modo que a autocoerção da lógica eliminou um já enfraquecido eu social, enjaulado em sua particularidade. Essa lógica destrói por completo "a capacidade do homem para a experiência e a reflexão, bem como sua capacidade para ação" (ARENDT, [1951] 2004: 611). Ao substituir as expressões de solidariedade humana e os laços da comunidade política, o regime totalitário transforma os seres humanos em um punhado de reações carentes de personalidade e caráter, inteiramente desprovidos da faculdade de pensar, julgar e agir. A visão que Arendt tem de Eichmann – o súdito totalitário *sui generis* e *o* enfraquecido sujeito moderno sem subjetividade, ou seja, sem a experiência humana, apegos e imaginação – resume e cristaliza sua abordagem crítica da modernidade política e do mal político radical em tempos modernos.

O totalitarismo e o mal: lições cosmopolitas

A obra de Arendt sobre o totalitarismo e o mal político tem influenciado profundamente a maneira como pensamos a respeito desses temas, mas não deixou de ser alvo de seguidas controvérsias. Contestam-se não apenas sua relevância, mas também as lições cosmopolitas contemporâneas advindas de sua teoria política. Existem problemas de transferência histórica e conceitual: a expressão "totalitário" tornou-se de tal maneira ubíqua na linguagem política e na cultura popular que tem havido tentativas de associar a fenomenologia crítica arendtiana sobre a dominação totalitária e a política genocida (as formas mais radicais de mal político) a todo tipo de eventos políticos, e é discutível se tais aplicações fazem justiça às contribuições teóricas e políticas de Arendt: Alison Lurie (2013), por exemplo, identificou, recentemente, a designação totalitária de "não pessoas", privadas de seus direitos cidadãos e assassinadas impunemente, com a "cultura das celebridades" em sociedades democráticas que excluem todas as não celebridades. Alguns teóricos políticos aplainaram deliberadamente suas distinções analíticas ao sugerir que vivemos numa democracia totalitária, um "totalitarismo invertido" de "democracia conduzida" (WOLIN, 2008). Empregar conceitos como totalitarismo "indiscriminadamente para todos os tipos de fenômenos políticos", afirma Arendt, leva à confusão em que tudo o que é distinto desaparece, algo que parece ser o "marco das ciências históricas e políticas modernas" (ARENDT, 1994: 407). Todavia, se nos engajamos em suas reflexões a respeito do legado do totalitarismo e da ameaça do mal radical, e naquilo que ela é capaz de nos ensinar a respeito do próprio tempo no qual vivemos, é de fundamental importância que nos engajemos, também, em suas distinções conceituais, e na precaução contra transferências indiscriminadas destas distinções.

A bem da verdade, há momentos em que a própria análise de Arendt sobre o totalitarismo e o mal radical carece da especificidade histórica e da precisão que ela, corretamente, exige: por exemplo, embora ofereça *insights* cruciais sobre o fato de que, sob as condições dos modernos sistemas burocráticos e das divisões do Labor, cidadãos ordinários e insignificantes podem se tornar assassinos em massa, pesquisas históricas e arquivísticas têm questionado a imagem de Eichmann que ela apresenta – os arquivos apresentam um antissemita declarado, um "idealista" que temia as conspirações mundiais judaicas e claramente articulado com o desejo de matar o "inimigo" muito antes de organizar as deportações, um homem que dificilmente não tinha ciência do mundo exterior ou das consequências dos seus atos (CESARANI, 2006). Além disso, a própria Arendt pode ter, em última análise, apresentado uma visão excessivamente cética e generalizante das modernas condições sociais, de modo que pode não estar totalmente à altura das ambivalências e oportunidades da modernidade política global, imagem essa cuja superficialidade da modernidade periga excluir suas características emancipatórias (POSTONE, 2000: 284).

Não obstante, Arendt proveu *insights* cruciais a respeito das origens e da lógica dos modernos regimes totalitários, nos quais nada está fora dos limites, e das novas formas do mal radical que confundem a moral tradicional e os princípios políticos ao mesmo tempo em que levam os algozes e suas vítimas a um abismo de destruição e autodestruição – violência essa que marcou o "breve" século XX e permanece relevante no XXI. Ler Arendt ajuda a entender que a ameaça do mal radical é distinta, mas também entremeada, das condições gerais da Modernidade, e está longe de ser o outro radical ou externo da democracia liberal. Sua abordagem multifacetada amplia o horizonte crítico ao oferecer uma compreensão autorreflexiva da relação entre a "condição global" da Modernidade e os desafios contemporâneos do mal político, que exigem políticas cosmopolitas e respostas legais. Entre outras coisas, Arendt antecipou imperativos econômicos e burocráticos cada vez mais presentes, cada vez mais globalizados, que restringem o espaço público, continuam a governar a vida política, e ameaçam a liberdade pública e a responsabilidade democrática. Gerando conformismo e legitimando a exclusão social, a universal, e inquestionada, glorificação desses imperativos vem, por fim, produzir o mal da "humanidade supérflua", com que a política cosmopolita precisa lidar (cf. HAYDEN, 2009: 32ss.). As reflexões de Arendt também ajudam a iluminar a dinâmica das modernas ideologias, como o antissemitismo e o racismo, que não são meros espectros do passado, e reaparecem em forma cada vez mais renovadas – por exemplo, nas ideologias políticas que favorecem os modernos pan-nacionalismos, religiosos, radicais e antiglobalização. Por fim, seu trabalho nos permite perceber os efeitos destrutivos do imperialismo moderno – ainda que ideologicamente disfarçado – tanto interna quanto externamente, enquanto reconhece, simultaneamente, a responsabilidade cosmopolita na prevenção de novos genocídios.

Suas contribuições pioneiras sobre o totalitarismo e o mal radical na política nos alertam para os conflitos constitutivos que ainda ameaçam a sociedade global, dentre as quais o desafio dos crimes contra a humanidade, que continuam ocorrendo a despeito das reformas legais internacionais. Igualmente, envolvem o problema persistente da apatridia que aponta para o Estado precário, verdadeira e contínua aporia dos direitos humanos, num mundo ainda dominado por estados-nações que reclamam poder soberano – embora "pela primeira vez na história, todos os povos da Terra compartilhem um presente comum" (ARENDT, 1968: 83). Contra o cenário do mal radical e do conflito, Arendt engendra um cosmopolitismo crítico vindo de baixo, que reconhece a humanidade como um ponto de referência político global enquanto se lida com lutas particulares para recuperar a cidadania e reestabelecer o espaço público.

6
A apatridia e o direito de ter direitos

Ayden Gündoğdu

Quando fugiu da Alemanha nazista em 1933, Arendt se tornou uma apátrida, e permaneceu nesse estado precário por dezoito anos, até 1951, quando recebeu a cidadania norte-americana. Essa experiência formativa moldou significativamente sua trajetória como pensadora, "provocou sua busca pelo sentido da política" (BERNSTEIN, 1996: 84) e "estabeleceu as fundações para sua teoria política" (YOUNG-BRUEHL, 2004: 113). Este capítulo examina sua discussão sobre a apatridia e os direitos humanos, primeiramente questionando em que implica a apatridia ao focar na afirmação de que a perda dos direitos civis é acompanhada da perda dos direitos humanos. Os apátridas, afirma Arendt, encontram-se numa condição fundamental de falta de direitos, resultante da perda de uma comunidade política que reconhecia sua posição legal, política e humana. A visão dessas pessoas, reduzidas à mais básica humanidade, levou Arendt a elaborar uma crítica dos direitos humanos, e a segunda parte desse capítulo atenta para as características específicas dessa crítica. A análise arendtiana das "perplexidades dos Direitos do Homem" mostra como essas declarações de direitos do século XVIII se basearam na suposição de que cada ser humano é um cidadão, um pressuposto problemático em vista das imensas multidões de refugiados produzidas pelas desnacionalizações e desnaturalizações em massa ocorridas no século XX. Em que pese seu radical criticismo dos direitos humanos, Arendt encerra sua análise da apatridia não com a renúncia a esses direitos, mas sim com uma chamada a repensá-los em termos do "direito a ter direitos", como discutiremos na terceira parte. O capítulo é concluído com uma breve discussão sobre a relevância contemporânea das revelações críticas de Arendt a respeito da apatridia e dos direitos humanos.

Apatridia e a condição dos sem direitos

Os esforços de Arendt para compreender a apatridia como "o mais recente fenômeno de massas da história" (ARENDT, [1951] 2004: 352) guiaram-na à instabilidade política que se seguiu à dissolução dos impérios multiétnicos após a I Guerra Mundial. Os Tratados de Paz trabalharam com a hipótese de que cada comunidade política deveria organizar-se em um Estado-nação definido em termos de "homogeneidade populacional e autoctonia em relação ao solo" (ARENDT, [1951] 2004: 345), uma ideia, porém, que ia de encontro à composição multiétnica dos estados sucessores, e deu início ao problema das minorias: esforços internacionais dedicados a lidar com a questão, como os Tratados das Minorias, tornaram-se arautos de problemas vindouros, pois ao identificar as minorias em cada Estado sucessor e colocar a proteção dos seus direitos sob a Liga das Nações, conferiram sanção oficial à ideia de que "somente os 'nativos' podiam ser cidadãos, apenas aquelas pessoas de uma mesma origem nacional poderiam desfrutar da proteção total das instituições legais" (ARENDT, [1951] 2004: 350-351). Em contraste com os relatos históricos que aplaudem os Tratados das Minorias como os precursores dos modernos direitos humanos, Arendt mostra em sua análise como tais acordos estabeleceram um perigoso precedente para as políticas raciais do século XX, e nos incita a compreender as desnacionalizações em massa e deportações forçadas à luz do fracasso da comunidade internacional em lidar com o problema das minorias[49].

Para compreender a apatridia do século XX em toda sua extensão, afirmou Arendt, há que se mover para além da estrita definição jurídica desse problema. Sob o aspecto puramente legal, ele diz res-

49 Para um relato positivo dos Tratados das Minorias, cf., p. ex., Lauren (1998: 115-117). Para uma análise crítica que liga a proteção às minorias às políticas raciais do século XX, cf. Weitz (2008).

peito exclusivamente àquelas pessoas que não possuem o vínculo legal de nacionalidade com país algum, condição essa que, naquele momento, abarcava efetivamente apenas uma pequena fração do problema, deixando de lado milhões que, embora possuidores de tal laço, encontravam-se, na verdade, usurpadas dos seus direitos por terem sido forçadas a se deslocar de um país para outro. Arendt afirmou que "o coração da apatridia... é idêntico ao da questão dos refugiados" (ARENDT, [1951] 2004: 356) e criticou a incapacidade internacional em reconhecer essa condição de fato. Contudo, se os refugiados formavam o exemplo mais paradigmático desse dilema, gradualmente outros se juntaram a eles, resultado do endurecimento dos controles de imigração durante o Entreguerras. Até mesmo estrangeiros residentes, tais como os "imigrantes econômicos", tornaram-se, de fato, apátridas durante as maciças repatriações dos anos de 1930 (ARENDT, [1951] 2004: 363); além disso, um crescente número de cidadãos foi considerado "potencialmente desnaturalizado" em diversos países (ARENDT, [1951] 2004: 356). Ao observar cuidadosamente a maneira como os deslocamentos forçados do século XX borraram as distinções jurídicas convencionais e criaram um "nó que jamais seria desatado" (ARENDT, [1951] 2004: 363), Arendt legou uma definição revisada e ampliada da apatridia, que se recusa a considerar esse fenômeno como um incidente excepcional, e busca compreendê-lo como "um novo fenômeno de massas" (ARENDT, [1951] 2004: 352). Para ela, trata-se de um flagelo compartilhado por todos aqueles que foram "expulsos da velha trindade Estado-povo-território" (ARENDT, [1951] 2004: 358).

Os apátridas perderam não somente os direitos da cidadania, mas também seus direitos humanos, uma perda dupla que Arendt capturou com o termo "sem direitos"[50], cujo sentido está longe de ser óbvio. Para deixá-la clara, ela pontuou o único direito verdadeiramente humano que não é redutível àqueles que nos cabem enquanto cidadãos: o "direito a ter direitos", ou "o direito de pertencer a algum tipo de comunidade organizada" (ARENDT, [1951] 2004:

50 *Rightlessness* no original [N.T.].

376). Os apátridas tornaram-se "sem direitos" ao serem privados desse direito humano específico, percebido por Arendt como condição da possibilidade de exercer os outros direitos significativamente. Posteriormente, ela esclareceu sua noção de "sem direitos" ao descrevê-la como condição fundamental que não pode ser reduzida à negação ou violação de direitos específicos. Usando como exemplo os soldados durante as guerras, ela argumenta que mesmo cidadãos podem ser privados de determinados direitos, incluindo o direito à vida, mas enquanto pertencerem a uma comunidade política capaz de reconhecer sua situação legal e política, eles não são "sem direitos" (ARENDT, [1951] 2004: 375). Por outro lado, ainda que aos apátridas sejam garantidos certos direitos, como à vida ou à liberdade de opinião, eles são "sem direitos" na medida em que estão dependentes da caridade ou da boa vontade alheia (ARENDT, [1951] 2004: 376). O conceito de "sem direitos" denota uma condição fundamental que pode tornar nulos mesmo os direitos que já se têm garantidos, condição essa que possui dimensões legais, políticas e ontológicas.

A dimensão legal do problema consiste na perda da personalidade: impossibilitados de incorporar-se à comunidade legal dos estados-nações que os recebem e privados dos direitos pela lei internacional, os apátridas foram submetidos a "uma forma de ilegalidade, organizada pela polícia" (ARENDT, [1951] 2004: 366). O contraste que Arendt estabeleceu entre a condição dos apátridas e aquela dos criminosos é importante nesse contexto: enquanto estes são punidos de acordo com o "procedimento jurídico padrão, segundo o qual a um dado crime corresponde uma penalidade prevista" (ARENDT, [1951] 2004: 577) e possuem o direito a apelar do veredito, aqueles são, basicamente, não pessoas vivendo sob um regime arbitrário, dado que não há relação entre o que eles suportam e "o que fizeram, fazem ou virão a fazer" (ARENDT, [1951] 2004: 376). Perante esse dilema de desapropriação legal, cometer um crime se torna a única maneira para os apátridas escaparem do "regime arbitrário policial" e situarem-se sob a lei:

> Mesmo se não tiver um tostão, agora tem acesso a um advogado, pode reclamar aos seus carcereiros, e será ouvi-

> do respeitosamente. Não é mais o rebotalho do mundo, mas importante o suficiente para ser informado de todos os detalhes da lei sob a qual será julgado. Tornou-se uma pessoa respeitável (ARENDT, [1951] 2004: 364).

O uso do termo "sem direitos" por Arendt não indica, simplesmente, um desafio legal, mas também chama a atenção para as dimensões políticas e ontológicas da perda sofrida pelos apátridas. Não foi apenas a sua personalidade que se perdeu, mas "toda a textura social na qual haviam nascido e estabelecido para si mesmos um lugar distinto no mundo" (ARENDT, [1951] 2004: 372). Privados do lar, família, ocupação e idioma, como salientado em seu ensaio *We Refugees*, eles haviam perdido "a familiaridade do dia a dia" e experimentavam "a ruptura de [suas] vidas privadas" (ARENDT, 2007a: 264-265), despojados de uma comunidade política que considerasse relevantes e significativas suas ações, palavras e opiniões. O que era, talvez, sem precedentes no caso da apatridia do século XX era a impossibilidade de encontrar um novo lar, pois apenas em um mundo organizado em estados-nações "a perda do lar e do *status* político poderia tornar-se sinônimo da perda da humanidade como um todo" (ARENDT, [1951] 2004: 377). Essa afirmação nos compele a considerar as implicações ontológicas do Estado de "sem direitos" como uma condição que desfaz o *status* humano de alguém. Incapazes de encontrar um novo lar e confinados em campos, os apátridas eram privados da possibilidade de participação no mundo compartilhado constituído através das atividades humanas, especialmente a ação e o discurso. A comparação que estabelece entre a apatridia e a escravidão salienta este último ponto: a partir de Aristóteles, ela nos lembra que nem o apátrida nem o escravo são considerados "animais políticos" ou "seres em comando do poder da fala e do raciocínio" (ARENDT, [1951] 2004: 377). Não é como se um ou outro tivessem, de fato, perdido a faculdade da fala, mas sua palavra é irrelevante, ininteligível ou sem sentido. Essa insistência, na obra tardia arendtiana, na centralidade da ação e do discurso na vida humana, e em especial o argumento de que "[uma] vida sem ação e sem palavras... deixou de ser uma vida humana porque já não é mais vivida entre homens" (ARENDT, 1958: 176), há que ser compreendida à luz do seu contato original com a apatridia.

A análise arendtiana destaca o fracasso dos esforços internacionais em lidar com a apatridia: ao afirmar a nacionalidade como norma organizadora do sistema internacional, esses esforços consideraram os apátridas como "uma infeliz exceção dentro de um regime que, de resto, é saudável e normal" (ARENDT, [1951] 2004: 342). Entendida como anomalia, a apatridia foi tratada como um problema que poderia ser solucionado com medidas excepcionais e provisórias, abordagem essa que se manifestou primeiramente nos Tratados das Minorias, discutidos anteriormente, mas que também pode ser detectada nas práticas corriqueiras da repatriação e da naturalização. A primeira partiu do conceito de que toda pessoa possui um lar nacional (*patria*) para onde pode ser mandada, sem considerar, porém, o novo desafio da apatridia no século XX, que criou um grupo que era, simplesmente, "indeportável" no sentido de que "não havia país no mundo onde pudessem desfrutar do direito à residência" (ARENDT, [1951] 2004: 377). Já a naturalização, reservada apenas para casos individuais, "travou", igualmente, com a chegada de milhões de apátridas (ARENDT, [1951] 2004: 361). Por último, até mesmo o recurso ao asilo, que Arendt descreve como "o único direito que efetivamente figurou como símbolo dos Direitos do Homem na esfera das relações internacionais" (ARENDT, [1951] 2004: 356) foi incapaz de lidar adequadamente com a apatridia do século XX, pois a emergência de contingentes maciços de apátridas praticamente pôs um fim a esse auxílio, que sempre havia sido garantido em casos excepcionais.

Ao considerá-la uma anormalidade, essas medidas todas terminaram por agravar o problema da apatridia, pois tratá-la como um fenômeno excepcional e transitório era relativamente "tentador" precisamente porque "deixava intacto o próprio sistema" (ARENDT, [1951] 2004: 352) e evitava o questionamento radical a respeito dos seus princípios organizativos. Para Arendt, porém, são justamente esses princípios que deveriam ter sido submetidos ao exame crítico, pois como escreveu, "a explosão de 1914... estraçalhara o suficiente a fachada do sistema político europeu para deixar expostas suas estruturas ocultas" (ARENDT, [1951] 2004: 341). Escrevendo contra a tendência comum de tratar a apatridia como uma "exceção infeliz", ela a considerou como um sintoma manifesto do problema dessas "estruturas ocultas" e ofereceu um exame crítico que trouxe à baila as tensões constitutivas dos estados-nações e dos Direitos do Homem. Seu questionamento crítico sugeriu que a apatridia é um problema sistêmico produzido pelos princípios organizacionais da ordem internacional.

A crítica ao Estado-nação e aos Direitos do Homem

Arendt chamou atenção para as trajetórias históricas entrelaçadas dos estados-nações e dos Direitos do Homem, como anunciado no capítulo dedicado à apatridia de *As origens do totalitarismo* (*O declínio do Estado-nação e o fim dos direitos do homem*), e ofereceu uma investigação crítica centrada nas "perplexidades", ou aporias, de ambos. Sem a compreensão dessas tensões intestinas, ou constitutivas, ela destaca, é impossível entender por que e como os apátridas findaram em uma condição de "sem direitos" após terem perdido sua associação a uma comunidade política. Ela, porém, não traça uma linha reta desde as tensões intestinas até o problema do "sem direitos". Igualmente devastadores foram os efeitos de vários fatores externos, como a ascensão do imperialismo.

Para Arendt, o Estado-nação é definido pelas tensões surgidas entre os princípios conflitantes de "Estado" e "nação": enquanto o primeiro deriva sua legitimidade de "suprema instituição legal" da "proteção de todos os habitantes do seu território", incluindo membros e não membros, o segundo denota uma comunidade exclusiva, composta apenas por aqueles que pertencem "por direito de origem e pelo fato da liberdade" (ARENDT, [1951] 2004: 296). A Revolução Francesa combinou a jurisdição territorial ao pertencimento nacional e logrou um "equilíbrio precário entre nação e Estado" (ARENDT, [1951] 2004: 351)[51]. O Estado-nação só pode permane-

---

51 Para as tensões constitutivas do moderno Estado-nação, cf. Brubaker (1992) e Habermas (1996: 491-515).

cer uma instituição representativa, defensora do Estado de direito, se mantiver esse equilíbrio e resistir ao empuxo da consciência nacional, e à ideia de que apenas os nacionais têm direitos. Haja vista essa tensão interna, característica do Estado-nação, a que Arendt, seguindo o sociólogo francês J.T. Delos, chamou de "conquista do Estado pela nação", há sempre a possibilidade de que o nacionalismo venha a triunfar sobre o governo constitucional e deixe os não nacionais sem acesso aos direitos igualitários (ARENDT, [1951] 2004: 296; ARENDT, 1946: 139). O "declínio" do Estado-nação precisa ser entendido nos termos de sua conquista: quando a vontade nacional começou a prevalecer sobre o Estado de direito, ela afirma, o Estado-nação desabou em um regime arbitrário e perdeu sua legitimidade, uma vez que não mais representava todos aqueles presentes em seu território.

As tensões intestinas do Estado-nação tornaram-se manifestas na ideia setecentista dos direitos do homem, supostamente "naturais" no sentido de que os indivíduos os possuíam pelo fato de serem nascidos humanos. Diferentemente daqueles direitos que deitavam suas raízes na "história" e mudavam de uma comunidade para outra, os direitos do homem eram fundados na natureza humana, a qual, acreditava-se, era universalmente compartilhada (ARENDT, [1951] 2004: 378; ARENDT, 1963: 108-109). Eram direitos dos humanos como tais, abstraídos de qualquer pertencimento ou associações a uma comunidade política; inalienáveis, pois não poderiam ser entregues pelos indivíduos ao soberano, e soberano algum poderia infringi-las; "irredutíveis e indedutíveis de outros direitos e da lei"; como fonte de todos os demais direitos e leis, prescindiam de qualquer regulamentação específica para protegê-los (ARENDT, [1951] 2004: 369). Todavia, esses supostamente naturais, abstratos e inalienáveis direitos eram coetâneos do Estado-nação, e como pode ser visto no título da Declaração dos Direitos do Homem e do Cidadão de 1789, não havia separação entre "homem" e "cidadão" nesse âmbito – cada ser humano era, presumidamente, membro de uma comunidade política nacionalmente definida: mal o homem emergira como um ser completamente emancipado, completamente isolado, que portava dentro de si sua dignidade sem referir-se a uma ordem maior que o envolvia, voltou a desaparecer como membro de um povo (ARENDT, [1951] 2004: 369). No bojo do Estado-nação, os "direitos do homem" vieram a ser identificados com os "direitos do cidadão" – e então os tais naturais, abstratos e inalienáveis direitos pareceram ser inexequíveis no caso dos indivíduos privados de sua cidadania, um problema que se tornou visível quando da emergência da apatridia como um fenômeno de massas: o mundo havia encontrado algo nada intocável na nudez abstrata do ser humano (ARENDT, [1951] 2004: 380).

Arendt diverge das posições convencionais a respeito dos direitos humanos, especialmente no que tange à noção de que eles são pré-políticos e que, como seres humanos, temos direito a eles malgrado o nosso *status* político, afirmação desmentida pelo sofrimento dos apátridas. Privados de todo pertencimento político, "eles dependem, precisamente, da situação criada pelas tais declarações gerais de direitos" (ARENDT, [1951] 2004: 381); contudo, paradoxalmente, justo quando se revelam em seu mais puro *giveness*[52], é tanto mais penoso terem sua humanidade reconhecida e seus direitos garantidos: pelo visto, um homem que é nada mais do que um homem que perdeu precisamente aquelas qualidades que tornam possível aos demais tratá-lo como um igual (ARENDT, [1951] 2004: 369).

A análise crítica de Arendt apresenta os "sem direitos" dos apátridas como uma condição sistêmica que precisa ser compreendida à luz das "perplexidades", ou aporias, dos estados-nações e dos direitos do homem, mas isso significa que, dadas essas perplexidades, o calvário por que passam é inescapável? E ao estabelecer essa linha de pensamento, estaria Arendt situando as origens dos "sem direitos" (e, eventualmente, do totalitarismo) na ideia setecentista dos direitos do homem?[53] Suas próprias reflexões sobre o método histórico que utilizou em *As origens do totalitarismo* sugerem que não considerava os "sem direitos" um flagelo acidental ou inevitável.

52 Condição de ser [N.T.].

53 Essas questões se baseiam em diversas críticas levantadas contra a narrativa arendtiana dos direitos humanos. Cf., entre outros, Brunkhorst (1996) e Rancière (2004).

O termo-chave para apreender sua abordagem histórica é "cristalização", que traz à tona a importância crucial que confere à contingência, e sua recusa em subscrever a tese da inevitabilidade (ARENDT, [1951] 2004: 8; cf. tb. ARENDT, 1994: 324, 325n., 403). Para Arendt, um fenômeno histórico como os "sem direitos" dos apátridas é como uma forma cristalina, que consiste de uma configuração particular de inúmeros elementos; esta formação possui uma estrutura, mas ainda assim também é contingente, na medida em que não é causada ou determinada por qualquer um desses elementos[54]. As tensões intestinas do Estado-nação e as perplexidades dos direitos humanos são fundamentais para compreender os prevalentes "sem direitos" dos apátridas, mas esse problema também necessita ser entendido através do exame dos outros "elementos" da constelação. Ao explicar o declínio do Estado-nação, por exemplo, ela observa várias condições históricas que vão além das tensões intestinas características dessa forma institucional: as modernas condições de poder, que fazem da soberania nacional motivo de chacota, exceto para os estados gigantes, a ascensão do imperialismo, e os pan-movimentos (ARENDT, [1951] 2004: 344). Sob a ótica dos direitos humanos, foram particularmente devastadores os "efeitos bumerangue" do imperialismo ultramarino (ARENDT, [1951] 2004: 267, 288).

O relato arendtiano enfatiza como diversas práticas do imperialismo ultramarino foram importadas para a Europa e geraram milhões de sem direitos e supérfluos. Na condição de "busca ilimitada de poder capaz de percorrer o mundo todo e destruí-lo", o imperialismo desconhecia limites legais ou normativos ao exercício do poder (ARENDT, [1951] 2004: 161), e através dos seus usos e abusos imperialistas, o nacionalismo tornou-se crescentemente racializado e implantou maneiras para justificar a divisão da humanidade "em raças dominadoras e escravas, linhagens superiores e inferiores" (ARENDT, [1951] 2004: 152). As estratificações raciais consolidadas pelo imperialismo tiveram efeitos desastrosos na ideia de

54 Para saber mais sobre a noção de "cristalização", cf. Benhabib (2003: 64) e Disch (1994: 148).

"humanidade", um conceito pivotal para os direitos humanos, pois negaram "o princípio da igualdade e da solidariedade entre todos os povos, garantido pela ideia de humanidade" (ARENDT, [1951] 2004: 214).

Igualmente daninhos, para o Estado-nação e os direitos humanos, foram os "efeitos bumerangue" das práticas imperiais desenvolvidas para gerir, subjugar e eliminar populações indígenas. Os campos, inventados durante a Guerra dos Boêres, viriam a ser utilizados na Europa como forma de controlar e conter vários grupos de "elementos indesejáveis", ou aqueles que haviam se tornado "supérfluos ou incômodos", incluindo apátridas, refugiados, associais ou desempregados (ARENDT, [1951] 2004: 568, 574). Da mesma forma, a categoria da "custódia protetiva" foi inventada dentro do contexto do imperialismo para justificar o internamento daqueles "elementos indesejáveis", algo que, mais tarde, seria introduzido pelo Terceiro Reich para legitimar a prisão arbitrária e o encarceramento dos judeus como único meio de protegê-los do povo alemão (ARENDT, [1951] 2004: 568). Em suma, sem os "efeitos bumerangue" do imperialismo ultramarino, é impossível compreender tanto a emergência de milhões de apátridas quanto o tratamento que receberam em campos nos quais desconheciam-se as leis[55].

A análise arendtiana sugere que as aporias, ou tensões intestinas, do Estado-nação e dos direitos do homem não levaram, inevitavelmente, aos "sem direitos" dos apátridas; antes, elas estariam entre os elementos formadores da complexa constelação que deu origem ao problema, mas seus efeitos não podem ser compreendidos sem olhar para outros aspectos, tais como o imperialismo e o racismo. Essa ênfase na contingência histórica distingue a crítica de Arendt de outras que situam nos paradoxos dos direitos humanos as origens da inevitável perdição. Para ilustrar esse ponto, vale a pena uma breve menção à obra do filósofo italiano Giorgio Agamben: ele partiu da afirmação arendtiana de que os problemas encontrados pelos apátridas eram sintomáticos dos paradoxos embutidos nos direitos

55 Sobre os "efeitos bumerangue" do imperialismo sobre o Estado-nação europeu, cf. Benhabib (2003: 75-86; 2004: 51-52) e Owens (2007: 52-71).

humanos, mas num movimento que seguiu no sentido contrário da abordagem histórica de Arendt, cuja ênfase reside na contingência e na descontinuidade, afirmou que tais paradoxos, especialmente corporificados nas tensões constitutivas entre "homem" e "cidadão", reinscreviam a multicentenária divisão metafísica entre *bios* (a vida politicamente qualificada) e *zoē* (a vida natural) ao efeito de submeter todos os aspectos da vida humana à violência soberana. Suas afirmações indiscriminadas, que vincularam, inextricavelmente, os direitos humanos à lógica da soberania biopolítica, levaram-no a um apelo por uma política que rompesse de vez seus laços com os direitos, a cidadania e o pertencimento político (AGAMBEN, 1998: 126-135; AGAMBEN, 2000: 15-26; cf. GÜNDOĞDU, 2012b). Arendt, por seu turno, não defendia que os paradoxos conduzissem, necessariamente, aos "sem direitos" dos apátridas e, coerentemente, sua pesquisa crítica deixou espaço para que o terreno aporético dos direitos humanos pudesse ser politicamente navegado de novas maneiras, com vias a estabelecer garantias renovadas de igualdade e liberdade para todos, não obstante sua nacionalidade (GÜNDOĞDU, 2012a). De fato, sua proposta para a reavaliação dos direitos humanos como "o direito a ter direitos" pode ser vista como um exemplo dessa possibilidade.

Perplexidades do "direito a ter direitos"

Em direção ao fim da sua análise sobre a apatridia, Arendt propôs a repensar os direitos humanos em termos de "o direito a ter direitos", que denotava "o direito a pertencer a alguma forma de comunidade organizada" (ARENDT, [1951] 2004: 376) na qual as ações e palavras de alguém pudessem ser levadas em consideração, bem como o "direito de cada indivíduo pertencer à humanidade" (ARENDT, [1951] 2004: 377). A importância desse direito se tornou visível com o flagelo dos apátridas, que se encontravam privados não apenas de sua personalidade legal, mas também do direito à ação, discurso e opinião, na ausência de uma "comunidade capaz disposta de garantir [seus] direitos" (ARENDT, [1951] 2004: 377). Em um ensaio publicado em 1949, Arendt sugeriu que o direito a ter direitos, ou "o direito do homem à cidadania" era o único direito humano que não pode ser reduzido aos direitos dos cidadãos – de fato, ela criticou a ONU por seu fracasso em incluir em sua Declaração Universal dos Direitos Humanos este "único direito, sem o qual nenhum outro pode se materializar" (ARENDT, 1949: 37).

Ela invocou o "direito a ter direitos" de modo breve, sem elucidá-lo, mas a proposta em si é crucial para compreender o objetivo que orientava sua crítica às suposições paradoxais e dos efeitos dos direitos humanos. Sua pesquisa crítica visou refletir novamente sobre esses direitos, como resposta ao problema desafiador da apatridia, uma meta que situa sua análise à parte daquela que foi sua maior fonte de inspiração, a de Edmund Burke aos direitos humanos em seu trabalho sobre a Revolução Francesa.

Arendt bebe em alguns aspectos da crítica de Burke, e até sugere que os problemas enfrentados pelos apátridas "ofereciam o que parecia ser uma irônica, amarga e tardia confirmação" dessa crítica aos direitos humanos (ARENDT, [1951] 2004: 380). Afinal de contas, milhões deles haviam percebido o quão difícil era serem reconhecidos como seres humanos, com direito à igualdade, precisamente quando haviam perdido sua cidadania. Seu calvário parecia validar a tese de Burke, de que os direitos do homem eram meras abstrações, e de que os direitos verdadeiros se baseavam na "herança vinculada" transmitida de uma geração para outra, numa comunidade política coerente (BURKE, 2004: 119). Embora Arendt tenha afirmado que essa crítica atingia uma "solidez pragmática" à luz da apatridia, seu próprio criticismo aos direitos humanos não se tratou de simples reafirmação da posição de Burke sobre os direitos do homem (ARENDT, [1951] 2004: 380)[56]. Sua análise sugeria que, num mundo que comprovara assustadoramente as teses de Burke, não podíamos confiar em suas conclusões como remédios, pois renunciar aos direitos do homem e, ao contrário, insistir nos "direitos do homem inglês", apenas agrava-

56 Para análises dos pontos de convergência entre Arendt e Burke, cf., entre outros, Brunkhorst (2000: 189), Canovan (1999: 146-147), Cohen (1996: 169, 183) e Rancière (2004). Para leituras que destaquem a diferença entre ambos, cf., entre outros, Birmingham (2006: 45-46) e Isaac (1996: 64-65).

ria a situação dos sem direitos num contexto internacional no qual milhões já não podiam pleitear os assim-chamados direitos nacionais "herdados". De fato, até o ponto em que a "herança vinculada" possui seu "curioso toque de sentimentos de raça", fundamentar direitos na história, entendida como hereditariedade, não resolve, mas acrescenta ao problema dos sem direitos (ARENDT, [1951] 2004: 232). Por essa razão, ela afirmou o significado da cidadania e da comunidade política como garantias dos direitos iguais, mas não o fez renunciando totalmente aos direitos humanos; daí sua insistência em repensá-los como "um direito a ter direitos", ou o direito *à* cidadania, diverso dos direitos *vinculados* à cidadania.

A breve discussão de Arendt sobre o "direito a ter direitos" deu azo a questões desafiadoras sobre as garantias institucionais e fundamentos normativos dos direitos humanos. Seu relato da apatridia mostra que o único e verdadeiro direito humano, o direito à cidadania, não pode ser garantido pelo Estado-nação, pois, como afirmou, esse direito "transcende a presente esfera da lei internacional, que continua a operar em termos de acordos recíprocos e tratados entre estados soberanos" (ARENDT, [1951] 2004: 379). Contudo, o que essa garantia poderia implicar, do ponto de vista institucional, está longe de ser conhecido. Ela discutiu, brevemente, a respeito um governo mundial, mas findou por concluir que mesmo essa estrutura pós-nacional não eliminaria o perigo da exclusão violenta, pelo menos enquanto "o que é certo" ocupasse igual patamar a "o que é bom para":

> Pois é razoavelmente concebível, e até mesmo adstrito ao reino das possibilidades políticas práticas, que um belo dia, uma humanidade altamente organizada e mecanizada venha a concluir democraticamente (ou seja, por decisão da maioria) que para a humanidade como um todo, seria bom liquidar certas partes de si mesma (ARENDT, [1951] 2004: 379).

Em seus escritos tardios, ela traz ainda mais inquietações com o governo mundial, questionando se ele não terminaria por eliminar as diferenças entre os povos, criando uma "unidade terrivelmente superficial" (ARENDT, 1968: 87) e dando azo ao "pesadelo proibitivo da tirania" (ARENDT, 1968: 81). Ela chegou a bater de frente com a visão cosmopolita de seu mentor, Karl Jaspers, de uma "estrutura política federal global" (ARENDT, 1968: 84), ao alertar seus leitores sobre a possibilidade preocupante de "forças policiais federadas" (ARENDT, 1968: 94)[57]. Ao perceber o descontentamento de Arendt com soluções nacionais e pós-nacionais, muitos dos seus leitores argumentaram que ela advogava um Estado republicado territorialmente restrito, com limitada soberania e que providenciasse efetivas garantias institucionais do "direito a ter direitos" (AXTMANN, 2006: 107-110; BEINER, 2000: 55; BENHABIB, 2006: 15; COHEN, 1996: 170, 175). Todavia, mesmo o Estado republicano não é um bastião indestrutível contra os "sem direitos", pois como as reflexões de Arendt a respeito da Revolução Americana salientaram, um modelo republicano não é imune ao perigo dos direitos se petrificarem em um grupo de instituições ossificadas, incapazes de estabelecer espaços compartilhados para a efetivação da liberdade e da igualdade (ARENDT, 1963: 232-239), e como pode ser visto em suas reflexões sobre a escravidão e a pobreza nos Estados Unidos, um Estado republicano também pode ter suas próprias exclusões violentas.

Embora as reflexões de Arendt sobre uma possível moldura institucional para o direito a ter direitos tenham sido inconclusivas, elas são importantes por trazerem à luz a inelutável tensão entre os direitos e suas garantias institucionais. Sua análise crítica do Estado-nação e as possibilidades pós-nacionais apontaram para uma relação "antinômica" entre os direitos humanos e as instituições, para usar a adequada expressão de Étienne Balibar (2007: 733-734): por um lado, os direitos humanos, mal caracterizados como naturais, pré-políticos ou pré-institucionais, só podem ser reconhecidos em uma comunidade política que institua garantias recíprocas de igualdade e liberdade; por outro, as instituições estabelecidas para proteger direitos podem, também, voltar-se contra eles, como demonstrado pela trajetória histórica do Estado-nação. Sua análise não resolve essa antinomia, mas convida à análise crítica de como ela pode ressurgir em diferentes contextos.

57 Para discussões a respeito dos argumentos de Arendt sobre federalismo em nível internacional, cf. Axtmann (2006) e Klusmeyer (2000).

O "direito a ter direitos" tem-se provado desconcertante para os estudiosos da teoria política arendtiana também graças à questão normativa que levanta: se esse novo direito não pode derivar sua validade de uma moldura legal preexistente (doméstica e internacional), qual seria então seu fundamento ou base normativa? Arendt destacara a impossibilidade (e os perigos) de amparar direitos na "natureza" ou na "história", mas não fornecera uma resposta clara à questão de que tipo de nova fundação, se é que havia alguma, seria capaz de substituir as categorias constituídas no século XVIII.

Como interpretar esse silêncio a respeito da fundamentação do direito a ter direitos? Seria um sinal revelador da fraqueza normativa da teoria política arendtiana, ou um lapso capaz de ser corrigido pelo recurso aos outros trabalhos seus? Para críticos como Seyla Benhabib, o silêncio de Arendt resultou de sua aversão a "estratégias de justificação normativa" e constitui um sério problema, pois ela não conseguiu esclarecer sobre quais bases nós poderíamos defender o direito de cada ser humano à cidadania (BENHABIB, 2003: 185; cf. tb. BENHABIB, 2004: 59). Para intelectuais como Peg Birmingham (2006) e Serena Parekh (2008), embora Arendt não tenha explicitamente apresentado as bases do "direito a ter direitos", sua teoria política fornece bastante fontes para suprir tal lacuna, pois uma nova fundação para os direitos humanos pode ser derivada de conceitos-chave de sua teoria política, incluindo a pluralidade, a natalidade e a condição de ser (*givenness*).

Esse silêncio sobre a questão da fundamentação, contudo, pode ter dado azo a uma leitura diferente: talvez seja uma tentativa deliberada de afastar-se da busca filosófica pelos fundamentos, presente nos debates sobre direitos humanos. Esta é uma leitura plausível, dada a sólida crítica de Arendt às tentativas fundacionalistas de retorno ao absoluto, como a "natureza", para basear os direitos, em sua narrativa das revoluções modernas[58], que aponta para o problema da derivação da validade dos direitos em bases pré ou extrapolíticas,

58 Para o retorno aos absolutos nas revoluções modernas, cf. Arendt (1963: 182-185).

e salienta que essa validade está inextricavelmente conectada às práticas de sua declaração, da reivindicação, validação e reinvenção[59].

O afastamento de Arendt da busca filosófica pelos fundamentos para as práticas políticas de instituição da igualdade e da liberdade é, também, discernível em sua insistência por uma "nova garantia" para a dignidade humana (ARENDT, [1951] 2004: XXVII), sua sugestão de que o direito a ter direitos "deveria ser garantido pela própria humanidade" (ARENDT, [1951] 2004: 379), e sua defesa de que "nos tornamos iguais como membros de um grupo, na força de nossa decisão em garantir-nos mutuamente direitos iguais" (ARENDT, [1951] 2004: 382). Sua escolha do termo "garantir" (ao invés de "fundamentar") nessas instâncias pode ser lida como um convite ao compromisso com a "irreparável carência de fundamento dos direitos", como colocou Frank Michelman (1996: 207). Vista à luz de sua compreensão ímpar da política em termos de ação e da capacidade de dar início a novos começos, esta carência pode ser tomada como uma afirmação da "cidadania ativa" (COTTER, 2005: 95) e incluir a prática política daqueles que não possuem o *status* formal de cidadãos. Ao não oferecer nem um desenho institucional nem uma fundação normativa, a proposição de Arendt de um "direito a ter direitos" destaca o significado da ação política para o cultivo de novas formas de responsabilidade política e solidariedade como resposta aos problemas desafiadores dos "sem direitos" e como ampliação das frágeis garantias institucionais de igualdade e liberdade[60].

Conclusão: repensando a apatridia numa era de migrações

Vários processos e práticas contemporâneas relacionadas à globalização, em especial a imigração internacional, têm privado milhões de pessoas da proteção oferecida pelos direitos à cidadania. Hoje, estima-se que mais de 200 milhões de pessoas vivam fora de seu país de origem, além de aproximadamente outros 29 milhões

59 Cf., p. ex., a interpretação de Arendt para o enunciado *"Consideramos estas verdades como autoevidentes"* no preâmbulo da Declaração de Independência dos Estados Unidos ao longo dessas linhas (ARENDT, 1963: 192-194).

60 Para leituras centradas na ação da noção arendtiana do "direito a ter direitos", cf., entre outros, Ingram (2008) e Isaac (1996).

deslocados internamente, que já não são capazes de apelar aos seus estados para garantir seus direitos. O esforço de Arendt para entender a apatridia como um "fenômeno de massas" (ARENDT, [1951] 2004: 352) torna-se, pois, ainda mais pertinente haja vista tal contexto global, no qual crescente número de seres humanos descobrem-se "expulsos da velha trindade: Estado-povo-território" (ARENDT, [1951] 2004: 358). Como muitos intelectuais têm apontado, sua análise da apatridia alcança nova relevância na compreensão do flagelo contemporâneo dos asilados, refugiados (OWENS, 2011; XENOS, 1993), imigrantes não documentados (KESBY, 2012: 92-117; KRAUSE, 2008) e até mesmo dos cidadãos que se tornaram apátridas *de facto* graças a exclusão social (SOMERS, 2008), desamparo (FELDMAN, 2004) e pobreza (HAYDEN, 2007).

Contudo, embora haja muitos paralelos possíveis entre a paisagem contemporânea e aquela que Arendt analisou, há igualmente diferenças que precisam ser notadas. Ao escrever sobre a apatridia, ela apontava para a "existência um tanto funesta" dos direitos humanos, afirmando que "jamais haviam se tornado lei" (ARENDT, [1951] 2004: 357). Desde o final da II Guerra Mundial, e em particular nas últimas décadas, temos testemunhado a proliferação global das normas, mecanismos e organizações de direitos humanos, os quais já não mais parecem ser banais compromissos abstratos, e são reconhecidos como centrais a uma nova compreensão da legitimidade estatal, apoiada na ideia de que um Estado não possui autoridade exclusiva no tocante aos direitos fundamentais dos seus residentes (KECK & SIKKINK, 1998; RISSE et al. 1999). Esses desdobramentos são tidos como cruciais por várias categorias de imigrantes, e mesmo que não se concorde com a forte assertiva de que o advento da moldura universal dos direitos humanos levou ao declínio da cidadania nacional (JACOBSON, 1996) e à emergência da filiação pós-nacional (SOYSAL, 1994), hoje em dia aceita-se amplamente a mudança da personalidade nacional para a universal como base prerrogativa para os direitos, permitindo a imigrantes reivindicar muitos deles, anteriormente associados apenas ao *status* da cidadania (BENHABIB, 2004; SASSEN, 2002).

Esses desdobramentos podem gerar a impressão errônea de que a condição de sem direitos descrita por Arendt em sua análise da apatridia tenha desaparecido por completo do panorama contemporâneo. Contudo, as "perplexidades dos Direitos do Homem" manifestam-se de novas maneiras nas regras internacionais dos direitos humanos, e alguns dos eventos atuais, tais como o crescentemente restritivo aparato global do controle de imigração, tem tornado crescentemente complexa a navegação pelos paradoxos dos direitos humanos para milhões de imigrantes.

A tensão constitutiva entre "homem" e "cidadão", destacada por Arendt em sua análise da Declaração de 1789, não desapareceu por completo com a mudança para direitos "humanos". Nesse particular, são especialmente importantes as perplexidades, ou aporias, surgidas do entrelaçamento da personalidade universal com a soberania territorial dentro dos limites internacionais dos direitos humanos, que podem ser vistas, por exemplo, na formulação peculiar do direito ao asilo. O artigo 14 da Declaração Universal dos Direitos Humanos garante à vítima de perseguição a garantia de "procurar e de gozar asilo em outros países", uma formulação que não assegura automaticamente o direito ao asilo, equilibrando-o com o direito soberano de controle de fronteiras, e sublinha que o direito humano de sair não é acompanhado pelo equivalente a entrar em um outro país.

O equilíbrio precário que a moldura dos direitos humanos alcança entre a personalidade universal e a soberania territorial tem sido colocada em risco por preocupantes desdobramentos que, progressivamente, têm dificultado o acesso aos direitos para várias categorias de imigrantes. No contexto dos controles restritivos de imigração, medidas como detenção e deportação, antes primordialmente reservadas para estados de emergência, tornaram-se normas (WALTERS, 2002). Os campos ressurgiram como o único substituto prático para uma pátria não existente" (ARENDT, [1951] 2004: 361), e embora tenham aparecido sob novas formas (centros de detenção, zonas de espera), continuam a ser definidos pela regra arbitrária ou pela ausência de leis. Para deter os imigrantes antes que eles atinjam suas fronteiras, escapando das leis dos direitos humanos, estados têm recorrido a medidas extremas, que incluem práticas como a interceptação de imigrantes em alto mar, despojar partes de seus territórios de sua jurisdição e a assinatura de tratados de readmissão que arriscam o *refoulement*[61] dos solicitantes de asilo e refugiados (HYNDMAN & MOUNTZ, 2008). Esses problemas têm sido agravados pela ascensão do racismo e da xenofobia em muitos países que recebem imigrantes, dificultando o exercício dos direitos até mesmo para residentes permanentes e cidadãos de minorias raciais.

À vista desses desdobramentos, a afirmação de Arendt de que os apátridas se encontram numa condição fundamental de "sem direitos" assume novo significado. O que esse termo captura dentro do contexto contemporâneo não é a perda absoluta ou a falta de direitos como a personalidade legal, mas antes sua crescente fragilidade. Os "sem direitos" nos alertam para a precária situação legal, política e ontológica de muitos imigrantes (e de alguns cidadãos) numa era simultaneamente definida pela proliferação de direitos humanos e pela globalização do controle de imigração.

Esses problemas desafiadores destacam que a moldura universal dos direitos humanos não consegue garantir o "direito a ter direitos", ou o direito à cidadania e à humanidade. Mas se a ordem institucional existente é incapaz de acomodar facilmente esta garantia, várias batalhas políticas lideradas por imigrantes que exigem "documentos para todos" chamam a atenção para sua urgência (BELTRÁN, 2009; KRAUSE, 2008; SCHAAP, 2011). A proposição de Arendt, o "direito a ter direitos", pode servir como um frutífero ponto de partida para entender não apenas os limites e problemas da moldura dos direitos humanos atualmente existentes, mas também as possibilidades políticas de reinventá-los em resposta aos problemas desafiadores dos "sem direitos".

61 Devolução [N.T.].

7
Hannah Arendt sobre o social

Phillip Walsh

Introdução

A compreensão de Hannah Arendt do social, e o seu diagnóstico de que a era moderna é assolada por uma crise que caracterizou como "a ascensão do social", são tópicos difíceis. Eles provocam e desafiam seus leitores de hoje ao menos tanto quanto aqueles da época em que apresentou os escritos, os anos de 1960 e 1970. De fato, embora três gerações de comentadores já tenham tido, desde então, a oportunidade de refletir a respeito, ainda não há interpretação consensual daquilo que ela quis dizer exatamente com "a ascensão do social". Neste texto, considero algumas das várias interpretações da expressão, e proponho que consideremos esse conceito conforme o contexto da teoria geral da atividade humana apresentada em *A condição humana*. Um argumento subsidiário, a ser perseguido ao longo de todo esse capítulo, será o proveito de entender Arendt através de sua relação com os trabalhos dos fundadores das modernas ciências do social, em especial Max Weber, Karl Marx e Karl Mannheim, uma interpretação que vai a contrapelo de outras, principalmente aquelas que a alinham, filosoficamente, ao individualismo existencialista ou, politicamente, ao conservadorismo.

O social e as ciências sociais

A sabedoria convencional sugere que as disciplinas acadêmicas contemporâneas se organizem de acordo com o fenômeno que estudam, de modo que o social deve estar no centro das preocupações da sociologia, e que o melhor caminho a partir de então seria comparar a compreensão arendtiana sobre o tema com a matéria de análise daquela disciplina, e as divergências nos significados poderiam, pois, referir-se aos filósofos da ciência social. Essa perspectiva, contudo, aceita como dados dois aspectos: primeiro, que "social" define um conjunto definido de fenômenos que demanda uma ciência exclusiva, da mesma forma que "a economia" ou "a política" presumivelmente nomeiam fenômenos distintos estudados por especialistas que habitam nos departamentos de economia e ciência política das universidades. Em segundo lugar, presume-se que a intenção de Hannah Arendt fosse intervir nos debates entre sociólogos a respeito do devido alcance ou caráter de sua disciplina.

Nenhuma das afirmações é sustentável, claro. A noção de que as modernas sociedades possam ser, nítida ou naturalmente, analisadas em suas partes constituintes, cada uma delas correspondendo a um dado grupo de instituições com funções distintas, seria hoje, acredito, de improvável defesa por parte de muitos dos especialistas que formam os doutos corpos docentes das ciências sociais nas universidades, ainda que permaneçam trabalhando conforme arranjos que parecem acompanhar tal divisão. As obras de Michel Foucault, Immanuel Wallerstein, dentre outros luminares da história das ciências, ensinaram-nos que as disciplinas que classificamos como "Ciências Sociais", e subclassificamos como "Política", "Economia", "Sociologia", e assim por diante, não se referem a "tipos naturais", mas sim evoluíram, em larga medida, como resposta a práticas imperativas ou a relações de poder.

Obviamente, a questão dos limites disciplinares repousa sobre bem mais do que a maneira como é definida sua temática de pesquisa, e não poucos intelectuais contemporâneos, no bojo das ciências sociais, ainda podem defender a soberania de suas disciplinas com base em outros campos (a metodologia, talvez, ou um vocabulário canônico). Contudo, dado o prevalente ceticismo a respeito dos limites disciplinares, e a qualidade particularmente nebulosa do termo "social", podemos ser tentados a neutralizá-lo ou, ao menos, tentar redefini-lo de modo que possa a ser contido.

Esta é, infelizmente, uma diretiva difícil de ser aplicada ao pensamento arendtiano sobre o social, em parte porque, como vimos, ela não tem interesse em explicar nem o vocabulário nem a substância das ciências sociais, das quais sempre foi bastante crítica. Mas seria igualmente enganoso tentar redefinir o conceito arendtiano de social pois, ao fazê-lo, provavelmente interpretaríamos mal muitas de suas mais interessantes, controversas e importantes afirmações.

Arendt não estava interessada em oferecer uma definição estabelecida do social, que ela eventualmente usava como sinônimo de "sociedade" e, mais usualmente, para se referir a uma gama de outros fenômenos. Antes, sua atenção estava voltada a fornecer uma análise dos *sentidos* associados ao social, algo que é, em parte, um projeto histórico, mas não há como conter suas intenções simplesmente retendo-as dessa maneira. Pelo contrário, de modo mais explícito em *A condição humana*, mas também disperso em seus outros escritos, ela buscou oferecer uma *fenomenologia histórica* para certo número de fenômenos, dentre os quais o social é apenas mais um.

Este não é o espaço para explorar completamente o compromisso de Arendt com a fenomenologia, mas algo necessita ser dito a respeito dos objetivos de sua pesquisa fenomenológica no geral, dada a centralidade no tratamento que ela deu à questão do social em *A condição humana*.

A fenomenologia histórica e o social

A concepção arendtiana de fenomenologia foi profundamente influenciada pelo trabalho do filósofo alemão Martin Heidegger, com quem viveu uma complexa relação pessoal e intelectual. Todavia, aquilo que extraiu dele foi menos uma metodologia estabelecida ou um estilo filosófico, e mais um conjunto de suposições sobre os objetivos da pesquisa fenomenológica. Para Heidegger, o objetivo da fenomenologia não era providenciar alguma correspondência singular, indiscutível, um para um, entre um conceito e aquilo que nomeia; pelo contrário, muito de sua obra é dedicada a revelar pressupostos problemáticos subjacentes a tal propósito, que se deve, largamente, às peculiares propriedades da linguagem. Também Arendt afirma que os conceitos dependem, em último caso, das palavras que usamos para denotá-los. Palavras não são balcões neutros, como pensava um filósofo anglo-americano do século XX (implícita ou explicitamente), mas carregam consigo resíduos históricos de sentidos passados e associações a certas práticas passadas, que trespassam outras palavras com nuances de valor e dependência. Assim sendo, a palavra "labor", por exemplo, como Arendt pontua (1958: 48), possui um significado relativamente distinto de "trabalho" em quase todas as grandes línguas europeias, e traz dentro de si em cada um desses idiomas associações etimológicas, há muito sedimentadas, a dor, opressão e desprezo que afetam seu próprio sentido, bem como o da palavra "trabalho". Tais associações não são elementos contingentes, ou "afetuais", passíveis de serem iluminados por algum maquinário filosófico subordinado[62]; antes, estão profundamente vinculados ao próprio sentido do conceito. Se ignorarmos ou tentarmos extirpar os sentidos históricos e conceituais ligados às palavras, estaremos simplesmente nos fechando nas presunções e preconceitos de nosso próprio meio-ambiente linguístico e situacional. A fenomenologia, pelo menos da forma como Arendt tenta praticá-la, não é, pois, pensada para trocar uma forma "objetiva" de pesquisa por outra "subjetiva", e sim para alcançar um grau maior de objetividade ao levar em consideração a historicidade da linguagem e dos seus próprios usuários. Desse modo, conceitos como "labor" e "o social" precisam ser tratados com sensibilidade no que tange à sua posição na tessitura de relações nas quais se desenvolveram. A abordagem fenomenológica arendtiana possui afinidades próximas com a genealogia, entendendo-se "genealogia" como o fazem os intérpretes de Michel Foucault, o qual tomou emprestado e ampliou o sentido do termo cunhado por Friedrich Nietzsche (a quem Arendt teve bastante em mente ao desenvolver sua própria abordagem fenomenológica).

Tudo isso significa que não podemos tomar o conceito de "o social" como simples referente para um conjunto unificado e limitado de fenômenos. Do contrário, ela o apreende para nomear um historicamente variável conjunto de atividades humanas significativas, as quais estão unidas a outros tipos distintos de relacionamentos cujos nomes e sentidos também são mais ou menos instáveis.

---

62 *Underlabouring* no original [N.T.].

Polis e *oikos*

Podemos chegar a uma compreensão preliminar daquilo que Arendt entende por social sintetizando o relato que ela construiu do seu desenvolvimento, o qual se apresentou, em boa parte, em sua obra póstuma publicada, *A promessa política*[63] (ARENDT, 2005). Nessa interpretação, o sentido do social pode ser extraído a partir da compreensão da história do espaço institucional que o termo nomeia.

Gregos e romanos antigos não possuíam palavra para o social, ou a "sociedade"; eles distinguiam a *polis*, o espaço da liberdade e da vida política, e o *oikos*, que significa "o lar", o espaço da necessidade. A distinção entre os dois implica uma fundamental divisão estrutural, espacial e simbólica das atividades consistentemente dominantes durante séculos de vida urbana na antiga Grécia e na Roma republicana. Essa prevalência se deu não simplesmente, ou mesmo principalmente, por causa de imperativos funcionais ou econômicos operantes nessas sociedades, mas sim graças a um consenso normativo, expresso em práticas, expectativas, costumes e, acima de tudo, na lei, dos respectivos valores e significados dessas duas esferas da vida. Tal situação correspondia à ordem prevalente de dominação nessas sociedades, na qual um reduzido estrato de homens aristocratas exercitava o mando absoluto sobre o lar, permitindo-se a liberdade de reunir-se na *polis* enquanto comunidade de indivíduos, iguais entre si e libertos da necessidade do labor. Escravos e membros da família aliciados no lar permitiram à *polis* florescer como um espaço no qual reduzido segmento da população poderia falar e agir entre si igualmente e, ato contínuo, governar a comunidade. A *polis* era, pois, o reino no qual a liberdade era vista como possível, e que os eventos que ocorriam dentro daqueles limites eram considerados como aqueles que passariam para as próximas gerações como a "história" do período. O lar (*oikos*), em contraste, foi caracterizado por Arendt como o reino da "escuridão", no qual as atividades não tinham nenhum sentido além do puramente instrumental ou da função institucional (ARENDT, 2005: 116-132).

---

63 *The Promise of Politics* [N.T.].

É tentador afirmar, então, que a escravidão do lar foi vista, na Grécia antiga e na Roma republicana, como o meio para atingir o fim perceptivelmente mais alto da liberdade na vida política - mas aqui encontramos um empecilho a tal interpretação histórica direta. Arendt advertiu contra o emprego indiscriminado de palavras e modos de pensar distintamente modernos às sociedades antigas (e, por extensão, a todas as pré-modernas), assinalou que, para os gregos (ou melhor, para as elites gregas) "a categoria 'meios e fins' não possuía absolutamente nenhuma aplicação no campo da vida *per se*", e continuou:

> Se queremos entender a conexão entre o lar e a *polis* em termos de meios e fins, então a vida mantida dentro do lar não é um meio para o propósito mais elevado da liberdade política, e sim controlar as necessidades da vida e o labor escravo são os meios pelos quais um homem é libertado para engajar-se na política (ARENDT, 2005: 132).

O objetivo de Arendt nesse ponto foi nos lembrar de que as categorias associadas por *nós* a termos como "lar" e "política", bem como às relações que supomos existir entre eles, não são necessariamente trans-históricos. Entender as transformações desses espaços requer, então, tanto reconstruir os sentidos aos quais as pessoas os associavam quanto a verdadeira estruturação desses mesmos espaços.

Ela pouco trata do destino da *polis* e do *oikos* no Medievo e no início da Idade Moderna. Sua discussão sobre a "ascensão do social" foi mais inteiramente desenvolvida em *A condição humana*, no qual seu relato se desloca para o século XVIII, que testemunhou a emergência de um terceiro espaço de relações sociais entre *polis* e *oikos* que viria a transformá-los ambos, transformação essa que para ser compreendida depende de uma outra distinção que Arendt produziu, qual seja, aquela entre o privado e o público.

Nas sociedades antigas, medievais e altomodernas, as duas oposições (*polis* e *oikos* de um lado, e público e privado do outro) coexistiam e eram essencialmente alinhadas uma à outra: o lar era o privado e a *polis*, a *res publica* (ARENDT, 2005: 170). O terceiro reino que se desenvolveu a partir do século XVIII foi definido pelo fato de se dirigir em direção às necessidades da vida, ainda que sendo público. A interpretação convencional daquilo que Arendt entendia como "social" se alinhou a esse terceiro espaço, ou "*oikos público*", embora ela mesma não o tenha dito explicitamente. Antes, sugeriu que:

> a emergência da *sociedade* – a ascensão da economia doméstica, suas atividades, problemas e dispositivos organizacionais – desde o interior sombrio do lar até a luz da esfera pública, não apenas borrou a velha fronteira entre o privado e o político como igualmente transformou, para quase além do reconhecimento possível, o sentido de ambos os termos e dos seus significados para a vida do indivíduo e do cidadão (ARENDT, 1958: 38 – grifo nosso).

Constituiria a *sociedade* o "terceiro espaço" das relações, ou Arendt estaria usando a palavra como sinônimo para "o social"? Não há muita consistência na utilização que fez de ambos os termos, e ao menos um comentador a acusou de ter, simplesmente, se perdido no uso do próprio vocabulário (PITKIN, 1998: 3, 18; CANOVAN, 1974). Não obstante, parece que nessa seção de *A condição humana*, pelo menos, ela identificou o *oikos* público com a sociedade e não com o social, e ao fazê-lo, preocupou-se em apontar para as mudanças originais e histórico-mundiais na organização das atividades humanas. O vocábulo "sociedade" abrange, aqui, um rol de atividades que inclui a diferenciação entre espaços para "viver" e para "trabalhar" e o crescimento de leis que governavam a propriedade privada, impulsionando o crescimento expansivo dos mercados e alterações radicais no caráter do labor humano.

Arendt centra muito de sua discussão dessa concepção de 'sociedade', nas mudanças no caráter do labor, e ignora, em larga medida, as inovações tecnológicas, às quais é conferida prioridade na maior parte das histórias convencionais sobre a industrialização. Ela está mais interessada, como Adam Smith e Karl Marx – de quem tratou extensivamente nessa seção do livro – no impacto da divisão do labor sobre o padrão das atividades humanas, algo que podemos compreender, em termos puramente históricos, como a transformação do dia a dia quotidiano de uma larga parcela da população, iniciada em finais do século XVIII, desde a produção de subsistência, com relações não estruturadas e coordenadas, local e comunalmente, para o labor rotinizado, especializado, atomizado e orientado ao mercado. Ainda que jamais tenha utilizado o termo "alienação", no sentido de "*labor* alienado ou desvinculado" como fez Marx, as reflexões de Arendt sobre essas transformações apresentavam notável similaridade às dele, como vistas em seus importantes escritos iniciais, assim como sobre os demais elementos que vinculou à emergência da 'sociedade'.

O advento do *oikos* público é uma parte importante do sentido do social no trabalho de Arendt, mas não captura toda sua extensão. Ela, de fato, consideraria uma narrativa histórica que apresentasse o desenvolvimento em termos de transformação de "espaços" distintos da atividade humana e sem se referir aos atos dos indivíduos como enganosa, cheirando a "behaviourismo" e "economicismo", e indicativa de que a sociedade existiria, primordialmente, como um grupo de relações econômicas tornadas historicamente diferentes ao longo do tempo. Arendt suspeitava que as ciências sociais estavam integralmente infectadas com tal pensamento, que ela vinculou à influência de Marx, e que explicaria, ao menos em parte, sua hostilidade em relação a elas. De fato, o ponto central da crítica arendtiana a Marx em *A condição humana* é que ele havia sido o responsável por estabelecer o "ponto de vista social", que tanto redefiniu as relações humanas, conforme uma ideologia ético-prática específica, quanto tornou-se o "ponto de vista de toda era moderna" (ARENDT, 1958: 88). Retornarei a essa extensão do social como ponto de vista mais adiante, após considerar mais algumas elaborações de como o conceito foi definido nos escritos iniciais de Arendt.

A narrativa histórica da ascensão do *oikos* público não contempla alguns dos mais importantes elementos conceituais incluídos no relato arendtiano do social. Para compreendê-los, precisamos buscar para além de *A condição humana* e do entendimento puramente histórico do termo. Uma diversa, e influente, interpretação do sentido do social, que leva mais em conta o caráter difuso da concepção que Arendt fez dele e da sua "ascensão", foi escrita por Seyla Benhabib em *The Reluctant Modernism of Hannah Arendt*

(2003): neste livro, a autora destaca a importância dos primeiros escritos da pensadora – em especial *As origens do totalitarismo* e *Rahel Varnhagen: a vida de uma judia alemã na época do romantismo* – e propõe um outro centro de gravidade para a categoria do social. Primeiramente, como Benhabib indica, em *As origens do totalitarismo* Arendt enfatizou o capitalismo, visto em termos da busca incessante pelo lucro, como princípio definidor da moderna ordem social (BENHABIB, 2003: 77-79). Em segundo lugar, na biografia de Varnhagen, Arendt discutiu as mudanças nas atividades definidas pelos gostos na moda, maneiras e códigos de interação, surgidos da cultura do *salon* setecentista, e que contribuíram para o crescimento da "sociedade civil", aquilo que Norbert Elias chamou de "*civilité*" (BENHABIB, 2003: 16, 27). Terceiro, Benhabib afirma que a preocupação permanente de Arendt com a emergência da "sociedade de massas" (compreendida tanto como o crescimento geral da população quanto como o efeito nivelador que esse fato imprimiu às experiências compartilhadas) é, no mínimo, tão importante como ingrediente da concepção de o social quanto uma característica associada ao *oikos* público.

O livro de Benhabib mostra em que medida a interpretação da "ascensão do social" como a simples emergência do *oikos* público não é suficiente, e que precisamos entender seu relato do social em termos mais amplos que aqueles dominantes em *A condição humana*. Sua leitura resgata a perspectiva arendtiana de uma abordagem excessivamente estreita, à qual a geração anterior de teóricos a havia submetido. Ainda assim, a análise de Benhabib permanece nos limites de uma perspectiva primordialmente histórica, mesmo que enfatizando desdobramentos que receberam maior atenção nos trabalhos iniciais de Arendt e menor nos tardios. Há, ainda, uma outra dimensão do conceito de social e sua ascensão que não pode ser capturada por nenhuma das interpretações precedentes, e que tem a ver com o aspecto fenomenológico de *A condição humana* e sua preocupação com o sentido das atividades humanas. Para explorá-la, voltaremos inicialmente à estrutura geral do livro.

O social e a transvaloração do labor

A maior parte de *A condição humana* foi dedicada à análise dos sentidos de três tipos distintos de atividades humanas – Labor, Trabalho e Ação, partes III, IV e V – que lidam com as "articulações mais elementares da condição humana, com aquelas atividades que segundo a tradição, e a opinião generalizada, encontram-se ao alcance de todo ser humano" (ARENDT, 1958: 5). As partes I e II do livro são, comparativamente, prolegômenos curtos para as seções mais importantes, enquanto o VI consiste de amplas, e por vezes vagas, reflexões sobre a relação entre as atividades humanas e as ideias.

Como sugerido pela estrutura do livro, Arendt distingue, peremptoriamente, o Labor do Trabalho de muitas maneiras diferentes. Essa distinção reside, parcialmente, na "durabilidade" do objeto a que a atividade se dirige: produzir mobiliário, por exemplo, pode ser compreendido como Trabalho se resultar de proposital artesania, e Labor se tiver lugar em uma linha de montagem, mas até mesmo o grau de "alienação" (no sentido marxista) não é um favor decisivo. Quando toda atividade é percebida como Labor, ou "economia doméstica", ao se colocar, estrita ou primariamente, a serviço da reprodução da vida individual, isso traz à tona uma mudança decisiva de como os atores confrontam suas próprias atividades, mudança essa que, além de tudo, depende parcialmente das associações específicas das palavras usadas para descrevê-la. Os sentidos que se tornaram sedimentados em termos de "Labor" e "Trabalho" desempenham importante papel sobre como os indivíduos conferem sentido ao que fazem, algo que exemplifica o aspecto fenomenológico de *A condição humana*, e demonstra porque uma abordagem estritamente histórica à compreensão dos sentidos de Labor e Trabalho seria insatisfatória.

Na seção 6 da parte II, Arendt amarrou a "ascensão do social" diretamente à crescente extensão em que o Labor se tornou o modo dominante de atividade humana na era moderna:

> Talvez a indicação mais nítida de que a sociedade constitui a organização pública do próprio processo da vida possa ser encontrada no fato de que, em um relativamente curto período de tempo, o novo reino social transformou todas

> as sociedades modernas em sociedades laborantes e jobholders; noutras palavras, tornaram-se, de uma só vez, centradas em torno daquela uma atividade necessária ao sustento da vida... (Para ter uma sociedade de laborantes, claro, não é preciso que cada um dos membros seja, verdadeiramente, um laborante ou trabalhador... *Mas apenas que todos os membros considerem o quer que façam, primeiramente, como uma forma de sustentar a própria vida e a de seus familiares.*) A sociedade é a forma na qual o fato da dependência mútua, pelo bem da vida e nada mais, assume significância pública, e em que se permite às atividades conectadas com a simples sobrevivência aparecer em público (ARENDT, 1958: 46 – grifo nosso).

Essa afirmação, de que a crescente extensão em que as pessoas experimentam suas atividades em termos de Labor – ou seja, em termos de mera reprodução de suas vidas físicas – se alinha à dominância crescente da categoria do social. A associação entre o social e a atividade do Labor como tal é reafirmada poucas páginas depois, quando Arendt notavelmente descreveu a expansão da categoria como o "antinatural crescimento do natural" (ARENDT, 1958: 47), e mais adiante se referiu à "ascensão da sociedade" como a "vitória do *Animal laborans*" (ARENDT, 1958: 320-321), sugerindo que sua concepção de "ascensão do social" remetia, acima de tudo, à expansão da categoria do Labor, compreendida como um tipo de atividade humana à qual os atores atribuem particular significado.

Um elemento significativamente importante desse significado é a "transvaloração" das atividades humanas, parte integral daquilo que é laborar, trabalhar e agir, em que os atores investem as atividades não apenas com significados, mas também com valores. Na era moderna, tais valorações passaram a derivar de e a reproduzir valores societários, dado que o Labor e o Trabalho passaram a fazer parte da esfera pública. As alternações na hierarquia dos valores que essas atividades comandaram no âmbito da esfera pública é, portanto, um dos mais relevantes e, aos historicamente inclinados, fantásticos desdobramentos da era moderna.

Vários dos temas presentes ao longo de *A condição humana* intersectam essa questão da transvaloração do Labor, um deles a dominância daquilo que Arendt considera como o ponto de vista social, o qual, acredita, infestara as raízes das ciências sociais, e transbordara, cada vez mais amiúde, também para a esfera pública. Esse ponto de vista social reduziu sentidos e valores de todas as atividades ao denominador comum de sua "produtividade"; Marx argumentou, via "teoria do valor-trabalho", que todo valor econômico derivava, em último caso, da atividade laboral, e seus seguidores ameaçaram extrapolar este pressuposto para outras esferas, incluindo a identidade pessoal, a estética e a política.

A percepção de que as ciências sociais estavam integralmente infectadas com os valores do ponto de vista social é responsável, ao menos em parte, pela visceral oposição que Arendt teve em relação a elas durante toda vida. Não obstante, vale a pena notar que o discurso da "produtividade" como bem maior tornou-se, ao menos em tempos contemporâneos, o mantra da direita (populista), e a oposição a ele, intenção de muitos dos simpáticos à abordagem das ciências sociais. Mesmo assim, quando os atuais cientistas sociais disputam com os descendentes de Adam Smith a respeito de *quais* grupos deveriam ser recompensados com o privilégio ao consumo, com influência pública ou poder político, conferem ambos, implicitamente, a questão do valor intrínseco da "produtividade" nas sociedades industriais avançadas aos defensores do ponto de vista social.

Contudo, o combate mais intenso de Arendt contra a transvaloração deriva de outro grande crítico de Marx, Max Weber, cuja perspectiva figura no âmago na história inicial das ciências sociais. Em *A ética protestante e o espírito do capitalismo* ([1920] 2011), o intelectual alemão argumentou que as transformações na divisão do labor, analisadas tanto por Marx quanto por Smith, haviam sido precedidas por uma não menos importante mudança de valoração gerada "acidentalmente" pelas crenças religiosas radicais, associadas primeiro ao Calvinismo e depois aos movimentos religiosos europeus do século XVII que vieram a ser conhecidos coletivamente como Puritanismo. Para Weber, fatores econômicos (ou políticos) sozinhos seriam insuficientes para explicar a emergência do capitalismo; a mudança fundamental, e incipiente, envolveria a transformação das atitudes da parte dos fiéis em relação à atividade quotidiana do labor, cuja "santificação" resultante tornou-se, para Weber, a base necessária sobre a qual o moderno capitalismo racional pôde se desenvolver, algo que se deu porque o moderno capitalismo racional, contrastando com outras variantes (chamadas por Weber de formas "tradicional", "aventureira" e "pária") dependia de uma ética de trabalho disciplinada, firme, metódica, bem como de restrições culturalmente reforçadas sobre o consumo – pelo menos em sua manifestação inicial e formativa. Essa combinação tornou possível a acumulação de somas significativas de capital por parte dos donos de negócios de classe média, que se tornaram a burguesia embrionária. A ética de trabalho inspirada pela religião, que veio a dominar tanto a burguesia quanto os trabalhadores que se tornaram seus empregados, persistiu – fora do contexto religioso – como o "espírito do capitalismo". O clássico estudo weberiano pode, então, ter traçado a história da "transvaloração do labor" – sua transformação desde a percepção em termos de "fardo" intrínseco, e do seu *status* em todos os sistemas de valores sociais existentes até então como os meios necessários para o fim da manutenção da vida, até a sua hegemonia moderna como fonte da identidade pessoal, medida de estima para certos agrupamentos sociais e base do poder político.

A perspectiva arendtiana sobre a relação entre a transvaloração do labor iniciada pela ética protestante no século XVII e ampliada pela ascensão do industrialismo no XVIII, desenvolveu-se concorde o escopo weberiano das consequentes e mais extensas associações culturais; da mesma forma, suas conclusões, ainda que expressas em termos relativamente diversos, não são dissimilares. Weber sugeriu que a decadência da justificação espiritualista para o valor do labor não iria, necessariamente, minar a ética; antes, ela persistiria, mas como um conjunto de valores – o "espírito do capitalismo" – carente de profundidade, autenticidade ou recompensa intrínseca para aqueles nele nascidos. Daí a metáfora, muito malcompreendida, que usou, da sociedade moderna como uma *stahlhartes Gehäuse*, janela de ferro, na qual as pessoas seriam condenadas a buscar o sentido de suas vidas através do labor, enquanto a justificação original para a significância dessa esfera desaparecera. Para Arendt, o labor vem para apoiar o social – o processo da vida como um todo, aí incluído o consumo. Ela, como Weber, considera uma sociedade que investe com tamanha relevância essa esfera da vida como algo que ameaça seus próprios membros com a insignificância de suas vidas pessoais, e ainda assim, rejeita a ideia de respaldar a tese da "jaula de ferro", segundo a qual o labor tende a engolfar e pervadir toda a atividade humana. Pelo contrário, ela argumenta que a esfera da *Ação* – fonte da espontaneidade humana e de sua imprevisível capacidade de proclamar "começos" – resiste a essa tendência e continua a ser o manancial para eventos imprevisíveis e sem precedentes, em especial na esfera central em que é dominante, isto é, a *política*, para qual voltamo-nos agora.

O social e a política

O sentido último da concepção arendtiana do social diz respeito à dependência da, e ao contraste com a política. As duas categorias correm em paralelo entre si, e desde que o *oikos* tornou-se público são, até certa medida, antagonistas. A esfera da política é o espaço no qual o discurso e a ação têm lugar, onde as pessoas podem se reunir como iguais, mas também como indivíduos distintos, e tomar decisões coletivas para governar seu futuro compartilhado. A noção de Arendt da "ascensão do social" tem sido, com frequência, utilizada para sugerir um concomitante "declínio da política".

É possível encontrar trechos nas obras arendtianas que suportam essa leitura: em *Da revolução*[64], por exemplo, ela sugere que uma das principais condições que levou ao Terror da Revolução Francesa foi a inabilidade de gerar uma base constitucional "fundante" para o novo regime em face da ameaçadora fome que grassava pela população. A preocupação com o "processo vital", portanto, tornara-se um fator direto no processo decisório político e na governança, levando ao desastre. Em contraste, Arendt afirma que a Revolução Norte-americana foi bem-sucedida precisamente graças ao isolamento da maio-

64 *On Revolution* [N.T.].

ria da população de condições de carência extrema; como resultado, as "questões sociais" foram mantidas à distância segura do reino da política, permitindo aos constitucionalistas reconhecerem os discursos mútuos, as ações mútuas, e estabelecer uma nova "fundação" para o Estado de direito. Diferentemente, ela afirmou, "o *malheureux*[65] que a revolução havia trazido das trevas de sua miséria... era movido por um desejo... pois o que os impelia era a busca por pão, e o grito pelo pão será sempre proferido a uma só voz. Enquanto precisarmos de pão seremos, sem dúvida, todos iguais" (ARENDT, 1963: 94). Não se trata de insensibilidade da parte de Arendt, mas do reconhecimento do fato básico (que, se acredita, Marx e outros primeiros defensores do ponto de vista social impunham aos seus opositores conservadores do século XIX) de que a liberdade de pensamento, expressão e ação somente se tornava possível onde quer que o povo tivesse asseguradas suas necessidades básicas.

Uma interpretação contrastante da visão arendtiana sobre a relação entre o social e a política na era moderna a situa mais próxima àqueles que teorizam a política como um campo distinto e autônomo da ação humana, obediente a princípios relativamente diversos dos que governam, por exemplo, os campos da moralidade, da economia e da sociedade civil (um exemplo dessa perspectiva é a concepção weberiana da "*autonomia relativa* da *política*"). Nessa interpretação, a categoria da Ação, e a esfera da política, não apenas persistiu como se tornou ainda mais dominante na era moderna. "A ascensão do social" e o "declínio da política" não são, portanto, necessariamente correlacionados; em muitas passagens, Arendt se refere à indestrutibilidade da Ação, à capacidade de iniciar e à maneira como tal fato tem, consistentemente, frustrado tentativas de controlar, antever ou mesmo profetizar o futuro humano. Certamente, desde os anos em que Arendt escreveu, a política não tem deixado de nos surpreender: a Queda do Muro de Berlim e, mais recentemente, a Primavera Árabe vêm à mente como os exemplos mais notórios. Ainda assim, essa visão não é verdadeiramente com-

65 Infeliz [N.T.].

patível com muitos dos temores manifestados por Arendt a respeito do potencial do social em subjugar a política.

Outra abordagem, ainda mais fecunda, à relação entre o social e a política é a ênfase sobre como a distinção entre os dois reinos tornou-se, ela mesma, uma questão de "política": essa linha de pensamento explica uma das mais notáveis, ainda que desconcertante, citação de Arendt em *A condição humana*, na qual afirma que "a forma de governo mais social" é a *burocracia* (ARENDT, 1958: 40). A origem dessa perspectiva pode ser traçada até os escritos do sociólogo Karl Mannheim, a quem ela conheceu como doutoranda em Heidelberg. Embora naquele momento as ideias dele a enfurecessem – sua primeira publicação, *Filosofia e sociologia* (1994), foi uma revisão crítica da obra-chave de Mannheim, *Ideologia e utopia*[66] (MANNHEIM, [1929] 1960) – como um dos primeiros exemplos do ponto de vista social, mais tarde viriam a exercer considerável influência sobre ela. No capítulo-chave sobre o tema, "Por que não existe uma ciência política?", em *Ideologia e utopia*, Mannheim distinguiu a "política" da "administração", e sugeriu estarmos "no reino da administração... quando na vida rotineira de um funcionário, as ocupações correntes são resolvidas de acordo com as regras e regulamentos existentes"[67]. Em contraste,

> Estamos no campo da política quando enviados a países estrangeiros concluem tratados anteriormente nunca celebrados; quando representantes parlamentares discutem novas medidas tributárias; quando se lança uma campanha eleitoral; quando certos grupos oposicionistas preparam uma revolta ou organizam greves – ou quando estas são reprimidas[68].

Mannheim salientou que a linha divisória desses dois reinos não era, de modo algum, estática, e que qualquer fenômeno ao qual se aplicasse tal distinção (e dá como exemplo um movimento social e uma série de etapas administrativas) evidenciaria, inevitavelmen-

66 *Ideologie und Utopie* [N.T.].

67 MANNHEIM, K. *Ideologia e utopia*. Trad. de Magalhães Santeiro. Rio de Janeiro: Zahar, 1968, p. 92.

68 Ibid.

te, uma mescla de ambos elementos. Ele mostrou, também, como a distinção era útil, não apenas como um tipo ideal para os estudantes da política, mas igualmente por ser, em si, uma ferramenta "política", algo evidente em um de seus mais notáveis diagnósticos sobre a essência do "Conservantismo burocrático", ao qual define como a "tendência fundamental de todo pensamento burocrático... (em) converter todos os problemas de política em problemas de administração"[69].

Mesmo sem jamais usar o binário explícito "política" e "administração", a ideia encontra eco na visão de Arendt sobre como o social pode invadir a política nas sociedades modernas sob a forma da ascendência da burocracia. As burocracias tratam questões políticas e problemas como se *dissessem respeito* a atividades de rotina associadas ao processo vital, e ao fazê-lo incrementam ou, até mesmo, obliteram o ato e a responsabilidade por eles, algo que possui o efeito não de *destruir* a ação política, mas de envolvê-la na obscuridade associada à economia doméstica, eliminando, assim, seu caráter público. Noves fora a impossibilidade de o poder prestar contas resultante dessa tendência, ela cria também o potencial para "buracos negros" legais e morais, dentro dos quais grupos e indivíduos acham-se suspensos, pois a ninguém é dado o poder de fazer julgamentos sobre a situação. Dessa feita, a burocracia interior ao reino da política possui o potencial para se tornar o "governo de ninguém", o qual, Arendt afirma, "não é necessariamente 'não governo'; ele pode, muito bem, sob certas circunstâncias revelar-se como uma de suas mais cruéis e tirânicas versões" (ARENDT, 1958: 40).

Conclusão

Não há delimitador consensual ou preciso a respeito do que conta como o social nos escritos de Arendt. Seu uso do termo é, por vezes, inconsistente, e amiúde parece sofrer de um excesso de significados. Não obstante, foi precisamente a sua recusa em limitar-se pelos roteiros da moderna intelectualidade "científica", em

69 Ibid., p. 95.

aceitar os consensos das fronteiras disciplinares e os pedantismos que frequentemente manam deles, que lhe permitiu oferecer seus mais destemidos diagnósticos e interpretações – certamente o caso com respeito à sua análise do social, que continua a posar notáveis questões sobre o caráter do nosso mundo moderno, a validade das nossas orientações de valor e as direções de nossa política.

8
Hannah Arendt sobre autoridade e tradição

Douglas B. Klusmeyer

"Tradição" é um construto discursivo de crenças e convenções baseado na presunção de continuidade histórica na transmissão de padrões herdados geração após geração. A palavra moderna deriva do latim *traditio*, entrega ou transmissão, e no direito a transferência de posse. *Lato senso* é um modo normativo de conhecimento através do qual a imagem da relação entre uma sociedade e o tempo é compreendida, e que vínculos atribuídos ao passado são concebidos como fonte de autoridade para instituições e ações no presente. Estas fontes podem ser conceitualizadas em várias combinações, como parâmetros obrigatórios, modelos de conduta, atos exemplares, precedentes e/ou relatos das origens, de modo que, em diversos contextos, os fundamentos da tradição e da autoridade são interdependentes. A interpretação do conteúdo informacional prescritivo de uma tradição conecta-se sempre a como a autoridade está sendo construída no presente, enquanto qualquer tradição é, igualmente, definidora dos termos pelos quais tal autoridade é enquadrada.

Para Hannah Arendt, um dos marcos do pensamento é a capacidade de estabelecer distinções, capacidade essa que percebeu terrivelmente erodida nas discussões contemporâneas dos cientistas sociais (ARENDT, [1961] 1968: 15, 95). Conceitos básicos como autoridade, poder e violência "referem-se e diversos e distintos fenômenos, e dificilmente existiriam não fosse assim" (ARENDT, 1972: 142; ARENDT, [1961] 1968: 136). Hoje, contudo, eles são utilizados sem nenhum senso da história por trás de seus significados linguísticos, ou de suas conexões com as experiências políticas nas quais esses significados se originaram. Mais comumente, são definidos em termos abstratos das funções às quais supostamente servem em modelos teoricamente concebidos de variados tipos de sistemas políticos. Dessa forma, por exemplo, ela observa: se violência preenche a mesma função de autoridade – qual seja, fazer as pessoas obedecerem – então violência é autoridade (ARENDT, [1961] 1968: 102-103). Nessa perspectiva, analistas contemporâneos aplicam o termo "autoritário" a regimes cujo governo é fundamentado na violência, embora tradicionalmente ele se referisse a regimes regidos pela lei que justificavam seu mando invocando pretensões transcendentais à autoridade. Diferentemente, nos dias de hoje termos como "autoritário" simplesmente desmoronaram em noções gerais, como "poder legítimo", e o sentido desses conceitos, como resultado, não apenas foi relativizado para servir à teoria da hora, mas também se tornou intercambiável ao fixar esse sentido a quaisquer funções que estejam prontas a servir. Ao investigar os sentidos originais de conceitos tradicionais, como "autoridade", Arendt buscou restaurar a riqueza que haviam perdido e mostrar como a tradição que os conduziu também os distorceu (ARENDT, [1961] 1968: 15).

Embora a análise de Arendt sobre a perda da tradição e da autoridade possa ser descrita como modernista, ou uma ampla caracterização intelectual, seu surgimento mais imediato se deu a partir do encontro dela com o totalitarismo, sobre o qual concluiu:

> Não podemos mais nos dar ao luxo de tomar aquilo que foi bom no passado e simplesmente chamar de "nossa herança", descartando o ruim e considerando-o, apenas, como um peso morto que o próprio tempo se encarregará de omitir. Os veios subterrâneos da história ocidental finalmente vieram à tona e usurparam a dignidade de nossa tradição. É essa a realidade na qual vivemos, e porque todos os nossos esforços para fugir da crueldade presente em direção à nostalgia de um passado ainda intacto ou ao esquecimento antecipado de um futuro melhor, são vãos (ARENDT, [1951] 2004: xxvii).

A abordagem arendtiana adveio da premissa de que "o próprio pensamento brota dos incidentes da experiência vivida, e deve permanecer limitado por eles, pois são as únicas guias que servirão de orientação" (ARENDT, [1961] 1968: 14). No coração de toda essa experiência esteve o choque com o Holocausto, "como se um abismo se tivesse aberto" (ARENDT, 1994: 14); que tal evento pudesse ocorrer no coração da Europa revelou-lhe que "não existiam princípios fundamentais aos quais era possível apelar validamente", no sentido de que padrões extrapolíticos, absolutos metafísicos, ou ensinamentos religiosos aos quais as pessoas se sentissem ligadas (ARENDT, 1979: 314). Ainda que providenciar uma visão geral da abordagem arendtiana sobre a autoridade e a tradição requeira a consulta a um conjunto variado de escritos produzidos em uma longa carreira, as preocupações centrais subjacentes a essa abordagem mudaram relativamente pouco.

O que era a autoridade e a tradição?

Quando discutia a "grande tradição do pensamento ocidental", Arendt pensava em uma literatura, articulada por elites educadas a partir de um conteúdo oriundo de fontes filosóficas, jurídicas e teológicas (ARENDT, 1958: 234). Ela a concebia em termos monolíticos, baseados numa reconstrução abstrata de padrões herdados ao longo dessa história intelectual, e a posição crítica que desenvolveu em relação à tradição é, justamente, predicada nessa mesma reificação. Ela enfatiza que qualquer tradição oferece um retrato altamente seletivo e estilizado da relação de uma sociedade com seu passado, que obscurece a diversidade e o conflito com vistas a destacar continuidades percebidas – ou como observou, "põe o passado em ordem, não apenas cronologicamente, mas, antes de tudo, sistematicamente, separando o positivo do negativo, o ortodoxo do herético, aquilo que é relevante e obrigatório da massa de dados e opiniões irrelevantes ou meramente interessantes" (ARENDT, 1968: 198-199), providencia tanto um figurino coletivo para as lembranças quanto um conjunto coletivo de guias interpretativas para compreender o sentido dos eventos no presente. Arendt distingue a "tradição" – prática engastada em suposições coletivas, preconceitos, costumes e hábitos – do "tradicionalismo" – uma defesa intelectualizada que glorifica o papel da tradição numa sociedade que experimenta mudanças radicais. Tais defesas, como aquela que Edmund Burke desenvolveu em sua crítica à Revolução Francesa, estarão sempre, segundo Arendt, condenadas a longo prazo, pois sua emergência é sintomática da irreversível decadência da tradição, cujo poder unificador, até certo ponto, repousa em uma ampla e inconsciente aceitação de suas suposições centrais, e será precisamente essa ampla aceitação que há de providenciar uma base compartilhada de conhecimento tácito, o "senso comum", ou seja, um conjunto coletivo de padrões para julgar o mundo, e um vocabulário compartilhado para comunicar esses julgamentos.

Ao conceitualizar a autoridade, Arendt enfatizou que seu exercício não envolvia nem a persuasão racional nem a compulsão coercitiva ou violenta (ARENDT, [1961] 1968: 93), e sim o fundamentado respeito à pessoa ou ao cargo, inspirado pelo reconhecimento de qualidades meritórias em habilidade, caráter e julgamento daquele que porta a autoridade. A deferência outorgada à autoridade possui uma dimensão consensual, pois o respeito acordado retém o elemento do livre-arbítrio para dar, manter ou questionar, mas ao mesmo tempo, a relação hierárquica da autoridade implica na obrigação da consulta, ou seja, a deferência acarreta a observação da direção que é oferecida, ou dos padrões afirmados sem grandes resistências em contrário. Até o limite em que a persuasão se prove necessária, a deferência deve mais ao peso da razão que ao portador da autoridade; sua capacidade limita-se a advertir, iniciar, propor ou dar orientação, e não ordenar ou comandar. A autoridade é, da mesma forma, investida da responsabilidade por aqueles assuntos dentro de sua competência, ou seja, pelo mundo que seus titulares compartilham com aqueles que aceitam sua orientação (ARENDT, [1961] 1968: 190). No campo da política, a autoridade estabelecida provém uma fonte crucial de estabilidade, pois seu caráter rejeita o efêmero e o transitório. Arendt esteve primordialmente interessada no papel que a autoridade representava, ou falhava em representar, nesse campo como base fundamental para continuidade, estabilidade e durabilidade.

Para Arendt, a autoridade é tanto mais estável quanto ancorada na tradição, algo que via exemplificado no conceito romano de *auc-*

toritas; como observou, "os romanos concebiam a história como um estoque de exemplos tirados do verdadeiro comportamento político, demonstrando o que a tradição, a autoridade dos ancestrais, exigia de cada geração e o que o passado havia acumulado em benefício do presente" (ARENDT, [1961] 1968: 64-65). Seu método etimológico de recuperação de sentidos originais das palavras da utilização corrompida na fala corrente desenvolveu-se a partir do reconhecimento de que "qualquer período para o qual o próprio passado tenha se tornado questionável, como ocorreu com o nosso, terá eventualmente de lidar com o fenômeno da linguagem, pois nele o passado está contido inextirpavelmente, frustrando todas as tentativas de livrar-se dele de uma vez por todas (ARENDT, 1968: 204).

Arendt aponta que *auctoritas* tem suas raízes no verbo *augere* (aumentar, incrementar) e no substantivo *auctor* (autor, originador); tais sentidos radicais são indicativos da importância da ideia de fundação para a compreensão romana da tradição e do exercício da autoridade em conservar, expor e dilatar essa tradição. Em contraste com a noção atemporal de tradição, na qual inexiste uma origem fixada, os romanos inscreveram uma significância sagrada à fundação de sua cidade, a pedra fundamental de sua tradição que cada geração manteve em garantia e transmitiu aos seus sucessores. Roma não fora, simplesmente, edificada como se um construtor erguesse um abrigo a partir dos desenhos de um arquiteto, mas teve um autor, o qual infundiu a tradição romana com um conjunto de princípios seminais ou com um espírito coletivo que guiou seu desenvolvimento do corpo político e ao qual seu povo estava ligado. A ideia central desse entendimento, o *mos maiorum* ("costume dos ancestrais"), reflete como os romanos vincularam ao passado os padrões de conduta, os públicos como os privados; ao fixar o *mos maiorum*, as práticas e crenças religiosas romanas fortificaram o caráter imperioso da tradição, e enquanto esta última esteve ininterrupta, Arendt afirmou, "a autoridade foi inviolável; e agir sem autoridade ou tradição, sem padrões e modelos aceitáveis, consagrados pelo tempo, foi impensável" (ARENDT, [1961] 1968: 124). Na República Romana, a autoridade estava institucionalmente investida no Senado, um corpo seleto de distintos anciãos de nobre linhagem, cujo papel central era aconselhar os assuntos de Estado, enquanto o poder constituído (*potestas*) do corpo político romano era exercido nas assembleias populares, e o poder de comando pelos magistrados.

Arendt via a trindade autoridade-religião-tradição, estabelecida pelos romanos, como o princípio estabilizador fundamental da ordem civilizada ao longo de toda história europeia, até a era moderna, uma combinação de elementos de tal maneira entrelaçada que nenhum podia sobreviver sem o outro, pois como ela observou "o passado, à medida que é transmitido como tradição, possui autoridade; a autoridade, à medida que se apresenta como história, torna-se tradição; e... a aceitação da tradição sem autoridade baseada na religião é sempre não vinculativa" (ARENDT, 2005: 73). A trindade foi preservada, mas reconfigurada com a ascensão do cristianismo na Antiguidade tardia, quando o entendimento da Igreja cristã de seu próprio autoadvento como um corpo corporativo e da tradição desenvolvida a partir dela, também girou em torno da ideia de um fundador original e dessa fundação como um evento mundano. Ao passo em que a Igreja se afirmava no campo da política, "adotou a distinção romana entre autoridade e poder, chamando para si a velha autoridade do Senado e deixando o poder – que no Império Romano já não estava mais nas mãos do povo, mas havia sido monopolizado pela casa imperial – aos príncipes do mundo" (ARENDT, [1961] 1968: 126). Embora tal configuração removesse a base secular da autoridade do campo da política, ainda assim preservava os componentes-chave da trindade; da mesma forma, os ensinamentos da Igreja sobre a ameaça da divina punição e recompensa na outra vida ajudaram a reforçar os padrões costumeiros de conduta e moralidade. Nessa forma, a trindade romana autoridade-religião-tradição perdurou até encontrar seu primeiro momentoso desafio, a Reforma Protestante.

O fim da autoridade e da tradição

Para Arendt, a "grande tradição" começou a perder suas amarras com a Reforma Protestante, deu seus espasmos cadavéricos no século XIX, e finalmente se partiu nas primeiras décadas do século XX, uma decadência que deixou muito de sua forma exterior intacta, mesmo que seu conteúdo ficasse mais e mais oco. Muitos continuaram a aderir às formas externas sem reconhecer o quanto o solo havia se mexido sob os seus pés, enquanto outros articularam defesas apaixonadas em face dos cada vez mais sérios desafios. "O fim da tradição", ela observou, "não significou necessariamente que os conceitos tradicionais haviam perdido seu poder nas mentes dos homens. Pelo contrário, algumas vezes parecia que o poder de noções e categorias rotas e esfarrapadas tornava-se ainda mais tirânico, à medida que a tradição perdia sua força vital e a memória dos princípios recedia" (ARENDT, [1961] 1968: 26). Embora particularmente atenta à maneira como a corrupção da tradição avançava e refletia nos mais altos estratos intelectuais, Arendt nunca vacilou em sua insistência de que "eram os eventos, e não as ideias, que mudavam o mundo" (ARENDT, 1958: 273). Em contraste com certos modos de interpretação estéticos, centrados nos textos e associados ao pós-modernismo, sua análise do discurso assumiu a existência de um mundo autônomo fora do texto, ao qual os autores respondiam.

A Reforma deu início a um longo processo de secularização que haveria de romper a trindade romana (ARENDT, [1961] 1968: 69-70, 128; ARENDT, 1963: 16), pois ao desafiar a autoridade temporal da Igreja, Lutero e seus seguidores erodiram não apenas a base para qualquer autoridade no campo da política, mas também a influência das normas e sanções religiosas na tradição. Os feitos extraordinários da Revolução Científica subverteram a confiança no legado herdado da tradição, no conhecimento da realidade exterior confirmado através dos testes práticos dos costumes, em hábitos e experiências concretas e diárias, e na noção de verdade revelada. E também ajudou a inspirar teóricos políticos do século XVII, como Thomas Hobbes, a abrir uma cunha entre a teologia e a reflexão política ao conceitualizar a lei natural, a natureza humana e as premissas da ordem cívica (ARENDT, [1961] 1968: 56, 70, 76). Qualquer compreensão do mundo que não pudesse ser validada pelo método racional científico foi crescentemente relativizada como mera expressão de gostos arbitrários, julgamento subjetivo e tendenciosos interesses próprios de indivíduos atomizados. Enquanto a Cristandade perdia sua autoridade, as noções tradicionais de retribuição divina na outra vida desgastavam-se, roubando as convenções morais das sanções teológicas (ARENDT, [1961] 1968: 31-32, 135).

A ascensão do historicismo no século XIX subverteu ainda mais a autoridade da tradição como paradigma venerável para alinhar a relação entre o passado e o presente (ARENDT, [1961] 1968: 61, 82-85). Através da sua ênfase na singularidade das eras passadas, particularmente distintas umas das outras, o historicismo erodiu a suposição da história como um panorama abrangente do drama humano, no qual todos os personagens passavam pelo mesmo palco e compartilhavam atributos equivalentes de uma mesma humanidade, e onde os vínculos conectivos da tradição supunham noções de repetição, permanência e estabilidade, de modo a que cada geração agisse conforme padrões herdados. A nova perspectiva historicista entendeu a continuidade entre eras dissimilares em termos de uma sequência linear, num processo dinâmico de desenvolvimento, conceito que supôs a mudança histórica evoluindo numa particular direção, com cada era sucessiva representando sua parte no progressivo desvendar do todo. Para Arendt, essa concepção de história atingiu seu apogeu com Hegel, o qual, através do seu método dialético, foi capaz de integrar todas as quebras, contradições e momentos divergentes desse processo em um sistema abstrato, uma abordagem que não somente relativizou todos os particulares concretos da história humana em meras expressões transitórias da evolução sistemática, como também deslocou a tradição em prol de uma nova estrutura conceitual e racional que, ao fim e ao cabo, submeteu a autoridade ao progressivo desdobrar do Espírito do Mundo, que somente podia ser compreendido a partir de uma perspectiva externa à tradição (ARENDT, [1961] 1968: 28-29, 38-39).

A Revolução Industrial não apenas forneceu a mais potente manifestação dessa ideia de progresso, guiada pela aplicação da razão instrumental, como sua rapidíssima transformação da organização do labor e da produção destruiu as estruturas culturais, econômicas e sociais nas quais a tradição havia sido organizada. Na moderna sociedade de mercado, os valores morais se tornaram mercadorias sociais sem qualquer mérito intrínseco, e como Arendt observou, "o "bem" perdeu seu caráter de ideia, do padrão pelo qual o bom e o mau poderiam ser mesurados e reconhecidos; tornou-se um valor que podia ser trocado por outros valores, como aqueles da conivência ou do poder" (ARENDT, [1961] 1968: 33; cf. tb. ARENDT, 1958: 163-167). Um sintoma do lapso da tradição foi a ascensão de ideologias baseadas nas massas como uma nova fórmula de discurso político, com doutrinas oferecendo uma visão de mundo completa, alheia às complexidades desconcertantes da experiência concreta, coerente apenas em relação à sua própria lógica interna.

Contra tal pano de fundo, os pensadores mais perspicazes daquele século "perceberam que o mundo que conheciam estava sendo invadido por novos problemas e perplexidades, com os quais nossa tradição de pensamento era incapaz de lidar" (ARENDT, [1961] 1968: 27) – analisados em conjunto, Kierkegaard, Marx e Nietzsche deram um fim à tradição ao se revoltar contra ela (ARENDT, [1961] 1968: 27). Confrontando uma era em que a verdade religiosa havia caído sob os golpes da suspeita racional que a tudo consumia, Kierkegaard buscou resgatar a fé da dúvida, abraçando o absurdo da crença como um atributo da experiência religiosa autêntica do indivíduo. Reconhecendo as mudanças radicais que a Revolução Industrial forjava, Marx inverteu a hierarquia tradicional do labor e da contemplação no *ranking* das capacidades humanas distintivas enquanto procurava redirecionar os objetivos tradicionais da filosofia da teoria para a esfera da prática. Nietzsche atacou a distinção platônica entre o reino transcendental como uma realidade objetiva e um reino sensível de aparências enganosas, pedra basilar da metafísica ocidental até então, ao colocar os seres humanos como criadores dos seus próprios valores (ARENDT, [1961] 1968: 29-40).

Embora essa rebelião contra a tradição fosse um indicativo de sua progressiva atrofia, ela não se "partiu" até o século XX, no abismo da I Guerra Mundial e das catástrofes que a seguiram (ARENDT, [1961] 1968: 26-27; ARENDT, 2005: 146-162). A grande guerra estilhaçou ilusões de progresso, segurança e ordem que haviam mascarado os conflitos crescentes dentro da sociedade europeia, e mostrou como os enormes meios da força, que as sociedades modernas eram capazes de exercitar ultrapassavam, em muito, quaisquer preceitos políticos, legais ou morais disponíveis para regular uma espiral ascendente de violência, que se dirigia, sem distinção, a civis e soldados. Na esteira desse fato, surgiram movimentos totalitários que radicalizariam o pensamento ideológico, abraçariam o terror como instrumento central do poder e denegariam qualquer um dos tradicionais limites à condução da política. As brutais realidades e o caráter inaudito do regime totalitário, observou Arendt, "claramente explodiram nossas categorias de reflexão política e nossos padrões para o julgamento político" (ARENDT, 1994: 310). Essa originalidade foi exemplificada pela criação nazista dos campos da morte, sistema pelo qual implementaram a política de genocídio industrial, dedicada a eliminar categorias inteiras de pessoas da face da Terra. Segundo a perspectiva de Arendt, a natureza dessa nova forma de criminalidade não poderia ser compreendida dentro do figurino legal e político então existente; a experiência demonstrara que a tradição, de que se esperava oferecer recursos efetivos para resistir à ascensão, estava, em verdade, morta:

> Moralmente arruinada em um reles conjunto de mores, maneiras, costumes e convenções que poderiam ser modificadas ao bel-prazer – não por criminosos, mas por gente comum que, enquanto os padrões morais foram socialmente aceitáveis, jamais sonharia em duvidar daquilo que havia sido ensinada a crer. E nesse particular, ou seja, a questão que levanta, não é solucionada se admitimos, como precisamos admitir, que a doutrina nazista não permaneceu com o povo alemão, que a criminalidade moral de Hitler retrocedeu ao alerta do momento, no instante em que a "história" deu o aviso da derrota de Hitler. Consequentemente, precisamos dizer que testemunhamos o colapso total de uma ordem "moral" não uma vez, mas duas, e que esse retorno súbito à "normalidade", ao contrário daquilo que, indulgentes, assumimos, só pode reforçar nossas dúvidas (ARENDT, 2003: 54-55; cf. tb. ARENDT, 1978b: 177-178).

Dessa experiência, Arendt concluiu que as tentativas de reanimar os padrões morais tradicionais ou de criar outros, novos e universais, são fúteis porque já não é mais possível investir neles com a adequada autoridade que assegure duradoura obediência popular (ARENDT, 1979: 314). Todas as mudanças modernas e as patologias, contra as quais a tradição se provara incapaz de lidar, permanecem sem solução. Mais: quando a esplêndida diversidade cultural da humanidade é apreciada desde o ponto de vista da política global, a dificuldade no estabelecimento de novos padrões autoritativos, extrapolíticos ou metafísicos se aprofunda ainda mais (ARENDT, 1968: 84-87). Vemos, então, que reconstrução do pós-guerra foi feita sobre areias movediças, depois de uma II Guerra Mundial ainda mais destrutiva que a primeira e à sombra da nova tecnologia das armas nucleares (ARENDT, [1951] 2004: xxv).

A crítica à autoridade e à tradição

Para Arendt, a crise a ser enfrentada se manifesta em abrangente experiência de alienação, carência de sentido e subjetivação da realidade (ARENDT, 1958: 254-257, 273-289, 320-325). A perda de um espaço público e a instrumentalização da política degradaram o reconhecimento da capacidade humana para a ação e a espontaneidade. A percepção da crise como característica distintiva da Modernidade pressupõe um tempo anterior à emergência dessa condição. Para Arendt, a desintegração da tradição e da autoridade é o traço definidor dessa crise, de modo que compreender o papel que ambas representaram no passado é essencial para saber lidar com a crise no presente. Dada sua avaliação sombria do presente e da recusa em fugir para uma visão utópica do futuro, retornar a um passado fragmentário em busca de qualquer recurso que, por ventura, esteja disponível para a reflexão atual, é um dos parcos caminhos que ainda permanece aberto. De fato, Arendt enfatiza como o relembrar confere profundidade ao pensamento, e nesse sentido sua abordagem é nostálgica, algo que se reflete, por vezes, em sua leitura idealizada do passado. De toda sorte, ela não apenas rejeita qualquer prospecto de superação da ruptura na tradição como é uma crítica ferrenha da maneira como as lentes conceituais tradicionais distorceram aspectos fundamentais da experiência política pretérita. Ela identifica sua própria abordagem com "aquelas que, já há algum tempo, tentaram desmantelar a metafísica e a filosofia com todas as suas categorias, como as conhecemos desde seus inícios na Grécia até os dias de hoje" (ARENDT, 1978b: 212), uma crítica que tem como premissa o reconhecimento de que "a História e a tradição não são a mesma coisa. A História possui muitos princípios e muitos términos, cada um destes terminando em um novo começo, o qual põe um fim ao que antes havia" (ARENDT, 2005: 43). Assim, o rompimento com a tradição abre as portas para mergulhar nesse passado a partir de novos ângulos, considerando as descobertas sob novas perspectivas, mas sem qualquer esperança de cerzir novamente os estilhaços pretéritos em um novo padrão unitário (ARENDT, [1961] 1968: 28, 94). Ao elaborar sobre esse ponto, sua descrição da abordagem de Walter Benjamin seria aplicável, igualmente, à sua própria:

> Como um caçador de pérolas que desce ao fundo do mar, não para lhe escavar o fundo e trazê-lo à luz, e sim para arrancar o rico e o estranho, as pérolas e os corais das profundezas, para trazê-los à superfície, este pensamento mergulha nas profundezas do passado, mas não para ressuscitá-lo da maneira como foi e contribuir para o reviver de eras extintas" (ARENDT, [1961] 1968: 205).

Assim, em sua abordagem do passado, Arendt escreve não a partir do ponto de vista de um historiador, que busca contextualizá-lo para entendê-lo segundo seus próprios termos, muito diversos dos nossos próprios, mas muito mais a partir do ângulo dos náufragos numa ilha, que a reviram à cata de quaisquer recursos que possam ser encontrados após a catástrofe que os deixou por lá. Coerentemente, seu relato da experiência política que a tradição obscurecera se baseia mais na inferência de determinados textos que na investigação sistemática das fontes evidenciais disponíveis.

Para Arendt, a *polis* grega clássica se destacava como um exemplar histórico para a exploração da contingência radical, da qualidade expressiva e do caráter relacional da ação humana central àquela experiência política. Ao examinar a concepção romana da autoridade, buscava não apenas sublinhar seu particularismo como uma alternativa à persuasão e ao comando, mas também mostrar como essa concepção derivava da experiência política, e não de algo de fora desse campo. Ela se voltou para o exemplo da *polis* grega clássica e ofereceu um contraponto: essa experiência era incompatível com o desenvolvimento do tipo latino de autoridade, pois o espaço público helênico era predicado por sua divisão do reino privado e do lar – o espaço público oferecia uma arena de liberdade a ser desfrutada por cidadãos que compartiam um *status* geral equânime, mas cujas particularidades como indivíduos não eram destruídas. Os gregos experimentaram esse campo não apenas como ferozmente agônico[70], mas também livre de quaisquer relações de dominação/sujeição, mandar/ser mandado ou comando/obediência, as quais identificavam com a estrutura do reino privado do lar, organizado à volta do abastecimento das necessidades vitais – onde o mestre comandava os escravos e a família como um déspota, ou um monarca. A experiência da sujeição, pois, encontrava-se fora do campo da política, e era entendida como um Estado degradado (ARENDT, [1961] 1968: 104-106; ARENDT, 1958: 28-37).

Quando Platão e Aristóteles introduziram as noções do governo em suas teorias da política, derivaram seus modelos do reino privado e de uma perspectiva filosófica hostil à política. Quando da morte de Sócrates, com o comando do *demos* em mente, a primeira preocupação política de Platão foi tornar a polis segura para os filósofos, e estabelecer o regime da razão sobre a cacofonia de opiniões do campo da política (ARENDT, [1961] 1968: 104-115; ARENDT, 2005: 6-16). Sem ter nenhuma confiança na eficácia da persuasão, ele buscou justificar um papel coercitivo independente dos instrumentos da violência, e nos seus escritos iniciais invocou o modelo do especialista que exigia obediência do alto de sua formação especializada e do seu conhecimento, um modelo desenvolvido a partir de analogias com o timoneiro, o pastor, o médico e o senhor de

70 Do grego ágon (*ἀγών*), significando combate ou disputa. Nesse contexto, os gregos viam o campo da política como ferozmente combativo [N.T.].

escravos que pressupunha óbvias relações hierárquicas. Essas analogias, contudo, não eram inteiramente satisfatórias porque, como ficou mais explícito no caso do senhor de escravos, não excluíam, inteiramente, elementos da violência dos modelos de relações. Platão encontrou uma solução mais bem-acabada ao postular o reino transcendental de ideias que supria os padrões autoritativos e as medidas de julgamento dos negócios humanos, mas que apenas os filósofos podiam compreender: a verdadeira "essência" da bondade, justiça, coragem, entre outras virtudes por trás das aparências efêmeras desse mundo. Para a vasta maioria, que não poderia aceitar "o poder persuasório da razão", ele inventou histórias teológicas de um além vida com recompensas e punições, um "instrumento político" que ajudava a fazer cumprir os padrões absolutos de obediência à multidão (ARENDT, [1961] 1968: 111, 131). Em seu último trabalho, Platão transferiu o papel de garantidor desses padrões absolutos do rei-filósofo para as leis que governavam a polis.

Embora rejeitasse a abordagem platônica do problema, Aristóteles nunca foi capaz de superar as inconsistências de suas próprias tentativas de explicar a base do governo no campo da política (ARENDT, [1961] 1968: 116-120; ARENDT, 2007c: 942-943; ARENDT, 2005: 52-60). Argumentava, por um lado, que esse fundamento derivava de diferenças naturais entre governantes e governados, como refletido nas relações hierárquicas entre senhores e escravos, maridos e esposas, os velhos e os jovens; por outro, também reconhecia, com base em suas próprias observações da experiência política grega, que não existiam marcadores de superioridade natural que pudessem ser utilizados para demarcar a classe dos governantes da classe dos governados no campo da política. Para contornar esse problema, Aristóteles postulou que todos os cidadãos se revezassem no poder, ora governando, ora sendo governados, uma solução que, afirmou Arendt, que simplesmente revelou o fato dele ter se apropriado do conceito de governo do lar-modelo, que então buscou enxertar em uma teoria de ordem política conflitante com a experiência política grega. De modo mais amplo, o custo de transpor o conceito de governo para o campo da política foi distorcer a compreensão da ação na política, da ideia central de iniciar algo novo entre iguais para o tipo de relação comando/obediência que era a espinha dorsal da hierarquia do privado.

Essa mesma forma de transposição ocorreu na Antiguidade tardia, quando os imperadores romanos definiram seus títulos públicos e tomaram emprestado o termo legal *dominus*, "mestre", até então utilizado para designar o chefe do lar, e *dominatus*, a posição do *dominus*, para indicar um *status* preeminente como chefe do governo (ARENDT, [1961] 1968: 106). Sem nenhuma tradição própria de teoria política, os romanos se apropriaram da herança filosófica grega, mais notavelmente Platão e Aristóteles, e como resultado, findaram por incorporar conceitos filosóficos e categorias gregos à sua compreensão de autoridade, direito, política e governo. No processo, a tradição marginalizou aqueles aspectos da experiência política que não cabiam nitidamente naquelas categorias, e ao fazê-lo "perderam de vista o homem como ser atuante", a experiência da liberdade na companhia dos iguais (a *raison d'être* da política) e a "pluralidade" como base do campo da política (ARENDT, 2005: 60-61; ARENDT, [1961] 1968: 146). A Igreja, por seu turno, lançou mão tanto das ideias filosóficas gregas quanto da estrutura política institucional romana e desenvolveu sua própria síntese da trindade autoridade-religião-tradição (ARENDT, [1961] 1968: 128-135), e à medida que assumia mais e mais responsabilidades políticas, adotou a narrativa platônica de um juízo final no além vida, no intuito de realçar sua autoridade sobre a multidão e fortalecer-se frente aos poderes seculares. Todavia, contra-argumentou Arendt, "nada, talvez em todo o desenvolvimento da Cristandade através dos séculos, está mais distante dos ensinamentos de Jesus de Nazaré do que o elaborado catálogo de punições futuras e do enorme poder coercitivo do medo" (ARENDT, [1961] 1968: 133). Nas elaboradas histórias de cruéis tormentos dos danados no inferno sendo apreciados pelos fiéis observando a partir do céu, a Igreja introduziu a dimensão da violência em seus ensinamentos religiosos e no exercício de sua autoridade institucional.

Fundações, revolução e autoridade na era moderna

Ao enfatizar a maneira como a autoridade havia desaparecido na Modernidade, Arendt se referia a apenas uma e "muito específica forma" de autoridade, qual seja, aquela contida na velha trindade romana; sua perda "não implicou, ao menos não necessariamente, na perda da capacidade humana para construir, preservar e cuidar de um mundo que poderia sobreviver a nós e permanecer um local adequado para a vida dos nossos pósteros" (ARENDT, [1961] 1968: 95). Da mesma forma, ao analisar o colapso da tradição ocidental, ela não duvidou de que diversas heranças oriundas do passado não fossem mais relevantes, mas sim que essa tradição em especial perdera sua coesão e autoridade. Tais heranças conferem a povos ao redor do mundo suas distintas identidades culturais, que as novas tecnologias de comunicação, transporte e violência ameaçam dissolver, pois estes contatos facilitados podem, muito bem, aguçar animosidades entre as pessoas (ARENDT, 1968: 84-87).

Arendt via a experiência romana com fundamentos servindo de pilar para a autoridade, um exemplo que pode guiar nossa reflexão política nos dias de hoje. A abordagem de Nicolau Maquiavel, estudando essa experiência, ilustra como podemos apreendê-la a partir de uma nova perspectiva: "a grandeza dessa redescoberta", afirmou Arendt, "residiu no fato dele ter sido capaz não apenas de reviver ou recorrer a uma tradição conceitual articulada, mas que precisou articular aquelas experiências não conceituadas pelos romanos, que as expressaram em termos de filosofia grega vulgarizada para tal propósito" (ARENDT, [1961] 1968: 138). Ao revisar a sabedoria recebida dessa tradição, Maquiavel rejeitou a aplicação de quaisquer padrões transcendentais para julgar a política, preferindo identificar uma interação dinâmica entre a *virtù* e a *fortuna* como a característica fundamental da política que seus agentes deveriam julgar. Em contraste com a compreensão romana da fundação como experiência retrospectiva, cujo sentido projetava-se para o futuro, Maquiavel a considerou, em larga medida, pelo prisma de um objetivo futuro a ser alcançado, como o estabelecimento de uma Itália unificada, e ao transpô-lo para esse cálculo de "meios e fins", posicionou-o como justificativa para usar todos os meios violentos apropriados à sua consecução.

Para Arendt, a promessa que a fundação de um novo corpo político poderia representar para o reestabelecimento de uma base segura de autoridade e tradição foi exemplificada pela criação da república norte-americana: ela observou que "sob modernas condições, o ato de fundação é idêntico ao modelo de uma constituição", embora esta última só obtenha autoridade duradoura até o limite no qual o ato envolva um povo constituindo seu próprio governo, e não um governo se impondo aos demais de cima para baixo (ARENDT, 1963: 116, 136-139). Embora tenham buscado *insights* e inspiração em exemplos romanos, os fundadores dos Estados Unidos não tentaram lastrear a legitimidade do seu experimento na tradição ou em fontes transcendentais de autoridade (ARENDT, 1963: 189, 196); eles preferiram dar ênfase à novidade de sua empreitada, e basear sua abordagem criando uma constituição na própria experiência política, e embora tenham adotado a distinção romana entre poder e autoridade, investiram a Suprema Corte dessa última, e não, como os romanos haviam feito, o Senado, e ao fazê-lo transformaram o caráter dessa forma de autoridade, de política para legal. Em sua atribuição de intérprete supremo da constituição, a Suprema Corte conservou tanto quanto ampliou o ato de fundação original, pois adaptou o figurino republicano de governo à mudança ocorrida no curso do tempo (ARENDT, 1963: 191-193). Se a fronteira entre o legislativo, que faz as leis, e o judiciário, que as interpreta, nem sempre foi assim tão nítida quanto Arendt afirma ter sido é questão de debate, e ela não realizou nenhum exame da jurisprudência da corte suprema, mas seja como for, ela não alegou ter oferecido um relato historicamente abrangente da fundação; antes, buscou construir um "tipo ideal", no sentido weberiano, da Constituição Norte-americana (ARENDT, 1979: 329). Tal abordagem da conceituação repousa no acento unilateral de determinadas características de um dado fenômeno, descartando distinções analíticas com o intuito de facilitar investigações comparativas. Ao sublinhar o contraste com seus homólogos franceses, Arendt destacou que os fundadores dos Estados

Unidos evitaram amplamente os efeitos corruptores da violência nesse ato – noves fora aquela que envolveu o engajamento na Guerra de Independência. A reverência que têm, há muito, devotado à constituição e suas instituições ilustra a potencial durabilidade desses atos fundacionais como fonte agregadora de estabilidade, orientação, precedentes e padrões para as futuras gerações (ARENDT, 1963: 190-191).

Ao fundamentar a autoridade política na relatividade da autoria e dos pactos humanos ao invés de num absoluto transcendente, os fundadores dos Estados Unidos aceitaram o conselho de Montesquieu, que rejeitara o modelo de governo comando/obediência de cima para baixo, introduzido por Platão na tradição ocidental, em favor de uma concepção espacial da lei como teia de relações ligando diversas esferas de atividade e associações de indivíduos presentes nos interesses mútuos. Da mesma forma, "entre os teóricos pré-revolucionários", observou Arendt, "apenas Montesquieu jamais considerou ser necessário introduzir um poder absoluto, divino ou despótico no campo da política" (ARENDT, 1963: 180). Ele diferenciava o poder da violência, e à medida que conceitualizou o poder, evitou a armadilha dos "meios e dos fins" que havia envolvido Maquiavel (ARENDT, 2007b: 722). Essa concepção de poder repousava na ideia de que sua fonte eram as capacidades de atuação de uma pluralidade de indivíduos, de modo que a ação, por si, era aquilo que sustentava qualquer campo da política – algo que Montesquieu demonstrou em teoria e os fundadores dos Estados Unidos realizaram na prática.

Conquanto Arendt percebesse Maquiavel, Montesquieu e os fundadores dos Estados Unidos como exemplos de importantes reflexões a respeito das mudanças políticas que enfrentamos hoje, ela dificilmente os consideraria como portadores da solução para a crise mais ampla da Modernidade. Embora a experiência dos fundadores com a liberdade pública permaneça instrutiva, Arednt enfatizou, igualmente, que não chegara a durar sequer até a geração seguinte. Da mesma forma, elogiou os exemplos de democracias de conselhos como o mais promissor modelo para sugerir "como reconciliar igualdade e autoridade", embora estivesse plenamente ciente de que todos os experimentos dessa natureza mostraram, até agora, ter vida curta (ARENDT, 1963: 258-259, 263, 270). À parte essa menção à brevidade dos experimentos das democracias de conselhos no século XX, ela jamais propôs algum novo modelo organizacional de autoridade. A perda da autoridade e da tradição limpou nossos horizontes para que repensássemos nossa relação com o passado e começássemos algo novo, mas nos deixou, outrossim, "pensando sem um corrimão", exercitando nossas novas capacidades para o julgamento (ARENDT, 1979: 336).

Agradecimentos

Gostaria de agradecer a Robert Kunath (Illinois College) e a Patrick Hayden por sua leitura cuidadosa do esboço deste capítulo e por suas excelentes sugestões para seu melhoramento.

Parte III

Sobre política e o espaço público

9
Poder e violência

Elizabeth Frazer

Os problemas do poder

Em seu ensaio sobre a desobediência civil, Arendt examinou a maneira como os pensadores políticos invocaram ou a consciência individual, ou a alma, ou o deus da cidade ou Estado, para justificar suas ações e posições (ARENDT, 1972: 51; cf. tb. ARENDT, 1963: 179). As questões sobre as relações entre o indivíduo e o Estado ou sociedade – como se transformaram ao longo do tempo, se há algo a mediá-las, se é ontológica ou eticamente precedente – são centrais a boa parte da teoria política, incluindo as controvérsias sobre como conceitualizar e explicar o poder social e político, e o quão significativo é o poder para nosso entendimento da política e da sociedade.

O poder foi altamente contestado no pensamento político e social do século XX, e continua a ser um tópico que, certamente, desconcerta intelectuais e estudantes (LUKES, 1974; BARNES, 1988; HINDESS, 1996). Existem muitas maneiras de abordar a proliferação dos textos, teorias e modelos de poder, mas uma forma comum é o debate entre o individual e o coletivo, a agência ou a estrutura. As teorias que o enfatizam como propriedade dos indivíduos variam no tocante a se o foco reside na agência intencional ou não; se ele é pensado como um potencial ou apenas admissível para a teoria social quando, efetivamente, exercido; de que maneira, exatamente, se dá esse exercício; e qual a fonte do poder dos indivíduos – para tais perguntas, as contribuições de Max Weber são um referencial comum para os teóricos dessa tradição. Alternativamente, outros pensadores salientaram as estruturas e os sistemas, e não a atuação pessoal, e ao invés de enfatizar as capacidades individuais e nas ações, focaram nas distribuições e nos processos que as mantém estáveis; grupos, instituições e indivíduos que vêm a se relacionar com os recursos (e suas capacidades e ações *vis-à-vis* os demais), são resultantes da estrutura, e não o contrário – a teoria do capital de Karl Marx é amiúde, quando não invariavelmente, lida sob tal perspectiva. O poder, logo, não é pensado como propriedade individual, e sim como as forças que constituem os indivíduos nas relações uns com os outros.

A contribuição arendtiana para os debates do século XX sobre o poder é, tipicamente, original e independente, afastando-se e desafiando tanto a abordagem individualista quanto a estruturalista, e vendo o mundo através de um prisma bastante diverso, seja de Marx seja do neoweberianismo, pois para Arendt o poder não pode ser a propriedade de um indivíduo – mesmo em termos potenciais só vem a ser quando as pessoas se juntam de modo a resultar numa ação concertada ou num esforço cooperativo (ARENDT, 1963: 175). Não deveríamos sequer encará-lo como uma capacidade, como os cavalos de força, que são uma medida confiável (ARENDT, 1958: 200). Ela rejeita a noção de que o poder provém de abstrações ou de recursos, independentemente das pessoas, as quais seriam a sua única fonte (ARENDT, 1963: 157, 178). Com frequência, o poder não é percebido ou exercido por elas, embora, potencialmente, pudessem se reunir para derrotar grupos ou indivíduos violentos, prevenir ações destrutivas ou disruptivas (ARENDT, 1970: 42). O poder, contudo, é a única coisa que pode criar um mundo – um mundo compartilhado, com instituições permanentes (ARENDT, 1958: 200; ARENDT, 1963: 175).

A narrativa arendtiana do poder é, pois, significativamente distinta: no que tange à questão do sujeito do poder, considera que este não são os indivíduos, as estruturas, ou outra variante qualquer da ideia; tampouco o são as classes, o *status*, grupos ou partidos, mas pessoas diferentes unidas. Sobre como o poder é exercido, não se trata de força física, de manipulação das preferências alheias, da diminuição de suas opções, ou de qualquer outro mecanismo, dentre a miríade que pode ser encontrada na literatura (LUKES, 1974; BARNES, 1988; DOWDING, 1996; MORRIS, 2002). Ele é exercido, sim, pelo esforço cooperativo das pessoas que, conquanto divirjam umas das outras, dispõem da capacidade de reunião. Do ponto de vista crítico, esse esforço cooperativo, implícita ou explicitamente, tem como eixo concordâncias, elaboração e manutenção de promessas, pactos esses que dão aos indivíduos um sentido de afirmação de que os demais continuarão a cooperar. Sobre a natureza do poder, ele não existe para dominar ou subjugar populações, indivíduos ou classes, nem para manter vantagens, e sim para a manutenção do espaço "intermediário" através do qual nos relacionamos uns com os outros.

Sobre a questão a respeito de qual parte o conceito de poder representa nas explicações das mudanças históricas, a narrativa arendtiana enfatiza as ações coletivas que operam ou re-operam[71] nossos comprometimentos com esse mundo, e nosso reconhecimento da sua "*givenness*" (condição de ser) – o fato de que somos nascidos nele e de que ele continuará após a nossa morte (ARENDT, 1958: 55). As falhas do poder desempenham, igualmente, um papel na explicação histórica: como quando um povo não consegue agir conjuntamente, ou quando toma o poder por administração, autoridade, legislação, trocas econômicas ou violência. Esses erros e fracassos são importantes elementos para a explicação das formas de dominação governamental, como a burocrática, a militar, dentre outras (ARENDT, [1951] 2004: 185, 242; ARENDT, 1963: 91).

As transformações na narrativa arendtiana do poder

Arendt não chegou a publicar nenhum capítulo ou livro extenso sobre sua descrição do poder, como fez para a autoridade, a violência, a verdade, a liberdade, dentre outros conceitos. Seu relato, como já coloquei anteriormente, é claro o suficiente. Sua apresentação do conceito, todavia, e ainda mais importante, a utilização que fez dele, não foram completamente consistentes.

Em *As origens do totalitarismo*, o primeiro de seus livros publicados sobre teoria política, ela utilizou, notavelmente, o termo poder em seu sentido "ordinário": para um grupo ou classe, "deter

71 No original, *"enact and re-enact"*, que possuem um sentido tanto de promulgar quanto de atuar no palco [N.T.].

o poder" é detê-lo para dominar. O controle que um determinado grupo possui sobre o poder pode "aumentar" ou "crescer", como ocorrido no processo de expansão e dominação imperiais. Com o poder vem o controle dos territórios, povos e coisas. O poder é empregado para dominar um território, para permitir a acumulação de capital. A violência é empregada como um instrumento de poder. O poder pode ser delegado a governantes. A política pode ser definida como poder nesse sentido (ARENDT, [1951] 2004: 181-196). Esse relato é altamente inspirado nos capítulos de *Economia e sociedade* e nos ensaios sobre política de Weber (WEBER, 1978, 2000). Nessa passagem, Arendt cita Hobbes e menciona Marx. E, claro, o relato é bastante reconhecível para os pensadores acostumados à reflexão sobre o poder, dominação, política, governo, monopolização e controle. Em *Da revolução*, mais uma vez a encontramos concordando, por assim dizer, com a descrição de Marx sobre o poder como dominação e controle da legislação, da aplicação das leis, e ideologia, um modelo que o sujeita ao controle dos meios de produção (ARENDT, 1963: 62). Nessa e noutras passagens, a política é, mais ou menos, todos aqueles processos à volta do poder para governar, e o poder para governar envolve monopolização e dominação de um território, além das pessoas e bens dentro dele. Conforme esse figurino, faz sentido desconfiar do poder, e de que sua má utilização seja um problema da, e para a, política (ARENDT, 1963: 146).

Contudo, nas últimas páginas de *Da revolução*, Arendt atribuiu a Montesquieu a ideia de que o assim-chamado poder de um governante não é, de modo algum, poder, e sim violência, "a força multiplicada de alguém que monopolizou o poder de muitos" (ARENDT, 1963: 151). Em sua leitura das tradições revolucionárias e constitucionais norte-americanas, e conforme certos elementos da teoria política clássica, ela postulou o princípio de que as pessoas, distintas e separadas umas das outras, dotadas da faculdade crítica da manutenção das promessas e da capacidade para o acordo, são a fonte do poder. Uma diferente, e apropriada, forma de poder. Sem nada a ver com a violência, e diversa da força. Existirá "somente quando, e se, os homens se unirem no propósito da ação, e desaparecerá quando, seja por que for, eles se dispersarem e abandonarem uns aos outros" (ARENDT, 1963: 175).

Em *A condição humana*, além de outros ensaios e cartas, Arendt, insistente e consistentemente, usou desse último conceito, normativo, de poder, que precisa ser compreendido e pensado sobre (ARENDT, 1958: 200-203; ARENDT, 1970: 43-56; ARENDT, 2003: 106). Nesse sentido, o poder é sempre relativamente frágil, dada a lógica da sociedade, da economia, da religião, da violência e do lar. Sob diversas condições sociais – por exemplo, aquelas de sociedades segregadas ou divididas, nas quais alguns grupos são sistematicamente excluídos, ou então das condições das sociedades de massas, nas quais existem pressões para a homogeneidade, e a perda da distinção entre os indivíduos – o "poder para reunir, relacionar-se e separar-se" pode ser perdido (ARENDT, 1958: 52).

Podemos chamar esse conceito e teoria do poder normativo. Não no sentido de que seja normal, pois como vimos ele se distancia marcadamente da linguagem ordinária, seja no discurso diário, seja nos estudos sociais convencionais. É normativo pela insistência de Arendt de que essa é a maneira como o termo "poder" deve ser utilizado, como devemos entendê-lo – ele precisa ser normal. Por conseguinte, um número de fenômenos que podemos ser tentados a incluir sob essa denominação – dentre os quais violência, autoridade, soberania – deve ser empregado diferentemente e excluído do domínio do conceito de poder. Além do mais, é normativo no sentido de como o mundo deveria ser. Pouco importa se nossas relações políticas e sociais dificilmente apresentam qualquer elemento dessa definição de poder, ou que nos seja difícil trabalhar com ela, tal poder poderia vir a ser real, sendo as coisas como são. Para Arendt, a justificação da conceitualização de como o mundo deveria ser se dá pela articulação de como foram as coisas e de como poderiam ter sido. Houve insinuações, durante o século XX, de possibilidades de poder horizontal, baseado no povo (ARENDT, 1972: 190).

Contudo, Arendt discutiu igualmente, ao longo dos seus ensaios, os pontos fracos de outras conceitualizações de poder. Por exemplo, existem inúmeros problemas com a ideia que Rousseau tinha do poder como vontade individual, bem como com a soberania individual e coletiva (ARENDT, [1961] 1968: 163ss.). Ou como, em algumas passagens, ao discutir os estados do século XX, precisou usar o termo poder em seu sentido não normativo, ordinário (ARENDT, 2003: 38, 45). Sem dúvida, a maneira como Arendt utilizou o termo em sua obra – com essas diversas conceitualizações usadas para diferentes propósitos, de ensaio para ensaio, de seção para seção – pode provocar um senso de inconsistência, muito embora a leitura cuidadosa do contexto mostre quão clara era a sua análise.

Violência

Um dos textos fundamentais no qual a conceitualização arendtiana de poder fez-se clara foi em *Sobre a violência* (1970). Nesse ensaio, ela se preocupou em distinguir a violência de um número de outros conceitos e fenômenos com os quais é frequentemente confundida – notavelmente a política e o poder. Numa crítica substantiva à forma como se pensa normalmente o poder, Arendt enfatiza sua tese de que o poder – e, logo, a política – se baseia em números e relações; é a habilidade para agir em concerto. Não é para ser pensado como instrumental, meio para um fim, mas como uma condição para ação. O adequado sentido do poder não precisa de justificação, pois é uma condição da política e da organização política (ARENDT, 2003: 42-55). Um ponto crucial nisso tudo é que poder e violência são antitéticos (ARENDT, 2003: 56).

Arendt estava reagindo a uma gama de articulações da relação entre violência e política, tanto as convencionais quanto as contraculturais. Ela se dirigiu à análise weberiana da violência como a suprema forma de poder, um instrumento central do governo em associação a outras formas de poder (ARENDT, 2003: 35-36). Nessa tradição, o poder é compreendido como o comando, integral para o governo, entendido como o domínio do homem pelo homem (ARENDT, 2003: 38-40). O problema com essa tradição é que ela supervaloriza o conceito de obediência – às leis, às ordens – por parte do povo; está errada em sua teoria da condição humana e da política. Esse veio teórico está sujeito à ilusão do controle, e apto a falar de usos estratégicos da violência (ARENDT, 2003: 4, 6). E falha por não perceber a antítese entre o poder, no sentido normativo arendtiano, e a violência. Para Arendt, a violência é não política – antipolítica, na verdade (ARENDT, 2003: 64). Podemos às vezes vê-la como pré-política, como quando ocorre na forma de guerra ou desordem, e é cronologicamente seguida por novos acordos, constituição, estrutura legal e uma subsequente vida política (ARENDT, 1958: 31). Trata-se, porém, na melhor das hipóteses, de fenômeno marginal no campo público da política (ARENDT, 1963: 19).

Essa narrativa da natureza antipolítica da violência é igualmente central à oposição de Arendt às celebrações contraculturais e ao uso da violência em contextos revolucionários e anticoloniais. Os ativistas dos movimentos antibelicista e antiestatal nos Estados Unidos e na Europa, e os herdeiros do movimento pelos direitos civis, justificavam o uso da violência, segundo a perspectiva de Arendt, em termos reminiscentes da tradição de Georges Sorel e Frantz Fanon, em especial a leitura que Jean-Paul Sartre fez desse último (SOREL, 1999; FANON, 1965; SARTRE, 1965). Arendt aponta vários problemas com esses argumentos. Primeiro, afirmou que Marx havia sido adulterado: considerou-se que ele havia enxergado a violência como as engrenagens da mudança histórica, e o capitalismo como violento em sua essência. Essas leituras fundamentaram uma visão de que os movimentos revolucionários precisam usar a violência, tanto porque fora pré-ordenado, por assim dizer, pela história, como também porque o contexto das sociedades capitalistas e colonialistas estava impregnado de violência, algo que não podia ser evitado. A teoria arendtiana enfatizou, ademais, os mecanismos não violentos do capitalismo, e advertiu contra qualquer política baseada nos sonhos de um futuro melhor (ARENDT, 1970: 11-12, 20-21).

Em seguida, atacou aquilo que percebia como as perigosas teses biológicas dessas teorias. As metáforas biológicas são, certamente, muito comuns nas teorias sociais, tanto a clássica quanto a moderna. Como exemplo, temos a metáfora de Marx, da nova era como a semente em meio ao passado (ARENDT, 1970: 26). Ainda mais perigosa, Arendt testemunhou, em seu próprio tempo, a ascensão e o desenvolvimento da sociobiologia, e as extrapolações do conhecimento da agressividade em animais selvagens para as organizações políticas das sociedades humanas (ARENDT, 1970: 59ss.). A confusão entre a agressão zoológica e a ira ética é particularmente ridícula (ARENDT, 1970: 63-64). A ira é racional, embora, claro, às vezes seja um ímpeto violento. Em alguns cenários podemos até considerar tal violência como justificada (ARENDT, 1970: 64). Mas isso não tem nada a ver com a política e, em última instância, fracassa em trazer à tona quaisquer efeitos políticos (criativos). Em terceiro lugar, essas teses biológicas são contínuas a uma outra ainda mais perigosa: a da higiene. Tanto em Sorel quanto em Fanon encontramos alusões aos efeitos saneadores da violência, seus efeitos no corpo e, portanto, no eu do perpetrador que é por ela energizado. A violência é falsamente igualada à criatividade (ARENDT, 1970: 69, 74). Essas teses biológicas são ainda mais perigosas no momento em que construtos raciais históricos são trazidos ao seu âmbito (ARENDT, 1970: 75).

Em quarto lugar, Fanon destacou o laço criado entre os coparticipantes da violência (ARENDT, 1970: 67). Fazendo eco a uma tese ubíqua de *A condição humana* e de outros ensaios, Arendt insistiu na natureza antipolítica de tais laços solidários, indizíveis e contramundanos, serem tomados por conexões naturais (ARENDT, 1970: 68-69; ARENDT, 1958: 256). O poder político e a ação fundamentam-se no discurso, em nossa habilidade de articular conjuntamente a justificação e a natureza de caminhos alternativos (ARENDT, 1958: 3-4, 26, 176-180). Por óbvio, é muito comum se pensar na política em termos de solidariedade. Arendt transforma essa ideia diversas vezes – não seria a solidariedade, e sim pluralidade; não o ombro a ombro, mas a interação concertada entre indivíduos distintos, a marca de uma vida política em comum.

Por último, ela se ocupou em desmascarar uma teoria estratégica – a pretensão do controle no planejamento e na execução, e a consciência dos fins cuja benevolência justificaria os meios (ARENDT, 1958: 6). Os confrontos dos anos de 1960 – o movimento antibelicista *versus* o Estado militar, a ação anticapitalista contra o poder corporativo – foram, frequentemente, confrontos entre duas formas de celebração da violência. De um lado, as convicções dos agentes estatais de que a violência poderia ser justificada estrategicamente; do outro, as convicções dos manifestantes de que a única resposta estratégica possível à violência do Estado era a violência.

A teoria arendtiana sobre a violência

A teoria sobre a violência tem atraído comentários e criticismo como todas as demais teorias centrais e conceitos arendtianos. Aqui discutirei algumas das linhas mestras de interesse, tentando ser claro quanto ao que, exatamente, está em jogo nas críticas dos teóricos e comentadores a Arendt.

Para começar, Iris Marion Young observa que não há uma definição de violência no ensaio de Arendt (YOUNG, 2002: 261). Essa crítica não é particularmente justa, embora, mais uma vez, o emprego do termo por Arendt fosse oscilante, logo precisa ser lido cuidadosamente *vis a vis* sua teoria política. Sem dúvida, a questão do significado da violência é de suma importância para a teoria política e social do século XX, e a posição de Arendt a esse respeito é essencial a qualquer avaliação do significado de sua obra para as aflições correntes. Por um lado, ela se interessava pela violência no sentido físico – as feridas nos corpos legadas pelo uso de implementos (levando em consideração que partes do corpo do perpetrador podem ser usadas como armas) (ARENDT, 1970: 4). Material e eticamente, a violência traz imprevisibilidade à vida social, pois os seus resultados não podem ser preditos. Nesse particular, há que ser contrastada com a fabricação – a feitura – em que a resultante molda os meios e (se bem-sucedida) seu produto obedecerá ao design prévio (ARENDT, 1970: 4; ARENDT, 1958: 139-140). A violência desfaz, machuca, destrói. Sua imprevisibilidade contrasta, igualmente, com a imprevisibilidade da ação, seja individual, seja concertada. A ação também possui efeitos imprevisíveis, mas a ação apropriada tem efeitos que são criativos, que dão à luz algo novo (ARENDT, 1958: 177). Os efeitos da violência são letais.

Por outro lado, Arendt também associa a violência à fabricação. Os materiais utilizados na fabricação de um artefato precisam, primeiro, ser mortos ou arrancados de seu entorno natural, "esse elemento de violação e de violência está presente em toda fabricação" (ARENDT, 1958: 139). Pois bem, embora sejam contínuos na ênfase da morte, sob o prisma de *Sobre a violência* essas afirmações assinalam, igualmente, uma concepção de violência diversa e muito mais extensa. Diversa porque a violência da fabricação - cortar árvores, por exemplo - não é imprevisível, ainda que acidentes certamente aconteçam. Sobre a expansão, ou extensão, do conceito de violência: em teorias contemporâneas, encontramos uma gama de posições a esse respeito, desde o foco explícito na tortura, morte e ferimentos de seres humanos, familiares aos estudos mais conservadores a respeito da guerra, passando pelas ideias de "violência estrutural" nas quais a violência se torna coextensiva ao ferir, até as teorias ainda mais amplas, em que qualquer aprisionamento ou checagem em qualquer processo é englobado no termo "violência" (FRAZER & HUTCHINGS, 2011a; FRAZER & HUTCHINGS, 2011b).

Claramente, era isso que Arendt tinha em mente quando destacou a violência da fabricação. Este é um importante elemento do seu relato sobre o particularismo da ação política e das relações políticas, em contraste com a conduta e os relacionamentos econômicos, sociais e domésticos. Desde o ponto de vista da política, a violência, em todas as suas formas, precisa ser rejeitada, e é fundamental termos sempre o cuidado de não misturar processos econômicos com relações políticas, ou tomar a administração e o governo das coisas por ações políticas do povo. E que tais confusões sejam endêmicas à nossa compreensão ordinária, e que pessoas mencionem a violência política, não altera em nada esse imperativo. Muito pelo contrário. No Imperialismo, como nos regimes totalitários, a violência pode ser organizada e "administrada", e é possível, tanto para os perpetradores quanto para as vítimas e a oposição, alegar que seja política (ARENDT, [1951] 2004: 184). A violência, porém, destrói o poder; não poderá jamais substituí-lo (ARENDT, 1958: 202-203). Claro, a violência dos regimes imperialistas, racistas e totalitários é errada de muitas formas - dentre as quais, a destruição das relações políticas *strictu sensu*.

Os críticos veem-se desconcertados pela veemência da insistência de Arendt nessa e em outras distinções conceituais e fenomenológicas (FRAZER & HUTCHINGS, 2008; FINLAY, 2009). Eles se perguntam se, dada a relação teórica entre violência e política, uma distinção conceitual tão inflexível, e a teimosia na separação entre ambos, possa ser sustentável. O que nos leva a um segundo conjunto de problemas com a teoria arendtiana da violência, centrada precisamente nesse assunto da relação entre política e violência, e na questão polêmica de se faz sentido pensar em "violência política". Finley argumenta que o reconhecimento, por parte de Arendt, de que algumas vezes a violência é justificável, e de que a justiça que, eventualmente, a violência é capaz de trazer é importante para a política, significou, efetivamente, que ela não endossava a afirmação de que "a violência é completamente inútil" (FINLAY, 2009: 27). Frazer e Hutchings observam que, para Arendt, a violência podia "abrir o caminho para o poder", algo que, de um modo ou de outro, permite afirmar que "possui efeitos políticos", e com frequência quando nos referimos a "político", queremos dizer "com efeitos políticos" (FRAZER & HUTCHINGS, 2008: 103-104).

Arendt, por sua vez, responderia que "ter efeitos políticos" é pedagogicamente diverso de ser "politicamente instrumental". A violência até pode ter feitos políticos, mas isso não nos deixa nem um pouco mais próximos de qualquer percepção sobre ser a violência um ato político. É possível discernir efeitos políticos após os eventos – não é estranho que a guerra ou a destruição abram caminhos para conversações de paz e a construção institucional. Mas isso, porém, está muito distante de qualquer tipo de projeto para a ocorrência de uma guerra no intuito de que instituições possam ser construídas. Nenhuma justificativa moral para a ação violenta confere suporte a qualquer entendimento da violência em termos de estratégia política.

De fato, muitos pensadores acabam se afastando da ideia de que a violência possa ser utilizada como um tipo qualquer de meio seguro para um determinado fim, graças a toda sorte de problemas que o planejamento meios para fins encerra. Os meios tendem a condicionar ou subverter os fins, e nos contextos sociais e humanos, a relação entre causa e efeito só muito raramente é compreendida – que dirá controlada! (FRAZER & HUTCHINGS, 2007). Porém, se a violência não é instrumental para a política, de que outra maneira pode se relacionar a ela? Uma resposta possível é que pode ser interna, parte dela. Alguns pensadores, inclusive Fanon, em algumas passagens, sugerem que a violência nem é tanto instrumental ou estratégica – ela é um dado, uma necessária e inevitável característica da situação (FANON, 1965: 48). Arendt certamente aceitaria que, em algumas situações, a violência seria "o único caminho" (ARENDT, 1970: 64). Mas Fanon, dentre outros, colocam esse tipo de necessidade situacional no contexto de uma visão de História como uma série de estágios dialeticamente relacionados. Quando Arendt observou que, numa dada situação, um ator possa não ter outra escolha que não o recurso à violência, ela concebe tal cenário como um assunto ético. Algo muito distante da espécie de necessidade histórica que Fanon, e outros como ele, invoca.

Dessa maneira, ela rejeitou a visão convencional de que a violência é inerente à política e ao poder – um necessário aspecto de ambos – da mesma forma que repudiou que fosse, ou pudesse ser, instrumental para a política e o poder. Em seu próprio entendimento, isso seria antitético para os dois. Finalmente, esta visão há que ser distinguida da versão liberal dessa antítese. O pensamento político liberal tende a encarar a política pacificada como uma conquista histórica. Competições pela dominação tendem a exibir violência, usos do poder econômico, ameaças religiosas, e que tais. Ao longo do tempo, sob circunstâncias favoráveis, a competição política pode ser legalizada, racionalizada e pacificada. Ou seja, a violência pode ser substituída pela política. Mais além, a teoria liberal frequentemente se engaja num experimento intelectual ao estabelecer que a constituição do governo, dos procedimentos para a concorrência pelo e para a transferência do poder de governar, e das instituições representativas, poderiam ser inteiramente articuladas sem a violência. Acabaria sendo, sob certas circunstâncias, mais racional para os indivíduos se envolverem politicamente com os demais, consoante tais bases. A teoria do contrato social oferece uma versão desse modelo, no qual a política é um processo relativamente distinto da violência, e pode ser utilizada para organizar sistemas de governança e, em seguida, operá-los. A política seria alternativa, e antitética, à violência.

A narrativa arendtiana da antítese entre política e violência é, uma vez mais, pedagogicamente distinta dessa. Ela envolve racionalidade, mas não uma racionalidade abstraída das demais competências humanas no percurso, ou seja, a teoria da escolha racional da decisão humana e ação, típica da teoria política liberal do século XX. Pelo contrário, a política envolve "faculdades" humanas distintas, tais como prometer, agir, exprimir-se e perdoar, as quais são enfatizadas em *A condição humana* (ARENDT, 1958) e em *Sobre a violência* (ARENDT, 1970; cf. tb. ARENDT 1990). Podemos acrescentar, também, a faculdade do julgamento (ARENDT, 2003; BEINER, 1992). Esse foco nas capacidades humanas, e as relações inter-humanas que as tornam possíveis, perfazem uma antropologia filosófica bastante diferente, que situa Arendt à parte da tradição liberal - como muitas vezes se interpretou durante seu tempo de vida. A tradição liberal, em geral, permanece focando na violência como um importante instrumento - para os governos, os estados e para os atores políticos. Como vimos, para Arendt essa linha de argumentação é, em último caso, um fracasso.

No século XXI, tanto a ciência política quanto a teoria política desenvolveram renovados olhares para a questão da violência. Formas e incidências da violência se deslocam e transformam, mas a brutalidade - na guerra, na vida social, na representação cultural - parece ser tão ubíqua e horrenda como sempre. Teóricos e cientistas políticos buscam explicações e entendimentos. Uma importante cepa dessas análises foca na ideologia - em outras palavras, como os sistemas de ideias estão relacionados a instituições e conduta, e como são negociados e usados pelos atores na explicação ou justificação dos seus atos (HOLLANDER, 2008). A linha interpretativa de como a ideologia, as ideias, pode motivar os atores e legitimar suas ações. As considerações de Arendt a respeito do papel da ideologia no que tange à violência são, uma vez mais, pedagogicamente distintas. Ela certamente buscou trazer os sistemas de ideias à sua consideração – por exemplo, os sonhos dos projetos libertadores, a natureza do pensamento racista (ARENDT, 1970: 21, 77). Ela observou que tais ideologias "funcionam" cingindo e dissolvendo associações, e fraturando qualquer mundo compartilhado (ARENDT, 1972: 79).

Esse aspecto da teoria política arendtiana tem atraído muitas críticas hostis. Sua concepção de vida política pública parece excluir de vez qualquer política segmentada como uma contradição em termos, de modo que feministas, socialistas, quaisquer classes de ativistas e defensores da justiça étnica ou racial reagem com indignação à despolitização e ao abandono dos trabalhos aos quais se dedicam (DIETZ, 1991; PASSERIN D'ENTRÈVES, 1994: 139-166; BENHABIB, 2003: 146-166). Esse capítulo não é o local para discutir tais questões em detalhes. Do ponto de vista da violência e da política, para Arendt as ideologias e formações sociais sectárias aumentam a probabilidade da violência. São veículos para os tipos de ideologias da violência – seja uma força purificadora, um ímpeto biológico, ou expressão da liberdade – identificadas por ela como importantes elementos da cena moderna (ARENDT, 1958: 228; ARENDT, 1970).

Conclusão: a questão da não violência

Por fim, quero me voltar para a relação entre Arendt e a política da não violência. É possível pensar – dada sua incansável rejeição a quaisquer justificações ou tentativas de legitimação da violência, o repúdio de qualquer análise "política" da violência, ou de qualquer tentativa de trazê-la à política como forma de ação – que ela seria simpática aos movimentos pacifistas do século XX e de suas ações públicas. Esse, contudo, não foi exatamente o caso.

Como muitos ativistas pelo desarmamento, Arendt considerava que a invenção e o emprego de armas nucleares haviam mudado tudo (ARENDT, [1951] 2004: 570n.; ARENDT, 1970: 3-5, 19). Todavia, seus parcos comentários dão ênfase a três aspectos: primeiro, em todos os contextos concernentes aos negócios internacionais, é preciso estar preparado para lutar; o desarmamento é perigoso para o futuro de um Estado (ARENDT, 1970: 5). Retirar-se para um mundo privatizado de cultura e sociedade civil segmentada é arriscado para alguém que é membro de alguma minoria cultural (ARENDT, [1951] 2004: 151-153). Segundo, a experiência da violência - incluindo as trincheiras, os campos, os quarteis e os movimentos do século XX - tende a não transformar as pessoas em pacifistas. Algo assim pode ocorrer porque a experiência de ter vivido a violência é distintiva, enobrecedora, talvez, de modo que aqueles que foram envolvidos pela violência organizada se apartam da sociedade. Seja como for, no contexto da II Guerra Mundial e da Guerra Fria, em que Arendt escrevia, o pacifismo parecia simplesmente irrealista (ARENDT, [1951] 2004: 435; ARENDT, 1970: 14). Terceiro, ela era geralmente hostil para com movimentos sociais, e suas demandas por *status* político. Um problema das lutas por direitos articuladas em demonstrações e marchas, a partir de uma perspectiva arendtiana, é que elas espelham a política da violência e evadem sua concepção normativa do poder político. Pacifismo, políticas pacíficas e o uso de táticas e estratégias de não violência na luta por direitos, todos se fundamentam na solidariedade muda e sem palavras, em tornar-se o mesmo que qualquer outro, nas pessoas se comportarem como se fossem membros de uma mesma família (ARENDT, 1958: 57-58).

Assim sendo, violência e não violência estão incrivelmente próximas uma da outra. Arendt chocava-se pelo uso da não violência a serviço da violência - incitando violência contra agentes do Estado, desmascarando a violência que sustentava a ordem social (ARENDT, 1970: 18-19). A mim me parece que a estrutura retórica de *Sobre a violência* estabelece essas congruências e intimidades mútuas, as quais sustentam seu relato de como compromissos com a violência são capazes de destituir os compromissos com a não violência - por exemplo, nos movimentos pelos direitos civis nos Estados Unidos, ou nas campanhas do movimento trabalhista (ARENDT, 1970: 21). Por outro lado, essa crítica à política da não violência é articulada em paralelo à insistência num poder não violento mais profundo: falar de um poder não violento é, na verdade, redundante (ARENDT, 1970: 56). Trata-se de uma não violência que não é, de modo algum e em qualquer sentido, dialeticamente relacionada à violência. As raízes da violência são absolutamente diversas das raízes do poder, e possuem uma natureza que é absolutamente diversa da natureza do poder (ARENDT, 1970: 56).

Agradecimentos

Devo quase tudo de minha leitura e de minha compreensão da violência em Arendt ao meu trabalho conjunto com Kim Hutchings, com quem estou engajada em um detalhado projeto que trata da fenomenologia e das justificativas da violência. Este capítulo apresentou minha interpretação daquilo que Arendt escreveu sobre violência e poder. Quaisquer más interpretações ou erros são de minha responsabilidade.

10
Arendt e o poder político do julgar

Patrick Hayden

> Questões específicas demandam respostas específicas. E se a série de crises na qual temos vivido desde o começo do século pudesse nos ensinar algo seria, penso eu, o simples fato de que inexistem padrões globais para determinar nossos julgamentos infalivelmente, regras gerais às quais casos específicos estejam subordinados com qualquer grau de certeza (ARENDT, 2003: vii).

Hannah Arendt proferiu essas palavras em 1966, e suas reflexões a respeito da crise de julgamento que emoldura os mais profundos problemas éticos e políticos da Modernidade tardia foram, e permanecem sendo, a um só tempo estimulantes e perturbadoras. Poucos pensadores demonstraram, como ela, preocupação mais resoluta pelas complexas relações entre o julgamento e a política, tanto em termos de sua potencialidade quanto em sua fragilidade. Arendt considera a capacidade do discernimento a faculdade política *par excellence*, não apenas porque tal prerrogativa pertence, igualmente, a todos os seres humanos dotados de possibilidades para a liberdade social e política. O discernimento *é* político, tanto mais porque pressupõe a condição humana fundamental da pluralidade, e demanda uma comunidade de iguais diversos que desenvolvam, troquem, compartilhem e critiquem as pretensões e opiniões uns dos outros. Ela mostra que a atividade de julgar é indispensável à ação humana significativa por brotar de representar, imaginar e comunicar as perspectivas de alguém para os demais. Ao mesmo tempo, Arendt se aproximou do julgar através de uma aguda consciência de suas crises e fracassos no século XX: desde a devastação de duas guerras mundiais aos horrores do Holocausto e até o colapso das verdades morais tradicionais sob os golpes do totalitarismo e da ascensão da sociedade do consumo de massas, ela fora testemunha de como o discernimento falhara seguidas vezes, mas igualmente de como tantas pessoas haviam, ansiosamente, abdicado de sua vontade de julgar. Assim, ao longo dos escritos de Arendt a potencialidade e a fragilidade do julgar estão profundamente ligadas, e por essa razão sua narrativa sobre o tema envolve um paradoxo: embora reconhecesse o julgamento crítico como indispensável à manutenção da existência política digna desse nome, percebeu igualmente sua impactante deterioração na política moderna.

À luz desse paradoxo, Arendt buscou reformular uma teoria do julgar, adequando-a às incertezas e vicissitudes de um mundo no qual as tendências totalitárias, a ausências de verdades transcendentais e a propensão a considerar a política com suspeição definem os desafios a serem enfrentados pela teoria e pela prática política. As páginas seguintes irão explorar as três mais importantes facetas dessa concepção arendtiana, com o intuito de reconstruir seus argumentos centrais e iluminar como buscou renovar a atividade de discernir[72]. Começo pela distinção que fez entre o preconceito e o julgamento propriamente dito, e o modo como essa distinção foi motivada pela sua defesa do poder de julgar perante o tratamento dispensado pela tradição filosófica. Volto-me, então, à elucidação da noção arendtiana de julgamento reflexivo, baseada na apropriação que fez da análise kantiana do gosto e dos julgamentos estéticos. Por fim, situo sua compreensão de julgamento com respeito ao campo da política e a importância temporal dos negócios humanos. A capacidade autônoma para o discernimento crítico, Arendt afirmou, há que fazer justiça à comunicabilidade inerente a um mundo compartilhado com os outros, sem necessariamente ser capaz de confiar em qualquer critério formal ou preexistente que orientasse tal faculdade.

---

72 Para um tratamento detalhado sobre as diversas interpretações incitadas pelos escritos de Arendt sobre o julgar, cf. Beiner e Nedelsky (2001).

Do preconceito ao julgamento

Quando de sua morte, Arendt vinha se preparando para embarcar na terceira, e última, parte do seu último livro: *A vida do espírito*, cujos três tomos deveriam corresponder àquilo que a autora percebia como as "três atividades mentais básicas": pensar, desejar e julgar (ARENDT, 1978b: 61). Embora jamais viesse a completar o planejado volume sobre o julgamento, ela já havia assinalado, perto do final do tomo sobre o pensamento, que aquela faculdade era a "mais política das habilidades mentais humanas" (ARENDT, 1978b: 192), uma afirmação que, de certo modo, não surpreende pois enquanto o pensar, a atividade especulativa de contemplar o que quer que venha a atrair a atenção da mente, e o desejar, a livre e intencional atividade volitiva da mente em se esforçar para, e poder, escolher, geralmente funcionem à revelia de propósito ou conteúdo normativo, o julgar, pelo contraste, é a única e específica habilidade "para separar o certo do errado, o belo do horrendo" (ARENDT, 1978b: 193). Discernir é o processo de identificar, comparar, discriminar e avaliar objetos, ações, experiências e eventos particulares no intuito de afirmar ou interpretar um valor a seu respeito. Julgando, os indivíduos encontram-se ativamente engajados em operar distinções no mundo à sua volta e em revelar suas preferências para os outros. Daquelas três atividades básicas da vida mental, portanto, parece claro que o julgar possui mor proeminência e potencial no que tange à arena política.

Não resta, contudo, tão claro se devemos considerar "autônomas", segundo Arendt, as faculdades de pensar, desejar e julgar, pois ainda que possuindo "características comuns" e estando intimamente inter-relacionadas, permaneceram operando conforme suas "leis inerentes" e "não podem ser reduzidas a um denominador comum" (ARENDT, 1978b: 193). Diferentemente da grande maioria das importantes figuras intelectuais de até meados do século XX, Arendt pôs a nu várias suposições falaciosas presentes nos ideais morais fundamentais da tradição filosófica ocidental: uma delas que o pensar, compreendido aqui como a posse de inteligência racional e conhecimento filosófico, quando seguido atentamente, determinava aos agentes humanos realizassem julgamentos "corretos"; outra afirmava que o desejar, se guiado pela razão, "obedece espontaneamente", como se fora as verdades ou os princípios que o pensamento prescreve para si mesmo e, portanto, deseja aquilo que sabemos ser preciso fazer ou não. Uma última era a convicção de que o conhecimento da verdade – concebido como as metas e medidas que não derivavam desse mundo, mas de algo além dele" (ARENDT, 2003: 51) – é sinônimo do julgamento moral sobre o certo e o errado. O conhecimento e a verdade levariam, assim parece, inevitavelmente à virtude. Desse modo, pensar, desejar e julgar desmantelam-se todos juntos, ou no mínimo são concebidos como formando uma hierarquia integrada, de modo que o pensamento racional apropriado nos colocaria, seguramente, a fazer aquilo que sabemos precisar ser feito (cf. ARENDT, 2005: 6-16). Não obstante, os eventos do século XX não só haviam exposto claramente, segundo Arendt, a falência intelectual dessas pretensões, mas também como elas eram moral e politicamente perigosas. Adolf Eichmann, por exemplo, acreditava que seu dever era seguir as ordens que levaram à morte milhões de judeus europeus. Como Arendt notou ironicamente, muitas pessoas comuns resistiram fielmente à tentação de fazer a coisa "errada", desobedecer a comandos dessa natureza, porque pensavam possuir o conhecimento da verdade moral (ARENDT, [1963] 1965: 150; ARENDT, 1978b: 177-178; ARENDT, 2005: 54)[73].

Se o pensar, em si mesmo, não determina o julgamento "correto", e o desejar não faz, nem pode necessariamente fazê-lo, desejarmos o que "devemos", somos deixados, então, com o problema da inexistência de garantia para o julgamento, nada mais que o apoie ou, independentemente, assegure que uma escolha seja ou não benéfica. Sabemos o que é a atividade de julgar, mas isso não nos diz

---

73 O "problema fundamental" da "natureza e função do julgamento humano" pode também ser visto no contexto dos julgamentos de Nuremberg e de Eichmann (e, claro, nos subsequentes julgamentos por genocídio e crimes contra a humanidade), dado que "temos exigido nesses julgamentos, nos quais os réus haviam cometido crimes 'legais', que os seres humanos sejam capazes de discernir o bem do mal, mesmo quando tudo o que eles têm a guiá-los seja seu próprio julgamento" (ARENDT, [1963] 1965: 294-295).

como executá-la, como discernir o certo do errado uma vez nela implicados, ou como melhorar nossa habilidade em exercitá-la, em especial quando é mais necessária – nas situações moralmente ambíguas e politicamente inauditas, quando não está claro qual a coisa correta a se fazer e qual não é. Sem essa faculdade, estaríamos politicamente perdidos, seríamos como marinheiros navegando em mares desconhecidos sem uma bússola. Ao seguir a contrapelo da tradição filosófica, Arendt reafirmou que não apenas o reino dos negócios humanos era muito semelhante às águas inexploradas, mas que, além disso, inexistiam garantias absolutas e cognoscíveis de que qualquer bússola que empregarmos para singrá-las vá, invariavelmente, apontar para a direção certa. Em que pese tudo isso, a tremenda importância do julgamento jaz aparente quando consideramos que, quase como uma bússola literal, nos fiamos nela para orientarmo-nos, significativamente, em direção ao passado, presente e futuro. Essa forma de delinear conceitualmente a desorientadora ambiguidade e incerteza que confronta a atividade autônoma do pensar releva uma razão mais profunda porque Arendt considerou o julgamento como a mais política das nossas habilidades, e apontou para a necessidade de se repensar decisivamente algumas das próprias suposições tradicionais.

Ela forneceu uma indicação de como a reconsideração do julgamento começaria a tomar forma quando escreveu que "com muita urgência, a *a-scholia* [i. é, as prementes preocupações políticas e morais] dos negócios humanos exige julgamentos interinos, a confiança no costume e no hábito, ou seja, nos preconceitos" (ARENDT, 1978b: 71). Na *Introdução à política*[74], Arendt tentou expandir essa relação entre a política e o preconceito em duas direções: preconceitos contra a política e o caráter político dos preconceitos. Em termos de preconceitos modernos contra a política – de que seria pouco mais que a luta pelo poder, que esse poder corrompe tudo o que toca, que os interesses comuns são atropelados em favor dos interesses estreitos dos ricos e poderosos, e que o exercício da repre-

74 Em *A promessa da política*, coletânea de textos inéditos da pensadora [N.T.].

sentação democrática é fútil – Arendt aceita o fato deles "refletirem fiel e precisamente nossa situação atual" (ARENDT, 2005: 96). Tais preconceitos não são infundados, pois a "política de sempre" certamente engendrou burocracias impessoais, desigualdades imensas e tecnologias avançadas capazes de erradicar toda a humanidade. Quanto ao caráter político dos preconceitos, ele surgiria do fato deles serem elementos inextricáveis "daqueles negócios humanos presentes no contexto no qual transitamos diariamente" (ARENDT, 2005: 97), as opiniões de fundo e as crenças que formam muito do nosso discurso usual; nossa habilidade em funcionar politicamente junto aos demais depende, de modo mais amplo, de nossos costumeiros preconceitos compartilhados, que podemos trocar sem elaborar explicações ou justificativas. A vida política convencional, em suma, é baseada em preconceitos que circulam como meio corrente, e aqui, mais uma vez, enfrentamos um paradoxo: se por um lado, eles são uma condição elementar que torna possível a vida comunitária; por outro, podem gerar tanto a apatia quanto a antipatia que ameaçam o projeto mesmo de organizarmo-nos politicamente.

Em certo sentido, mesmo que os preconceitos viessem a ocupar um espaço político inerentemente paradoxal, não é possível, nem desejável, expurgá-los *per se* do campo da política. Impossível porque ser humano é ter preconceito, dado o fato de nascermos em comunidades e tradições preexistentes; e indesejável porque tal esforço demandaria consequências inumanas (além de, podemos acrescentar, deixar intacto o subjacente preconceito idealista contra os preconceitos). Eis por que Arendt insistiu tanto no fato de preconceitos não serem julgamentos, pois enquanto assentir já "vem pronto" ou se constrói sobre preconceitos, dada sua condição de opiniões amplamente compartilhadas e tidas como autoevidentes, os julgamentos precisam buscar ativamente a concordância alheia pela via da persuasão e da justificação. Conquanto cada julgamento original possua alguma base em experiências efetivas, preconceitos são acréscimos pretéritos; julgamentos surgem do exame crítico do presente, preconceitos, da repetição habitual do passado. Seja como for, ambos são inter-relacionados. Julgamentos normalmente evoluem para preconceitos com o passar do tempo, e preconceitos, por sua vez, os antecipam (ARENDT, 2005: 100-101). A esse respeito, os julgamentos são formados à luz e com base em quaisquer preconceitos então prevalentes, e como cada contexto vigente nos presenteia com alguns elementos do novo e do inesperado, para os quais estamos moral e politicamente despreparados, amiúde confiamo-nos em preconceitos para encontrar nosso caminho por entre tais tribulações, até estamos aptos para julgar a experiência com a qual fomos confrontados.

E ainda assim, trata-se de um perigo duplo: primeiro, podemos aderir tão rigidamente a um preconceito a ponto de bloquear nossa habilidade em lidar com a realidade vivida e conceber julgamentos honestos; segundo, podemos estar de tal maneira oprimidos pela nova realidade enfrentada que há o risco da arena política cessar seu funcionamento (ARENDT, 2005: 102)[75]. No curso ordinário dos eventos, o preconceito serve de padrão ou medida amplamente aceito para classificar o que ocorre à nossa volta, mas tais pré-julgamento, nos diz Arendt, deveriam ser tidos como mais que provisórios. Eles são condicionais, no sentido duplo de que, primeiramente, permanecem por trás dos julgamentos em forma sedimentar e, segundamente, podem ser criticamente iluminados e suplantados por julgamentos quando padrões, leis e normas existentes já não forem mais suficientes ou aplicáveis ao horizonte cambiante do reino dos assuntos humanos. Esse é, em particular, o caso em tempos de crise política e moral, quando o invulgar se faz presente, o inaudito acontece e os padrões conhecidos começam a esboroar e cair no mutismo. Nesses momentos, "quando somos confrontados com algo que jamais vimos antes, e para o qual não se tem paradigmas à nossa disposição" (ARENDT, 2005: 102), a faculdade do discernimento, habilidade autônoma de distinguir o certo do errado na ausência de pré-julgamentos confiáveis, permanece a esperança mais potente para a salvação da política.

---

75 Nesse particular, a abordagem arendtiana se parece muito com a de Hans-Georg Gadamer (1989), a recuperação fenomenológico-hermenêutica do sentido positivo do preconceito como historicamente ligado ao prejulgamento.

A recuperação do julgamento reflexivo kantiano

Para Arendt, tanto nosso entendimento da faculdade do julgar quanto nossa habilidade para fazê-lo foram seriamente comprometidos na era moderna. Histórica e sociologicamente, a capacidade humana para o discernimento tem sido progressivamente moldada até a forma de uma racionalidade instrumental, servindo primariamente para determinar os meios mais efetivos para atingir algum fim predeterminado (ARENDT, 1958: 154). Esse mesmo fim, para o qual a comunidade política supostamente existe - seja o "progresso", a "revolução", a "felicidade", o "desenvolvimento" ou a "produção - afigura-se transcendente e, em última análise, presumivelmente derivado das leis objetivas da História ou da Natureza (ou dos pronunciamentos de "*experts*" científicos) e, portanto, impermeável ao escrutínio do julgamento (ARENDT, 1978b: 216, 149-155; ARENDT, 2005: 76). Nos dias de hoje, o julgamento é aparentemente impotente para questionar os fins que ditam os assuntos humanos contemporâneos. Filosoficamente, tem sido subordinado à busca pela verdade e pela certeza, pois a tradição filosófica ocidental, desde Platão, tem visto a faculdade autônoma do julgamento - um perigoso "conceito anárquico" (ARENDT, 1973: 7) - com suspeição, abrindo um "abismo entre a filosofia e a política" (ou de maneira mais geral, entre o pensar e o agir) que, com o tempo, só fez se ampliar (ARENDT, 2005: 6). Até o século XX, as principais correntes do pensamento filosófico exigiam que a contingência das opiniões e a pluralidade dos julgamentos de valor fossem redimidos por um quê de certeza cartesiana outorgada pelo "conhecimento do que vem a ser a verdade" (ARENDT, 1978b: 15-16) universalmente aceito. Porém, se não somente a fé em nossa habilidade em julgar adequadamente, mas também a nossa crença na existência de paradigmas estáveis para lastrear nossos julgamentos, foram abaladas pelas catástrofes tecnológicas, políticas e morais de que foi testemunha o mundo moderno, então como poderá o discernimento ser resgatado para que seu potencial crítico seja renovado? Qual a proposta arendtiana para trazer a atividade do julgar de volta ao reino do pensamento e da ação políticos?

Tendo identificado a distinção entre o preconceito (uma espécie de pré-julgamento emerso do cenário historicamente formado de padrões e tradições estabelecidos) e o julgamento (a faculdade para discriminar e avaliar sem o auxílio de critérios e categorias preestabelecidos), Arendt oferece um esquema para afirmar a faculdade do julgamento como fenômeno do mundo real pela via de uma criativa reescrita da filosofia crítica de Kant: ela afirma que o julgar, na qualidade de capacidade autônoma e distinta, não ocorre através das operações lógicas da indução ou dedução, as quais se ocupam, essencialmente, de abstrações extramundanas, mas antes advém de algo adjacente à rica experiência da beleza e do gosto, parte e porção do mundo das aparências (ARENDT, 1978b: 215). Consequentemente, enquanto boa parte dos teóricos consideram a *Crítica da razão prática* e *A metafísica da moral*[76] (em especial sua primeira parte, a *Doutrina do Direito*) de Kant como contendo sua filosofia política e moral propriamente dita, Arendt, em contraste, volta-se para *A crítica da faculdade do juízo* para continuar a expandir suas implicações a respeito do poder político e da empresa do julgar (cf. ARENDT, [1961] 1968: 219).

No relato arendtiano, Kant foi o primeiro grande pensador a apreciar a importância da faculdade do julgamento e dar-lhe a devida atenção. As considerações que ela apresentou perante a American Society of Christian Ethics, em 21 de janeiro de 1973, oferecem um sentido nítido do peso da significância kantiana para sua própria visão de julgamento: "e a razão pela qual eu acredito tanto em *A crítica da faculdade do juízo* não é porque estou interessada na estética, e sim porque acredito que o modo como dizemos 'isso é certo, isso é errado' não difere muito de quando dizemos 'isto é belo, isto é feio'. Aquilo que o julgamento estético e o moral têm em comum é que ambos estão preparados para 'encarar o fenômeno, por assim dizer, sem qualquer sistema preconcebido'" (ARENDT, 1973: 9). Como ninguém pode atribuir um valor absoluto de "beleza" ou "feiura" a uma obra de arte *per se*, o julgamento estético, diferente-

76 Também conhecida como *A metafísica dos costumes* [N.T.].

mente da indução ou da dedução, terá de ser parte de um processo inerentemente ambíguo e situado de tentar figurar as perspectivas alheias nos limites da esfera representacional da opinião pública. Similarmente, para Arendt os julgamentos morais e políticos se tornam a "arte" de conferir aos outros um espaço ou uma parte em nosso processo mental de avaliar se a "riqueza tremenda das experiências brutas" revelada nos negócios humanos é certa ou errada (ARENDT, 1978b: 12) sem o auxílio de uma "tradição seguramente aferrada" (ARENDT, [1961] 1968: 94). Da Antiguidade à Modernidade, os filósofos lamentaram a incerteza de ambos os julgamentos, moral e estético, mas aquilo que a tradução censurou foi abraçado por Arendt como única maneira possível de estar à altura do perigo imposto à liberdade humana pelas realidades atuais.

Há três aspectos principais da teoria do julgamento de Kant, na qual Arendt se inspirou para o seu próprio relato crítico: primeiro, reconstituir a atividade do julgar exige a distinção entre julgamentos determinativos e reflexivos; segundo, discernir implica a formação de uma "mentalidade alargada" que lida com perspectivas mundanas alheias; terceiro, os processos e conclusões do julgar há que serem situados em termos de "*sensus communis*", ou o sentido de "comunidade" partilhada. Embora Arendt não tenha vivido o suficiente para escrever a terceira, e conclusiva, parte de *A vida do espírito*, seu trabalho postumamente publicado, *Lições sobre a filosofia política de Kant*[77], provém uma lúcida, ainda que incompleta, exposição desses três temas (dentre outros), capturando, portanto, a "filosofia política não escrita" de Kant como extrapolação a *A crítica da faculdade do juízo* (ARENDT, 1992: 19).

Conforme a explicação de Arendt, *A crítica da faculdade do juízo* dá a entender mais adequadamente a significância política do julgar que as obras críticas prévias de Kant, pois "fala dos homens no plural, como o são de fato, ao viver em sociedades" (ARENDT, 1992: 13). Enquanto a *Crítica da razão pura* e a *Crítica da razão prática* focam em condições para a possibilidade da razão e do inte-

77 *Lectures on Kant's Political Philosophy*, 1982 [N.T.].

lecto formalmente válidas para todos os seres racionais não obstante suas diferenças empíricas, base sobre a qual seria possível legislar para a humanidade como um todo, Arendt sugere que a terceira *Crítica*... introduz a concepção da faculdade do julgamento que permite lidar com divergências concretas em suas especificidades sem submeter-se a uma lei universal previamente conferida (ARENDT, 1992; WELLMER, 1996: 39). Em a *Crítica da razão pura*, Kant argumentou que "se compreender, em geral, há que ser visto como a faculdade das regras, o julgar será a faculdade de sujeitar-se às regras, ou seja, discernir se algo se sustenta, ou não, perante uma determinada regra" (KANT, 1983: 177). Isso implica que a razão por si só é incapaz de fornecer uma regra geral para quando o julgamento tiver sido aplicado satisfatoriamente, pois cada regra geral exigiria uma outra regra (e assim sucessivamente) para cada aplicação concreta do julgar em cada circunstância particular. De modo que para Kant, existe uma distinção clara entre julgamentos determinativos e reflexivos: o julgamento geral é a habilidade para pensar o particular como contido no universal. Se o universal (regra, princípio, lei) estiver dado, então o julgamento que a ele adstringe o específico é *determinativo*... Contudo, se apenas o específico for dado e o julgamento tiver de encontrar o universal para ele, então esse poder é meramente reflexivo (KANT, 1987: 18-19).

Os julgamentos reflexivos, segundo a compreensão kantiana, ocupam um importante espaço na razão prática e, portanto, na moralidade. A razão prática se destina a responder à questão: "o que devo fazer?" Na moralidade, ações individuais precisam se submeter a uma regra absoluta universal, ou seja, o imperativo categórico (KANT, 1997: 28-30). Nesse ponto, um indivíduo exercita um julgamento determinativo (julga o que deve ser feito) ao impor livremente (arbítrio) a lei moral objetiva às suas máximas; essa lei moral apriorística determina (ou constitui) o atributo moral formal às nossas ações específicas. Em contraste, os julgamentos reflexivos desempenham um importante papel no que tange ao gosto e à estética, por conseguinte. Aqui uma obra de arte específica, ou algo na natureza, é apresentada, e há que se decidir a qual padrão universal pertence – à beleza, por exemplo. O universal é encontrado no final, e não no começo, do processo de julgamento reflexivo porque não há regras objetivas da beleza, ou padrões de gosto, que possam ser atribuídos com antecedência para cada objeto em sua particularidade – esta pintura, esta flor, esta paisagem; os julgamentos estéticos precisam, eles mesmos, constituir, e não presumir, sua validade universal. Questões de preferências são subjetivas, e o sentimento de "gostar ou não" faz-se imediatamente presente ao perceptor "fora da mediação de qualquer pensamento ou reflexão" (ARENDT, 1992: 66; ARENDT, 2003: 137-138).

Os aspectos das preferências subjetivas, contudo, ainda não são julgamentos. Referem-se, estritamente, a assuntos privados concernentes à mera inclinação subjetiva, enquanto que os julgamentos emergem como generalizações passíveis de comunicação aos outros (ARENDT, 1992: 64-65). Os julgamentos estéticos *per se* emergem de um processo reflexivo que interfere na percepção de prazer ou desprazer pelos meios da imaginação e do senso comum. Imaginação é a capacidade de fazer presente à mente algo que está, em verdade, ausente, a faculdade de representação e síntese que atravessa o hiato entre o geral e o particular. Representando, invocando imagens do que está ausente, é possível refletir sobre um objeto particularmente agradável ou desagradável com o tipo de "distância", "desinteresse" ou "imparcialidade" necessária para chegar-se a uma avaliação geral sobre se aquilo exemplifica o predicado universal de beleza ou feiura (ARENDT, 1992: 67). Importante: esses julgamentos reflexivos nos permitem ascender do particular ao universal, ou encontrar o universal apenas através do particular, sem perder a especificidade daquilo que fora representado – a imparcialidade emerge, mas sem extinguir a diferença ou a particularidade. Uma tal flor considerada bela exemplifica a beleza, mas a beleza em si mesma não está nem pode ser dada, e muitas outras flores podem exemplificá-la tão bem quanto. O particular que permanece no cerne de cada julgamento reflexivo constitui um exemplo, noutras palavras, uma instância ou caso que não exaure a profundidade infinita do universal que exemplifica, e através do que a imaginação se consubstancia em ação – motivo pelo qual Kant e Arendt pensaram em exemplos de "muletas de julgamentos"[78] (KANT, 1983: 178). Mais ainda: os julgamentos reflexivos corporificam uma "validade exemplar"; ou seja, sua força ou autoridade deriva de sua pretensão de que algo exemplifica "o certo ou o errado, o importante ou o irrelevante, o belo ou o feio" tanto em sua especificidade quanto num sentido mais geral, válido igualmente para outros, embora retendo sua singularidade (ARENDT, 1992: 67). Ou nas palavras de Arendt,

> É possível encontrar ou pensar em uma mesa que alguém considere ser a melhor mesa possível, e que a tome como exemplo de como todas as mesas deveriam ser: a *mesa exemplar* ("exemplo" vem do latim *eximere*, "destacar algo em particular"). Esse exemplar foi, e permanece sendo, algo específico que, em toda sua especificidade, revelara a generalidade que, de outro modo, não seria possível. A coragem é como *Aquiles* (ARENDT, 1992: 77).

Dizer que algo é belo ou feio, certo ou errado, é fazer uma afirmação a respeito do sentido ou significância que existe para além da pessoa que o está a dizer. Julgamentos reflexivos dependem, pois, da possibilidade de se fazer uma afirmação para outras pessoas, e da condição de imparcialidade reflexiva atingida ao se adotar o ponto de vista do outro e de sua possibilidade de assentir ou discordar. Isso significa que o processo de construção desde o particular até o universal é, simultaneamente, uma progressão do subjetivo (gosto) ao intersubjetivo (julgamento), um processo de conferir sentido junto com os demais (ARENDT, 1992: 67). Para Kant, como para Arendt, a operação representacional da imaginação nos coloca em comunicação virtual com os outros, um modo de "comunicabilidade universal que não pressupõe um conceito determinado... o estado mental no qual nos encontramos quando a imaginação e o entendimento jogam livremente" (KANT, 1987: 62). Outra forma de descrever essa situação: realizar um julgamento implica o critério de "comunicabilidade ou publicidade" (ARENDT, 1992: 69; ARENDT, 2003: 141), que significa compartilhar nosso juízo, expô-

78 KANT, I. *Crítica da razão pura.* Trad. de Manuela Pinto dos Santos e Alexandre Fradique Morujão. Lisboa: Fundação Calouste Gulbenkian, 2001, p. 176 [N.T.].

-lo às opiniões alheias e testá-lo contra seus possíveis juízos (KANT, 1987: 160). Essa suposição sobre a comunicabilidade do julgamento reflexivo resulta de uma capacidade especificamente humana para a comunicação, através da qual nossos pensamentos e escolhas tornam-se públicos, não privados, e ao observarmos objetos e eventos nós, juntos com muitos e diversos outros, agimos ativamente para conferir-lhes sentido. O termo *sensus communis* é a forma abreviada para tal sentido "comunitário" especial de um reino comum de sentidos compartilhados e comunicativos. Arendt o descreve da seguinte maneira:

> O senso comum – que os franceses sugestivamente conhecem por "bom-senso", *le bon sens* – nos revela a natureza do mundo enquanto mundo compartilhado, e lhe devemos ao fato de nossos estritamente privados e subjetivos cinco sentidos, e sua informação sensorial, poderem ajustar-se a um mundo não subjetivo [i. é, intersubjetivo] e objetivo, o qual temos em comum e compartilhamos com os demais. Julgar é uma, se não a mais, das mais importantes atividades humanas na qual esse "compartilho-o-mundo-com-os-outros" vem a ocorrer (ARENDT, [1961] 1968: 221).

Comunicabilidade e imaginação permitem aos julgamentos reflexivos assumir um caráter dialógico, se não pela troca real de opiniões com os outros, ao menos do ponto de vista hipotético. Aqueles que realizam julgamentos de valor reflexivos, digamos assim, comprometem-se com uma atitude dialógica e imparcial em relação às suas afirmações não por assumirem um prisma abstrato, arquimedeano, acima do *sensus communis*, mas sim por suplementar seus próprios pontos de vista com as perspectivas de uma comunidade projetada de sujeitos decisores. Esse processo de tomada de perspectiva, de se colocar no lugar dos outros, é o que tanto Kant quanto Arendt chamam de "pensamento ou mentalidade alargada" (KANT, 1987: 160-161; ARENDT, 1992: 71-74). Arendt veio a sublinhar que o *sensus communis* é uma condição fenomenológica para a possibilidade da linguagem, da comunicação e da troca de opiniões, porque é composto por uma pluralidade de indivíduos munidos de perspectivas dessemelhantes e de uma diversidade de pensamentos. Exercitar o julgamento reflexivo significa articular livremente esses ângulos diversos na mentalidade alargada, de modo a que "um possa pensar a partir do lugar do outro" (ARENDT, 1992: 74) ao invés de partir do seu próprio ponto de vista, isolado dos demais com os quais compartilhamos o mundo, ou da posição de uma verdade teoricamente abstrata e determinante para todos os julgamentos (ARENDT, 1992: 42). Tal interação entre imaginação e reflexão comunica as particularidades de objetos, ações e eventos específicos ao relatar sua singularidade para uma comunidade mais ampla de sentidos compartilhados. Quando a mentalidade alargada luta por representatividade e imparcialidade, gera um "ponto de vista geral" que reconstrói criticamente os pontos de vista particulares de indivíduos diversos, observando o mundo a partir destes lugares e trazendo-os à ponderação junto às crenças e julgamentos individuais. Não se trata da simples adoção de opiniões ou julgamentos alheios como se fossem seus (algo que, impensadamente, subverteria a atividade mesma do julgamento reflexivo), mas sim de uma forma imaginativa de trazer os outros à própria e parcial perspectiva, situando-se em seus pontos de vista para assim comparar e testar seu próprio discernimento vis a vis o possível discernimento alheio sobre os mesmos objetos, ações e eventos (ARENDT, 1992: 64-65; ARENDT, [1961] 1968: 221). Consequentemente, embora os julgamentos reflexivos jamais serão capazes de resolver os assuntos de forma conclusiva – conjecturas sobre o que é belo, certo e importante poderão sempre ser contestadas – eles possuem, de fato, validade intersubjetiva que serve de "muleta" para, através da comunicação, (re)criar e (re)avaliar os significados comuns em um mundo comum, embebido de pluralidade.

O julgamento político sem réguas

Até agora, tenho focado na apropriação que Arendt fez da análise kantiana do julgamento reflexivo estético, mas sua principal aspiração foi infundir vida nova em nossa compreensão da relevância política do julgamento reflexivo. A existência política se ocupa, incessantemente, da elaboração de julgamentos sobre o certo e o errado em circunstâncias concretas, ainda que novas, imprevisíveis e ambíguas, sobre as quais precisamos pensar "sem um corrimão" (ARENDT, 1979: 336). Tais circunstâncias nos confrontam com suas peculiaridades, apresentando problemas únicos e obstáculos que desafiam a assimilação às respostas tradicionais do passado, cuja legitimidade se perdera, e sem contar ainda com a presença de padrões estáveis para guiar-nos à certeza do futuro. Isso sugere que o melhor a fazer é considerar o julgamento político como uma forma do julgamento reflexivo, pois é através do engajamento com as diferenças de perspectiva, conferindo-lhes seu peso devido, questionando nossas próprias opiniões bem como as convenções sociais recebidas, que exercitamos e melhoramos a faculdade do julgar. E porque o julgamento reflexivo é dotado de valor e função no contexto da navegação por entre escolhas indeterminadas, o quanto mais complexa a realidade política se tornar, e mais incertezas os indivíduos precisem encarar, tanto mais rica e desenvolvida sua mentalidade alargada precisa ser para poder chegar a julgamentos corretos que sustentarão a teia frágil das relações humanas. Assim sendo, Arendt percebeu a estética (ou a atividade cultural) e a política como instâncias distintas, ligadas entre si em termos do julgamento reflexivo:

> Eis que a cultura e a política caminham juntas, pois não se trata do conhecimento, ou da verdade, que está em jogo, mas antes o julgamento e a decisão: a troca judiciosa de opiniões a respeito da esfera da vida pública e do mundo compartilhado, e a decisão sobre qual maneira de ação será tomada, e também como será olhar adiante, que sorte de elementos deve surgir (ARENDT, [1961] 1968: 223).

A questão basilar para o julgamento político é, pois, qual forma e caráter o campo da política deverá assumir, qual será sua "aparência" dadas as condições humanas de pluralidade e liberdade (ARENDT, 2003: 93). Para responder a tal questão, membros de comunidades políticas precisam concordar a respeito dos termos de um julgamento específico, mas que se projeta, também, retrospectiva e prospectivamente, em direção ao "já não mais", ao "ainda não" bem como ao "agora sim": que tipo de mundo compartilhado temos aqui e agora, o que deveríamos, ou não, ter feito no passado, e o que devemos, ou não, fazer para que um correto mundo político seja conservado para todos nós. Experiências particulares, ações e eventos que se tornaram exemplos podem nos ajudar a resolver tais questões, urgentes justamente porque a história contemporânea produziu experiências exemplares, aí incluídas o totalitarismo, o genocídio e a ascensão do social, que por pouco não chegaram a desaparecer com o mundo político compartilhado.

Para explicar essa temporalização do julgamento, Arendt se voltou para uma das parábolas de Franz Kafka, da coleção de aforismos intitulada *Ele* (KAFKA, 2002), em que "Ele" bate-se contra dois antagonismos, preso entre um que o ataca por trás e outro que o ataca de frente. "Ele" sonha que, "num momento inesperado", pulará para fora da briga, para a posição de um árbitro que, então, decidirá a disputa entre os dois antagonistas (ARENDT, 1978b: 202). Arendt interpretou a parábola kafkiana como uma mostra da maneira como "os dois tempos, passado e futuro, são compreendidos como forças antagônicas que se agridem no presente" (ARENDT, 1978b: 203). O desconcertante, e ao mesmo tempo esclarecedor, dessa parábola é que a maneira como retrata a temporalidade da condição humana vai contra a concepção convencional do tempo como movimento progressivo e retilíneo. O presente, noutras palavras, pode ser entendido como um "agora persistente" entre o passado e o futuro: o agora existe como confluência, mais do que disjunção, entre ambos. E ainda assim, essa lacuna duradoura existe, ou só se torna aparente, graças à capacidade humana para a reflexão, o processo de alçar-se "para fora da rinha"; define-se presente ao julgar e conferir sentido àquilo que já não mais há e ao que ainda não houve. Em termos politicamente explícitos, a parábola expressa as condições em que ocorre o julgamento reflexivo: o pensamento e a ação políticos precisam chegar a um acordo sobre o passado que os precedeu, para buscar a questão do sentido dos eventos presentes enquanto confrontando-se um futuro envolto em véus, cujo resultado não é conhecido. E embora "Ele" possa tão somente sonhar em ascender à posição de árbitro do choque entre passado e futuro (ARENDT, 1978b: 207; ARENDT, 1958: 248), a atividade do julgamento político permanece reflexivamente distante de, mas posicionado em meio às vicissitudes do tempo e do movimento dos eventos existentes no mundo. A atividade do julgar se coloca, sempre, dentro dos limites temporais do mundo.

Arendt se dispunha a enfatizar o fato de que a atividade do julgar é uma questão de reunir os pontos de vista retrospectivo e prospectivo ainda que, como vimos, essa ação aparentemente infunda o presente com tal ambiguidade que não facilita atingir uma opinião geral sem um ponto de vista determinado. Como os fenômenos dos negócios humanos frequentemente se nos apresentam como se "sempre pudessem ter ocorrido de outra forma" (ARENDT, [1961] 1968: 242), ou se, de fato, "jamais devessem ter ocorrido" (o caso do Holocausto) (ARENDT, 1994: 14; ARENDT, 2003: 75), a deixa para Arendt veio de uma "frase curiosa" que Lucano atribuiu a Catão: *Victrix causa deis placuit, sed victa Catoni* ("a causa vitoriosa agrada aos deuses; a derrotada, a Catão") (ARENDT, 1978b: 216). O *insight* de Catão, ela nos ensinou, residiu em identificar um princípio político vital, segundo o qual a capacidade humana para o julgamento do passado é aquilo que nos permite "reclamar nossa dignidade humana" (ARENDT, 1978b: 216). Catão vinculou a liberdade de ação, o poder de iniciar novos começos no presente, à habilidade de refletir sobre os eventos passados e conferir-lhes particular significado, liberto do espectro da necessidade – ou seja, sem ter que prejulgar "quais coisas merecem ser consideradas, e quais não" (ARENDT, 1978b: 139). A própria História, sob o disfarce dos "deuses" transcendentes, não se apresenta como nosso juiz supremo; pelo contrário, como Catão exemplificou, são os seres humanos os capazes de, continuamente, inquirir, interpretar e elaborar os fatos históricos em julgamentos politicamente significativos. Por intermédio desse exercício, "nossa faculdade em lidar com o passado" (ARENDT, 1978b: 216), somos capazes de navegar pelas várias e variáveis situações que dão forma às nossas vidas no presente.

A "frase curiosa" de Catão é igualmente importante por destacar o fato de que existem duas formas elementares de julgar e captar o sentido dos eventos: julgando em retrospecto, da perspectiva do historiador, o ponto de vista de alguém situado fora dos eventos enquanto ocorriam; e julgando no presente, a perspectiva do agente político atuante e diretamente envolvido num evento que se desdobra. Ambas as maneiras específicas de julgamento, do historiador e do agente, foram reunidas por Arendt em sua compreensão dos "espectadores" e dos "atores" do campo da política. Claro, a esfera pública é o espaço no qual os atores políticos, e o desenrolar dos eventos políticos, aparecem, e como "o que quer que apareça lá está para ser visto", o "conceito mesmo da aparição exige um espectador" (ARENDT, 1978b: 140). Na verdade, Arendt sugeriu que o espectador possuía um privilégio distinto no que tange ao julgamento, qual seja, a vantagem de possuir certo distanciamento da ação. Como um não agente do ato, o espectador, ou testemunha, de um evento político, como a audiência de uma peça de teatro, pode adotar um ponto de vista geral do palco do campo da política e dos atos que o constituem em sua inteireza, sendo capaz, portanto, de conferir sentido ao todo e julgá-lo com imparcialidade – conforme a concepção arendtiana do termo, a ampliação desinteressada do pensamento de alguém, e não um atributo infalível (ARENDT, 1992: 58). O ator político, por sua vez, está absorvido em seu "papel" e, por definição, tem uma visão apenas parcial do espetáculo, de modo que sua compreensão do evento como um todo coerente é limitada (ARENDT, 1958: 192). É possível que um ator tenha de tomar suas decisões com uma urgência que turve sua reflexão ou contemplação – como se flagrado no ato – e nesse caso provavelmente se fiará em preconceitos costumeiros ou em regras alheias. Mais: um ator carece da audiência para atribuir sentido e valor àquilo que foi realizado para torná-lo memorável, *re*-presentável, através de sua opinião. O resultado desse debate é que a correção ou incorreção das nossas ações (individual e coletivamente) e das suas consequências só podem se tornar aparentes com o passar do tempo e o "veredicto final de sucesso ou fracasso" permanece nas mãos de uma comunidade de espectadores (ARENDT, 1978b: 93-94; ARENDT, 1992: 62)[79].

79 Em outra passagem, Arendt (2005) descreve Sócrates como alguém que buscava engajar os cidadãos de Atenas como espectadores dos eventos públicos, no intuito de desenvolver sua capacidade para o julgamento crítico.

Uma vez mais, os temas centrais e a persistente tensão que acompanha o relato arendtiano do poder político do julgamento são perceptíveis: por um lado, a ação política, em que atores plurais aparecem juntos no palco do campo da política, manifesta de modo tangível os potenciais da liberdade humana, e preserva a base da dignidade humana (ARENDT, 1958: 8-9, 247). O movimento da tomada de ação é frequentemente impulsionado pelo julgamento crítico a respeito da existência de normas sociais e convenções, e pela deliberação política sobre os fenômenos que aparecem em público. Mas os atores políticos também carecem da distância necessária ao engajamento no processo de reflexão sobre o que eles estão fazendo, e nem sempre são os veículos mais apropriados para a capacidade humana do julgamento genuinamente independente. Por outro lado, a habilidade em adotar a visão de um espectador, pausar e refletir acompanhado de uma mentalidade alargada a respeito de uma ação ou evento em particular é indispensável para dotar aquela ação ou evento de um sentido compartilhado. O julgamento do espectador é reflexivo no sentido, vê a ação política desde o mundo, e media essa visão ao comunicá-la aos demais, trazendo provisoriamente ao presente os fios do passado e do futuro. Entretanto, está simultaneamente privado da excepcional experiência humana do agir em concerto com os outros, o "preço" que se paga pela retirada da participação na política (ARENDT, 1978b: 93). Mais que isso, possui a responsabilidade de distinguir entre retirar-se do envolvimento ativo – permanecendo, não obstante, inserido no mundo das aparições – ou tornar-se um mero passante moral (ARENDT, 1994: 5). Conquanto a perspectiva do espectador seja absolutamente essencial ao resgate da autonomia crítica do julgamento (e com ela a dignidade humana), é igualmente verdadeiro que a ação política abre espaço à possibilidade mesma do julgamento reflexivo. O julgamento não pode jamais transcender a ação, enquanto a ação não faz sentido sem o julgamento. As perspectivas de espectadores e atores não são, inevitavelmente, contraditórias, mas formam os dois lados da mesma moeda, mesmo se esses dois lados estiverem unidos com dificuldade. O poder elusivo do julgar indica que precisamos *performar* nossos julgamentos como membros de um mundo compartilhado, e não somente considerá-los "dados", ou "aplicá-los" impensadamente.

Podemos retornar mais uma vez à leitura que Arendt fez de Kant para ilustrar essa tensão produtiva. Refletindo sobre o "evento histórico universal" da Revolução Francesa, o filósofo alemão entendeu que aquilo que fez dele um "fenômeno para não ser esquecido não foram os feitos ou malfeitos dos atores, mas as opiniões, a aprovação entusiástica, dos observadores, de pessoas que não estavam pessoalmente envolvidas" (ARENDT, 1992: 65). Ele compreendeu bem a espetacular significância desse evento particular, somente revelado pelos olhos das testemunhas e pelas observações críticas expressas ferozmente pela opinião pública, de perto e de longe, e posteriormente pelas narrativas históricas, cada uma delas recontando uma história ligeiramente diferente[80]. O próprio Kant "aguardava com grande impaciência os jornais de cada dia", fascinado pelos ideais de iniciativas exibidas pelos revolucionários, e acompanhava apaixonadamente o drama inesperado com um senso de "desfrute" (ARENDT, 1992: 15). Ao mesmo tempo, contudo, também estava mentalmente dividido, pois por uma questão de moral e princípios políticos, não podia comungar com a ideia de revolução. No plano abstrato, a revolução é moral e politicamente negativa, pois lançar mão da violência como meio para atingir fins políticos, como fizeram os atores da Revolução Francesa, tanto violava o imperativo categórico quanto destruía a segurança e a ordem estabelecidas pelo Estado de direito. Preso nessa tensão entre as posições de ator e espectador, Kant reconheceu, contudo, que o *sentido* da Revolução não poderia ser afirmado pelo *fiat* filosófico solitário, posto que a maneira como um público engajado a admirava como um evento único era vital para decifrar os julgamentos dos seres humanos politicamente situados (ARENDT, 1992: 44-46). No final, quando assumiu a posição de um espectador público reflexivo e considerou

80 Hinchman e Hinchman (1994) sugerem que a ênfase de Arendt em buscar e imaginar um pluralismo de perspectivas para compreender as ações ou eventos políticos reflete a interpretação de Kant oriunda da filosofia *Existenz*, de Karl Jaspers.

as questões a partir do ponto de vista do *sensus communis*, temperado por um "interesse desinteressado", Kant saudou a Revolução Francesa como um evento que exemplificava a possibilidade do progresso humano, e simbolizava a esperança para as futuras gerações (ARENDT, 1992: 56). Dessa forma, podemos dizer que sob o ângulo de visão de Arendt, o exemplo de Kant tipificou o potencial bem como a fragilidade do julgamento em relação à condição da existência política.

Conclusão

A presente discussão se destinou a fornecer uma noção da complexidade e da profundidade do impressionante relato arendtiano do poder político do julgamento. Em que pese o fato de que o julgamento reflexivo não pode se confiar em, ou impor uma regra universal, pensar por nós mesmos, considerando diferentes pontos de vista, algo que postula a comunicabilidade interpretativa do julgamento, possui um importante, ou até mais: insubstituível, papel a desempenhar na manutenção do nosso senso compartilhado de realidade. Dentro de uma comunidade política, julgar independentemente os fenômenos, com a inclusão de possíveis pontos de vista e opiniões alheias, é tão essencial quanto, potencialmente, a ação conjunta com eles no campo da política, muito embora as atividades de julgar e agir permaneçam distintas e tensionadas. Arendt pode não ter nos oferecido uma teoria acabada a respeito da faculdade do julgar, mas seu interesse primordial, afinal de contas, se tratava de um resgate explícito dessa atividade autônoma, com vistas ao discernimento crítico e à diagnose das modernas patologias. Da mesma forma, o relato que deixou sobre o julgamento reflexivo é moldado por, e se adequa perfeitamente à, sua apreensão com a retirada do político e a renúncia ao julgamento, dada a crise dos paradigmas legais, morais e políticos prevalentes, e com a ausência da certeza objetiva. Não há dúvida de que existem numerosos aspectos nos quais Arendt pode ser criticada, ou nos quais seus argumentos ainda careçam de maior desenvolvimento: Ronald Beiner (1983) argumentou que ela deveria ter-se voltado para o conceito aristotélico de *phronesis*, ao invés da teoria kantiana do gosto estético, para edificar uma base mais apropriada à melhoria da razão prática e à promoção da prática política (cf. ARENDT, [1961] 1968: 221). Há, também, a questão de qual seria a relação precisa entre a faculdade do julgamento, aquela "manifestação do vento do pensamento", e a prevenção das "catástrofes" do mal político que tanto postulou (1978b: 193; BERNSTEIN, 2008; HAYDEN, 2009). Ainda é possível dizer que ela findou por se enredar no "dualismo" entre a *vita contemplativa* do espectador e a *vita activa* do ator, e que foi incapaz de solucionar em termos do favorecimento da ação política (BEINER, 1992: 140; BERNSTEIN, 1996: 231). Estas são questões relevantes a serem discutidas, mas vale a pena considerar que, na verdade, Arendt não procurou reconciliar teoria e prática; é possível afirmar que sua abordagem, pelo contrário, insistiu em reafirmar as tensões não distendidas entre pensar, julgar e agir no contexto de pluralidade humana, de modo a sermos capazes de manter a inescapável ambiguidade de uma existência política centrada num mundo constantemente às vistas. Em último caso, para Arendt a indeterminação do julgamento não era o *skandala*, a "rocha" infame em que tropeçaram a moralidade moderna e a política, e sim "a falta de vontade ou habilidade em se relacionar com os demais através do julgamento" quando a realidade não admite uma fronteira clara entre o certo e o errado (ARENDT, 2003: 146).

11
Responsabilidade

Annabel Herzog

Arendt compreendia a temporalidade em termos de presença política, algo que pensava exigir tanto *ação* quanto *pertencimento* – ou seja, consistia dos atos de efetivação de uma dada, apolítica portanto, associação. O fato dela considerar essa presença como incluindo alguma forma de gratuidade ou passividade pode surpreender àqueles familiares com a teoria arendtiana da ação performativa[81], de maneira que é válido recordar que Arendt se referiu à presença em dois diferentes contextos: (1) tornar-se presente na presença dos outros, isto é, agir; e (2) tornar alguém presente na mente, isto é, representar[82]. O objetivo desse capítulo é mostrar que, para Arendt, a responsabilidade pode ser encontrada na conexão entre esses dois tipos.

Como ocorrido com outros conceitos, a utilização que Arendt fez da palavra responsabilidade não foi nem sistemática nem inequívoca, e além disso ela ainda distinguiu a responsabilidade dos atores políticos daquela dos intelectuais. Concentrarei minha atenção nessa última, e seguirei o desenvolvimento de sua visão desde seu artigo inicial, *We Refugees*, até depois do julgamento de Eichmann.

Primeiramente, estabelecerei uma breve genealogia da "responsabilidade" em sua obra, mostrando que ela usou o termo em con-

81 Sobre a "metafísica da presença" arendtiana, cf. Visker (2007) e Degryse (2008). A questão da presença na teoria política de Arendt já foi levantada diversas vezes, definitivamente por Susan Bickford (1996). A presença, contudo, foi geralmente definida em termos de visibilidade do campo da política, usualmente no contexto dos debates sobre teatralidade ou comunicação – ela, de fato, se referiu a dois sentidos diferentes de presença.

82 Representar sujeitos ausentes acrescenta um quarto componente à definição de responsabilidade proposta por Michael Denneny: declarar a presença daquilo que é presente; declarar-se presente; e declarar um vínculo entre a própria presença e aquilo que é presente para alguém (DENNENY, 1979: 269).

textos distintos do pertencimento a uma comunidade política e da ação individual. Na segunda parte, irei explorar a fenomenologia da ação, demonstrando que o agir é inseparável de sofrer. Na conclusão, mostrarei que nas sociedades democráticas a simultaneidade do agir, do pertencer e do sofrer - ou seja, responsabilidade - se manifesta nas opiniões políticas.

Responsabilidade: entre pertencer e agir

Em seu artigo de 1943, *We Refugees*, Arendt esboçou a natureza de uma condição não política que só pode ser recontada negativamente. Os refugiados pertencem a lugar nenhum, nada podem fazer além de recordar pessoas que já não mais existem. Sua perda foi absoluta: Perdemos nosso lar... Perdemos nossa ocupação... Perdemos nossa linguagem... Abandonamos nossos parentes... E nossos melhores amigos foram mortos em campos de concentração (ARENDT, 1978a: 55-57). Em *As origens do totalitarismo*, ela descreveu a de-politização dos "tempos sombrios" como a perda de toda estrutura e associação, e comparou a condição dos apátridas àquela dos antigos escravos, os quais, ainda que oprimidos, ao menos pertenciam a um lugar e a uma comunidade (ARENDT, [1951] 2004: 377). A extrema nova calamidade da apatridia moderna, explicou, residia na "privação de um lugar no mundo, que torna significativas as opiniões e efetivas as ações", e concluiu: "a inocência, no sentido de ausência absoluta de responsabilidade", era o arremate dessa perda completa do *status* político (ARENDT, [1951] 2004: 374).

O uso do termo responsabilidade não é autoevidente, como também não o é a utilização de inocência como seu oposto. O notável aqui é a conexão entre um conceito comumente relacionado à esfera moral ou à jurídica e a ideia de *pertencimento* a uma comunidade política. Arendt não foi a única teórica a estabelecer esse vínculo, mas a maioria das discussões a respeito desse assunto, porém, debateram a questão de análogos coletivos para a responsabilidade moral individual. A utilização que fez da palavra responsabilidade se afastou desse contexto liberal, embora sua análise tangencie a discussão liberal. Para ela, a esfera da pluralidade humana "não é uma simples extensão da dualidade "eu e eu mesmo" para um "nós" plural (ARENDT, 1978b: 200); antes, ela defendeu que responsabilidade dizia respeito ao indivíduo pertencente a uma comunidade, e, portanto, ao *sujeito*, não à comunidade. Essa subjetivação da sociedade se opunha ao solipsismo, a que considerava uma posição egoísta e apolítica (CURTIS, 1999: 147). Arendt destacou que a resposta dos refugiados à negação de sua presença política pelos seus inimigos foi "egoísta" – isto é, a aceitação dessa negação – pois a maioria se recusou a considerar seu destino pessoal como um destino político, e tentou escapar de sua identidade política: o que quer que façamos ou pretendamos ser, revelamos nada mais que nosso insano desejo em nos transformarmos, em sermos não judeus (ARENDT, 1978a: 63).

A responsabilidade individual engendrada pelo pertencimento a uma comunidade não é idêntica àquilo que Arendt chama de "responsabilidade coletiva", diferença que estabeleceu em um ensaio de mesmo nome, em que distinguiu "entre a responsabilidade política (coletiva), de um lado, e a culpa moral e/ou legal (pessoal) de outro" (ARENDT, 2003: 150-151). Ela argumentou que a primeira se aplica quando alguém pertence a um grupo que age, ou agiu, à revelia de si mesmo, e escreveu: preciso ser considerado culpado por algo que não fiz, e a razão de minha responsabilidade tem que ser minha pertença a um grupo (um coletivo) a que nenhum ato voluntário de minha parte é capaz de dissolver, ou seja, uma participação, em tudo e por tudo, diferente uma sociedade de negócios, que posso dissolver quando bem quiser (ARENDT, 2003: 149). Há que se distinguir, portanto, essa responsabilidade coletiva de atos individuais censuráveis, quais sejam, a culpa pessoal[83].

A responsabilidade individual por atos que podem ser, legal ou juridicamente, julgados se distingue da responsabilidade política/coletiva, embora seja política num outro sentido. De fato, para que seja considerado culpado (ou inocente), alguém precisa pertencer a uma comunidade que o reconhece como um agente, fato esse que

83 P. ex., no posfácio à edição de 1964 de *Eichmann em Jerusalém*, Arendt enfatizou que Eichmann tinha de ser condenado por causa de sua culpa pessoal, e não por sua responsabilidade coletiva (ARENDT, [1963] 1965: 297).

lhe confere o "direito" a ser julgado (ARENDT, [1951] 2004: 376). Noutras palavras, a responsabilidade que leva a julgamentos morais ou legais é política por estar relacionada ao pertencimento.

Segundo Arendt, a condição dos refugiados representava um problema político que exigia uma resposta política, rejeitada pelos refugiados. Eles se recusaram a agir antes mesmo de terem sua presença política negada: não cometemos ato algum, e a maioria de nós jamais sequer pensou em defender qualquer opinião política radical (ARENDT, 1978a: 55). Na entrevista que concedeu a Günter Gaus em 1964, Arendt recordou que ela já havia tentado agir em 1933, e como resultado, sentiu-se responsável: tentei ajudar de diversas formas, [e] preciso dizer que isso me gerou alguma satisfação. Tinha sido presa... "ao menos tinha feito algo, pensei. Não sou inocente" (ARENDT, 1994: 5). Aqui, os termos "responsável" e "inocente" não se referem a pertencimento e perda do pertencimento, mas a ação e passividade, respectivamente.

A explicação arendtiana de que "a ação gera grandeza", ou seja, a singular e extraordinária iniciativa do agente político que introduz a mudança na esfera pública (ARENDT, 1958: 205), tornou-se célebre[84]. Se a responsabilidade individual é definida pelo agir, e agir é a via de expressão da grandeza, logo a responsabilidade individual, outrossim, também é via de expressão da grandeza – a própria tentativa de Arendt de "fazer algo" em 1933 foi (ela acreditava) consistente com esse critério. Ela relatou a Gaus, com orgulho, de como havia mentido para a Gestapo por não admitir que "a organização [Sionista] fosse exposta", e como, posteriormente, cruzou a fronteira ilegalmente.

Em *We Refugees*, *As origens do totalitarismo* e partes de *A condição humana*, Arendt pareceu supor que pertencer e agir estavam cronicamente ligados; que iniciativa e grandeza relacionavam-se a algo anterior à ação porque "o lugar no mundo" – compreendido como um mundo político ou humano – é uma "moldura dentro da qual se é julgado por suas ações e opiniões" (ARENDT, [1951] 2004: 376). Um agente pode ser responsabilizado por suas palavras e ações

84 Para Arendt, o "ordinário" e o vulgar são características da repetição biológica, da vida na esfera privada e, infelizmente para ela, do conformismo social.

apenas e tão somente se pertencer a um determinado grupo de pessoas no momento do seu ato. Ele é responsável pela sua ação porque compartilha uma comunidade com seus compatriotas: a revelação do "quem" através do discurso, e a montagem de um novo começo pela ação, caem sempre numa teia preexistente (ARENDT, 1958: 184). A responsabilidade no agir é, portanto, aparentemente determinada, ou ao menos precedida, pela associação, pois é dentro de um efetivo grupo de pessoas ao qual se pertence, e por cujas ações prévias também se é responsável (i. é responsabilidade coletiva), que alguém se torna responsável por iniciar algo novo e "grande" baseado na própria iniciativa.

Todavia, em *A condição humana,* bem como noutros escritos, Arendt repetidamente argumentou que o *status* político é definido, ou mesmo criado, pelas ações. Não se ganha, primeiro, uma presença política para, só depois, começar a agir; é através das ações que alguém se revela um agente político. A esfera pública é criada pelas palavras e ações, ou dito de outra maneira, pela performance (ARENDT, [1961] 1968: 153). Da mesma forma, as ações não possuem essência antes de serem realizadas (ARENDT, 1994: 406); princípios como glória, honra excelência ou amor "manifestam-se no mundo enquanto durar a ação, nada mais" (ARENDT, [1961] 1968: 152). Sob tal compreensão performativa da ação, agir significa, inerentemente, dar início a algo único e novo (ARENDT, 1958: 177), de modo que nada preexiste à ação, incluindo os padrões morais, leis ou princípios (cf. VILLA, 1999: 139; WILLIAMS, G. 1998: 943). Como resultante, o "nós" de uma comunidade se ergue quando as pessoas vivem e agem juntas, nunca antes (ARENDT, 1978b: 200). Associar-se depende de assumir responsabilidades ao agir.

Assim sendo, por um lado, atribui-se a responsabilidade ao seu executor; por outro, a teoria arendtiana do agir deixa claro que as ações carecem de fundamentação, daí que responsabilidade, ação e publicidade emerjam juntas – nas palavras de Kateb, "se aproxima do milagre" (KATEB, 1984: 33). No intuito de solucionar a contradição entre os dois contextos e significados de responsabilidade, precisamos nos voltar para a fenomenologia da ação arendtiana.

Responsabilidade como simultaneidade entre o agir e o sofrer

Ao agir, o agente revela sua singularidade, e tal revelação é a garantia da sua realidade que "em termos humanos e políticos, é o mesmo que aparição" ou presença (ARENDT, 1958: 199).

Essa presença, porém, "exige que *nos façamos presentes* uns para os outros através daquilo que dizemos e fazemos" (BICKFORD, 1996: 64). Uma presença só é válida se outros a virem, ouvirem ou sentirem (ARENDT, 1978b: 19); disso depende a "presença circundante dos demais" (ARENDT, 1958: 188). Noutras palavras, a presença de alguém é necessariamente a presença *perante os outros*, ou como escreveu Arendt, "artistas performáticos... precisam de uma audiência para mostrar seu virtuosismo, da mesma forma que agentes necessitam da presença alheia perante os quais possa aparecer; uns como os outros reclamam um espaço público organizado para seu 'trabalho', ou para a própria performance (ARENDT, [1961] 1968: 154).

Dizer que os outros estão presentes significa que também eles agem e se fazem presentes perante os demais, de modo que a ação de um agente se insere numa reação em cadeia de presença plural:

> A ação, embora possa surgir do nada, por assim dizer, age em um meio no qual toda reação se transforma em uma reação em cadeia, e que todo processo é a causa de novos processos. Como o agir opera sobre seres capazes de suas próprias ações, a reação, além de ser uma resposta, é sempre uma nova ação que afeta a si mesma e aos demais (ARENDT, 1958: 190).

A revelação da singularidade é um novo começo que engendra novos começos, a criação de uma nova e plural presença. Desta feita, ser responsável pelas ações consiste em originar uma infinita cadeia de reações de presenças que transformam o mundo humano. A responsabilidade do executor se relaciona à sua iniciativa em modificar o espaço público, mas não àquilo que se lhe seguirá[85]. Nas palavras

---

85 Às vezes, porém, iniciativas políticas transformam-se em crimes ao violarem as leis. Como enfatizou Kateb, "como a ação moral ilimitada pode ser outra coisa senão gravemente imoral? [...] Arendt tem um jeito de lidar com as terríveis consequências da grandeza. Ela confia na capacidade humana do perdão" (KATEB, 1984: 33). Segundo esse autor, perdoar e prometer são, para Arendt, a "moralidade interna da ação política", distinta da moralidade externa em relação às leis gerais. A perdoar e realizar pro-

de Arendt, a coragem necessária para começar a agir e falar "não é, necessária, ou mesmo primariamente, relacionada à vontade de sofrer as consequências (ARENDT, 1958: 186).

Contudo, posto que "presença" e "novos começos" sempre estão emaranhados a redes de presença preexistentes, os resultados da ação "pertencem a uma malha predeterminada de relações e invariavelmente arrastam consigo o agente, que parece perder sua liberdade no exato momento em que fez uso dela" (ARENDT, 1958: 234). No instante em que se faz qualquer coisa, somos arrastados a um entrelaçado predeterminado de relações, ou seja, participamos de uma responsabilidade coletiva. A responsabilidade do agente pelos novos atos radicais – projetados para revelar quem se é – não pode ser considerada independentemente dos atos cometidos pela sua comunidade pois, ao agir, encontra e perpetua sua associação.

Mais: ao agir, o agente dá início a uma nova reação em cadeia da qual, forçosamente, faz parte. Sua ação criou um novo começo e, portanto, a pluralidade da presença, uma teia de relações e experiências que compartilha com os outros, tanto ativa quanto passivamente. Dessa maneira, sua responsabilidade nas ações pode fazê-lo parecer "muito mais como vítima ou sofredor que como autor e executor" dos seus atos (ARENDT, 1958: 234). Dito de outra forma, a responsabilidade do agente pelas consequências dos seus atos é um tipo de *responsabilidade coletiva*, a qual sofrerá como qualquer outro cidadão. Por exemplo, quando voto sou responsável por influenciar uma dada situação política; consequentemente, responderei coletivamente pelas políticas governamentais, quer tenha votado nelas, quer não, pois são o reflexo da escolha política da minha comunidade. Desse ponto em diante, não há diferença entre mim e meu vizinho, mesmo se um de nós tiver votado no governo atual e o outro não. Confrontado com uma situação política, não tenho o direito de "deixar o mundo e seu espaço público e me voltar para uma vida interior, ou simplesmente ignorá-lo em prol de um mun-

---

messas eu acrescentaria, contudo, a *alternativa* ao perdão (que não é, como Arendt destacou, o seu oposto), ou seja, a punição, a reação legal para um ato ilegal. Desse modo, "punição" não se refere à responsabilidade, mas sim à culpa.

do imaginário 'como deveria ser' ou 'como terá sido há muito tempo atrás' – ou seja, optar pela imigração interior" (ARENDT, 1968: 19). A responsabilidade coletiva independe das reais ações de um indivíduo singular.

"Pertencimento", dessa forma, parece ser sinônimo daquilo que Arendt chamou de *sofrimento*, ou como ela mesma colocou, "o agente sempre se move por entre e em relação a outros seres atuantes, logo ele nunca é somente um 'executor', mas permanente e concomitantemente, um sofredor" (ARENDT, 1958: 190). Sofrer remete ao meu ser, imerso na e afetado pela teia humana de relacionamentos, e ao aplicar o termo dessa forma, Arendt não tinha em mente o senso comum de sentir dor, e sim o campo semântico da *passividade*, ou *paixão*, como oposto de atividade ou ação. A passividade só faz sentido no contexto das relações, porque, como ela observou, envolve ser o objeto de ações performadas por outros "seres atuantes" cujas ações somente são possíveis em relação aos demais, e continuou: fazer e sofrer são como as duas faces de uma mesma moeda.

O que se seguiu foi ainda mais longe: agir e sofrer são simultâneos. Ao fazer, um agente expressa tanto a história política, ou o contexto político, do seu ato quanto, ao mesmo tempo, sofre – junto aos seus compatriotas – as consequências políticas do seu ato, de modo que é levado a agir novamente. Noutras palavras, a ação ocorre em meio a uma teia de relações, e cria essa mesma teia, sendo condição e resultado do sofrimento. Não há ação sem sofrimento, e não há sofrimento sem ação, porque o sofrer se perpetua tem início, sempre, pelo agir. De fato, segundo Arendt, sofrer sem fazer seria apolítico, e, portanto, já não seria mais sofrimento, situação a que chamou de fraternidade, enfatizando ser típica dos "povos perseguidos ou grupos escravizados", e seguida da "perda do mundo" (ARENDT, 1968: 13).

Como indivíduos, somos responsáveis quando sofremos as consequências dos atos da nossa comunidade – incluindo aqueles dos quais não tomamos parte – e quando nossas ações são determinadas pela comunidade. Somos igualmente responsáveis quando introduzimos começos radicalmente novos no mundo – ou seja, quando fazemos algo "indeterminado"[86]. Dito de outra forma, o agente é responsável quando age em relação ao pertencimento/sofrimento, e nós podemos ir mais longe e sugerir a responsabilidade, definida nessa maneira dúplice, constitui a política. Arendt identificava a política com ações e liberdade, mas, como demonstramos, ela afirmava que *ações* e *paixões* (como definidas acima) constituíam juntas "as duas faces da mesma moeda".

Encontramos um exemplo dessa estrutura dúplice da responsabilidade na afirmação de que "se alguém é atacado como judeu, deve se defender como judeu" (ARENDT, 1994: 12). Como ela deixou claro em sua carta para Scholem a respeito da controvérsia envolvendo *Eichmann em Jerusalém*, a judaicidade é uma *physei*, um dado da realidade (ARENDT, 1978a: 246), pois se trata de associação natural, *passiva* e *apolítica*. A responsabilidade, contudo, é a manifestação desse dado em atos, os quais não possuem qualquer predeterminação, mas que, por sua vez, não podem ocorrer sem o dado[87]. Na entrevista que concedeu a Gaus, Arendt detalhou a distinção que fazia entre "pertencer a um povo" e "ser um cidadão" (ARENDT, 1994: 8).

> Em primeiro lugar, pertencer a um grupo é uma condição natural. Você sempre pertence a um grupo logo quando nasce. Mas pertencer a maneira a que você se refere, um segundo sentido, qual seja associar-se a ou formar um grupo organizado, é algo completamente diferente... Pessoas que se organizaram têm em comum o que comumente chamamos de interesses (ARENDT, 1994: 17).

Há uma diferença fundamental entre uma condição natural (ter nascido alguma coisa) e uma política (*associar-se* a ou *formar* um grupo) – entre a associação natural e a filiação política, especificamente. Não se exige do grupo ativo ser distinto do natural, mas para que seja política, a associação precisa *se tornar* ativa: é preciso "se de-

86 Por "indeterminado", quero dizer não relacionado a leis ou motivações prévias. Indeterminado, nesse caso, é sinônimo de singular, e essa singularidade é política, e sua significância, pública ou geral.

87 A associação natural, ou o dado passivo, não tem nada a ver com o chamado "caráter natural", ou qualquer tipo de laço étnico. Cf., p. ex., Arendt (1978a: 231).

fender como um judeu", pois como ela viria a explicar mais tarde, "ao dizer um judeu... eu apenas reconhecia um fator político pelo qual ser membro desse grupo pesava mais que todas as demais questões de identidade pessoal" (ARENDT, 1968: 18). Quando foi "atacada como uma judia", Arendt tornou sua judaicidade natural em uma *realidade política*, algo equivalente a dizer que se tornara responsável. A responsabilidade consiste em agir, mas a ação torna pública uma passividade que sempre lá estivera (ARENDT, 1958: 208). Responsabilidade consiste na simultaneidade de atividade e passividade: um dado tornado público através dos atos, os quais refletem um pertencimento, um sofrimento, resultante de ações prévias.

Encontramos outro notável exemplo da natureza dúplice da responsabilidade na discussão sobre Anton Schmidt que Arendt desenvolveu em *Eichmann em Jerusalém*: não importava para ela que *alguém* tivesse ajudado os judeus, mas que esse alguém fosse um alemão (ARENDT, [1963] 1965: 231). Pondo de lado outros exemplos de salvadores (identificados como poloneses ou, simplesmente, cristãos), ela contrastou a história de Schmidt com o testemunho de um outro alemão, Peter Bamm, que "sabia, mas não fez nada". "Politicamente falando, [a lição da história de Schmidt] é que sob as condições do terror, a maioria das pessoas irá aquiescer, *outras não*" (ARENDT, [1963] 1965: 233). Uma vez mais, Arendt identificou a conexão entre ações e a associação passiva (a qual, em contradição com ser judeu é, dessa vez, uma associação política passiva: ser alemão) como sendo política. O importante, *politicamente falando*, constitui responsabilidade, de modo específico o laço entre as ações e a estrutura dada – ser alemão. Ao contrário de Eichmann, Bamm não era culpado de crime algum, ele apenas obedeceu à lei alemã, mas tanto ele quanto Schmidt, sendo alemães, eram responsáveis pelos atos da Alemanha. O posicionamento de Bamm representou, para Arendt, um "vazio" pelo qual ela nem sequer tentou esconder o desprezo que sentia (ARENDT, [1963] 1965: 232). Inversamente, Schmidt não apenas assumiu a responsabilidade pelos atos da Alemanha como, ao tomar a iniciativa, transformou o sentido mesmo de ser alemão, de sua associação: era um alemão que salvara judeus, e como resultado, a associação dos alemães incluía alemães que salvaram judeus (da mesma forma, o próprio posicionamento de Arendt mostra que houve judeus que se defenderam).

A afirmação de Arendt é extrema. Da maneira como vê, a responsabilidade pode requerer até o sacrifício da própria vida: em *Organized Guilt and Universal Responsibility* ela escreveu que "a única maneira pela qual podemos identificar um antinazista é quando os nazistas o enforcaram. Não há nenhuma outra prova confiável" (ARENDT, 1978a: 227-228)[88]. Em *Eichmann em Jerusalém*, concluiu que "seria de grande utilidade prática para a *Alemanha* hoje... se houvessem mais histórias [como aquela de Schmidt] para serem contadas" (ARENDT, [1963] 1965: 233 - grifo nosso). *Algumas pessoas não irão aquiescer*, ela disse; noutras palavras, algumas pessoas chamarão para si a responsabilidade da ação e mudarão *o mundo humano* - para mudar as coisas e o sentido em si da associação.

Tanto os judeus que defenderam a si mesmos quanto os alemães que salvaram judeus se engajaram no mesmo processo dúplice: (1) o reconhecimento de um dado da realidade, já que ninguém escolhe nascer judeu ou alemão; e (2) uma mudança no sentido desse dado pela ação - iniciativas singulares e radicais. Dessa forma, responsabilidade consiste na transformação das identidades dadas através dos atos individuais.

Responsabilidade e opiniões

Arendt enfatizava a grandeza da ação, lançando luz nos feitos gloriosos e de autossacrifício. Num contexto democrático, porém, ações consistem, geralmente, na expressão de opiniões políticas, e o que é uma "opinião política"? Em *Verdade e política*[89], ela escreveu:

88 Tal afirmação é claramente problemática. Heinrich Blücher, marido de Arendt, não era um nazista, embora não tenha lutado para salvar os judeus e tenha fugido da Alemanha. Jaspers tampouco era nazista, mas optou pela "imigração interior" (com a qual Arendt discordou). Heidegger, que era atraído por tiranos e Führers graças à *déformation professionelle* filosófica, jamais foi claramente definido como mau por Arendt. Cf. Arendt (1978a: 303).

89 *Truth and Politics* [N.T.].

> O pensamento político é representativo. Formo uma opinião ao considerar um dado assunto a partir de diferentes pontos de vista, ao tornar presente em minha mente os pontos de vista daqueles de questão ausentes – ou seja, eu os represento. Esse processo de representação não adota cegamente as ideias daqueles que estão em outro lugar – logo, observam o mundo de uma perspectiva diversa. Nem se trata de empatia, como se tentasse ser ou sentir como outro alguém, nem de contar cabeças e me unir a uma maioria, mas sim ser e pensar, em minha própria identidade, onde eu não estou. Quanto mais pontos de vista apresentar à minha mente enquanto pondero sobre um dado assunto, e quanto melhor puder imaginar como me sentiria e pensaria de estivesse em seus lugares, tanto mais forte será minha capacidade para o pensamento representativo e mais válidas as minhas conclusões finais, minha opinião (ARENDT, [1961] 1968: 241).

As opiniões, expressões da livre individualidade do agente, são formadas em relação aos outros, ao passado, e às ações e opiniões alheias devoradas pelo tempo: ninguém é capaz de formar a própria opinião sem o benefício da multitude de opiniões propostas por outros (ARENDT, 1963: 225). Dessa forma, opiniões só são possíveis para aqueles que pertencem a uma comunidade de outros – lembrem-se de que em *We Refugees*, ao falar sobre a perda do pertencimento, Arendt reclamou explicitamente da falta de opiniões dos refugiados. Noutras palavras, a simultaneidade crítica do agir e do pertencer – ou seja, responsabilidade – manifesta-se na formação da opinião: não pode haver patriotismo sem permanente oposição e crítica (ARENDT, 1978a: 247).

Ao formar suas opiniões políticas, o agente atua concomitantemente à consideração de outras opiniões, *re-presenta* os ausentes criando uma nova presença. Esse processo, no qual "tentamos nos reconciliar com aquilo que fazemos e sofremos" (ARENDT, 1994: 309), é a *catarse* (Aristóteles) ou a "reconciliação com a realidade" (Hegel), a essência da tragédia grega (ARENDT, [1961] 1968: 45; ARENDT, 1968: 20), que atinge seu clímax dramático quando seus heróis reconhecem suas responsabilidades – ou seja, quando reconciliam seus feitos com a vontade dos deuses (o dado inelutável) e aceitam "as coisas como elas são" (ARENDT, [1961] 1968: 262). A responsabilidade é trágica na medida em que consiste daquele momento efêmero quando "é possível *dizer* quando alguém *chegou* a uma opinião" (ARENDT, 1992: 41), quando reconheceu o dado da *alteridade*.

Responsabilidade, que agora podemos definir como a transformação crítica e radical de uma dada associação através de ações e opiniões representativas, significa *continuar e modificar as coisas como são*. As mudanças levam em consideração os dados – os outros à minha volta, ainda que fisicamente ausentes. Se é responsável quando se é livre para apoiar ações e sofrimentos alheios, quando se aceita o vínculo para com uma comunidade particular e suas tradições, quando seus atos são inextricavelmente ligados ao destino daquela comunidade e dos seus membros. Todas as tentativas de rompimento das relações que representam aquilo que é dado são *ideológicas*, pois as ideologias são, de fato, "a lógica inerente das suas respectivas ideias", arrancadas das opiniões e da realidade. Todavia, só se é responsável quando se *transforma* aquilo que lhe foi dado, que também é aceito, possivelmente arriscando a própria vida pela transformação e continuidade das coisas como são. Se é responsável quando, de modo próprio, se *desafia* a comunidade e suas tradições; esses desafios, Arendt propôs, afetam toda a humanidade. A responsabilidade preenche o vácuo entre a comunidade e o mundo humano.

Reconhecimento

Este capítulo é uma versão pesadamente revisada do meu artigo Hannah Arendt's Concept of Responsibility, publicado em 2004 nos *Studies in Social and Political Thought*, 10: 39-52.

12
Arendt e a questão da revolução

Anthony F. Lang Jr.

Hannah Arendt publicou *Da Revolução* em 1963, livro em que recorreu a uma leitura idiossincrática das revoluções Francesa e Norte Americana para explorar a relação entre a ação política e as instituições políticas. Esse livro não foi o único de sua *oeuvre* dedicado ao tema, tampouco o único no qual explorou os conceitos variados relacionados à revolução. De fato, pode-se dizer que a ideia de atividade política revolucionária como algo que "cria o novo" pode ser vista ao longo de toda sua teoria política.

Não obstante, a obra também foi alvo de críticas, em especial suas ideias sobre representação e poder constituinte (NEGRI, 2009; WELLMER, 2000) e sua narrativa histórica da fundação dos Estados Unidos (DISCH, 2011). Algumas dessas críticas, porém, basearam-se em más interpretações do texto, enquanto outras não conseguiram perceber o projeto mais amplo no qual se inseria. Para apreciar verdadeiramente aquilo que Arendt quis dizer com *revolução*, é necessário situar o livro naquele contexto mais amplo, particularmente as ideias sobre política e agência.

Esse capítulo começa explicando as ideias de Arendt sobre ação política e instituições, com foco no direito e no constitucionalismo. Volta-se, então, para uma leitura atenta de *Da revolução*, examinando os movimentos conceituais que ela realizou no texto, num esforço para enxergar como eles se conectam ao plano teórico mais amplo. O capítulo se encerra com uma breve discussão das manifestações de protestos dos dias de hoje, e do aceno de Arendt ao entendimento internacional ou global dos movimentos revolucionários.

Da ação às instituições

Arendt notoriamente privilegiou a ação política como parte do que significava ser humano. Em seu mais importante trabalho sobre teoria política, *A condição humana*, ela diferenciou três reinos da vida: Labor, Trabalho e Ação. O primeiro dizia respeito àquelas atividades vitais devotadas ao suporte da existência física dos indivíduos, tais como alimento, moradia e vestir-se. O segundo, à criação daqueles artefatos cuja existência vai além da vida imediata de pessoas ou comunidades específicas, incluído aí a criação artística, arquitetônica ou literária. O terceiro, ao qual ela devotou mais atenção nesse livro como em outros escritos, é a atividade pública de indivíduos se reunindo para discutir, decidir e criar novas instituições e estruturas de governança para nossas vidas comunais, quer dizer, nossas vidas como seres políticos. Esse reino, da agência política, é aquele que Arendt acreditava ter sido mais negligenciado por boa parte dos teóricos políticos, em especial por aqueles inspirados por Marx, dentre outros, que desejavam privilegiar os dois primeiros reinos em detrimento do último.

O conceito de ação política é por vezes elusivo, pois Arendt remete a uma mistura de Martin Heidegger e Aristóteles para criar uma estrutura que não encontra eco nos relatos mais estabelecidos da vida política. Para ela, o agir é uma questão de revelar-se aos outros, apresentar-se através de ações e discursos; é político porque é precisamente a apresentação do eu em público que define o modo como vivemos conjuntamente. O palco montado de um parlamento ou edifício público fornece espaços nos quais as pessoas podem tanto revelar-se quanto engajar-se na (re)criação do campo político, um conceito de ação desenvolvido a partir do confronto com os filósofos gregos e romanos que buscaram definir um campo da política que combinando o espírito agônico[90] homérico à noção aristotélica do discurso como característica humana quintessencial, resulta num espaço público que permite a competição e o conflito.

90 Do grego ágon (*ἀγών*), significando combate ou disputa. Nesse contexto, os gregos viam o campo da política como ferozmente combativo.

Segundo Arendt, o espaço público era o lugar onde "todos tinham de, constantemente, distinguir-se dos demais, de mostrar, através de atos singulares ou conquistas, quem era o melhor de todos" (ARENDT, 1958: 41). Como a ação política é uma apresentação pública do eu, há que haver uma comunidade para qual essa apresentação ocorra, pois Arendt observou que as ações acontecem no bojo de uma "teia de relações humanas", um espaço composto tanto de outras pessoas agindo e falando quando do "mundo comum", que circunda e ancora a interação humana. Dessa feita, a política exige o espaço público, composto por companheiros humanos, cuja igualdade, não do mérito, mas do agir, é aceita.

A concepção de Arendt cambiou da ação política ocorrida no bojo de uma teia de relações humanas para a ação interna à *polis*, mas a ação política, a seu ver, não podia ser confinada a esses muros. Similar a um milagre, era algo inesperável, incontido, tendente a extrapolar as fronteiras nas quais tentamos mantê-la:

> Além de tudo a ação, não importando seu conteúdo específico, sempre estabelece relações, de modo que possui a tendência inerente de abrir à força todas as limitações e romper todas as fronteiras. Ambas, limitações e fronteiras, ocorrem dentro dos assuntos humanos, mas jamais oferecem uma moldura capaz de comportar seguramente a arremetida de que cada geração precisa se afirmar (ARENDT, 1958: 190-191).

Conquanto a *polis* seja uma tentativa de criar um espaço físico para a ação política, essa mesma ação impõe-se para além dessas barreiras – dito de outra forma, Arendt abre um a caminho para o espaço político internacional, ou ainda melhor: global, não confinado a uma única comunidade ou território, mas ilimitada em sua energia e força criativas. Como irei sugerir na conclusão deste capítulo, até mesmo na atividade política revolucionária, aparentemente confinada a uma comunidade constituinte específica, poderia haver condições para os movimentos revolucionários globais se unirem e criarem novos espaços globais de liberdade e agência política.

Em última análise, a ação não cria apenas espaços e instituições para a política, mas sim os próprios agentes, e é nesse particular que a obra de Arendt se desloca para o campo ontológico, pois segundo seu argumento, os seres humanos existem como entidades fragmentadas, alienadas e gananciosas, até se engajarem na ação política. Quando aparecem no espaço público, seja através de palavras, seja de atos, os agentes humanos se tornam um "quem" definitivo, em oposição a "o quê".

O elo entre agência e criação e instituições políticas funcionais não foi inteiramente desenvolvido em *A condição humana*; o mais próximo a que Arendt chegou de como a ação resulta em instituições é quando o falar e o agir nos colocam na "teia" dos relacionamentos, um contexto que existe "entre" pessoas: muito da ação e do discurso diz respeito a esse intermédio, que varia de acordo com cada grupo de pessoas, de modo que a maioria das palavras e ações são *sobre* alguma realidade mundana objetiva, além de ser a revelação de um sujeito agente e falante (ARENDT, 1958: 182). O caráter elusivo da noção arendtiana de ação política resultou não de sua inabilidade para teorizar sobre instituições, como veremos mais adiante, mas sim do seu esforço em reafirmar a importância da ação política, e evitar que tais ações se tornassem ossificadas, imutáveis, pois um dos mais importantes aspectos da ação política, para Arendt, é sua fora criativa, sua habilidade de permitir aos seres humanos começar novas coisas. Essa "natalidade", como a chamava, define a condição humana no campo da política.

A condição humana fornece um entendimento existencial ou fenomenológico da vida política, mas Arendt não parou aqui: ela seguiu explorando como tais ações eram traduzidas, de fato, em instituições e estruturas políticas, e ainda assim conseguiam, talvez, a força criativa essencial que as permitia evoluir constantemente e criar novamente. Uma das instituições que Arendt analisou, ainda que brevemente, foi o Direito, e antes de nos voltarmos para *Da revolução*, algumas palavras sobre a ideia do Direito e a relação com sua compreensão da agência política podem ser úteis.

Em seu ensaio *Introdução à política*, Arendt providenciou um *insight* de como compreendia o direito em relação à política, um texto que compara concepções idealizadas do Direito grego e do romano: aquele é o da lei natural, um modelo fortemente vinculado à ética e à legalidade. Pode ter origem externa, um humano ou divindade que traz consigo a formulação mais justa e racional da lei para a comunidade. O modelo de Sólon, legislador helênico que definiu o código legal ateniense em sua narrativa histórico-mitológica, é um exemplo desse processo:

> Para os gregos, a lei não é nem um acordo nem um contrato; certamente, não emerge em meio aos homens, em idas e vindas, numa troca de palavras e ações. É essencialmente concebida por um legislador, deve existir antes mesmo de ingressar no campo da política. É, então, pré-política, mas no sentido de que é constitutiva de toda ação e interação política subsequente (ARENDT, 2005: 180).

Oposta a essa ideia, Arendt concebia o direito romano como surgido do tipo de interação política que ela descreveu em *A condição humana* (ou, pelo menos, uma variante desse processo). Para os romanos, as leis surgiram de um contexto político no qual os indivíduos precisavam barganhar e negociar uns com os outros, cenário esse que também foi definido, no período republicano, por uma ordem constitucional na qual diferentes classes eram representadas por diferentes instituições (LINCOTT, 2004). O direito é aquilo que "reúne os seres humanos, e aparece não por decreto ou ato de força, mas sim através dos acordos mútuos" (LINCOTT, 2004: 179). Arendt incorpora a essa mistura o processo pelo qual o Império Romano, durante seus diversos estágios de expansão, precisou trazer para suas estruturas legais uma gama diversa de instituições legais, políticas e até mesmo religiosas estrangeiras. Dessa forma, seu código legal foi definido pelo pluralismo e pela negociação, processo esse que resultou num vasto edifício, não demarcado por um *ethos* singular, mas emergente de algo mais próximo das negociações diplomáticas que do processo legiferante.

O Direito, nesse caso, emerge da ação política. E ainda mais importante para os objetivos desse ensaio, "constitui e preserva um mundo compartilhado", um espaço público, no qual o espírito da ação, a característica definidora do espírito humano, pode sobreviver (GOLDONI & McCORKINDALE, 2012: 11). Em seu entendimento da vida política, Arendt não privilegiou um modelo em detrimento do outro, mas quando uma parte desse material chegou até *Da revolução*, pareceu mais próxima da idealizada versão romana do que a da grega. Esse mesmo livro também narra a história de como um movimento revolucionário se torna em uma constituição, ou não. Dessa forma, compreender a visão arendtiana sobre o elo entre agência e instituições através do seu conceito de direito é um proveitoso ponto de partida para a exploração desse texto.

O argumento de *Da revolução*

Segundo Jerome Kohn, *Da revolução* deveria ter sido a primeira parte de um projeto mais amplo em que Arendt lançaria as reflexões teóricas de *A condição humana* em direção aos dilemas da criação de instituições políticas (KOHN, 2005: xvii). O livro dá seguimento a ideias de que a autora já havia tratado antes, reunidos na primeira edição de sua coletânea de ensaios *Entre o passado e o futuro*[91] (1961). Essas mesmas temáticas apareceram ao longo de sua influente publicação *Crises da república*[92], particularmente na entrevista que concedeu em 1970, republicada sob o título *Reflexões sobre política e revolução* (ARENDT, 1972).

Revolução, logo se vê, é uma preocupação central para Arendt, mas não era o simples ato da revolução, ou a dissecação de suas causas, que a animava. Ela encontrou na revolução um conceito que destacava o potencial de uma vida política ativa, que refletia a natalidade essencial do mundo da política. Ela iniciou seu livro relacionando revolução e guerra, observando que ambas as práticas definiram o século XX; a convergência residia na confiança que tanto uma quanto outra depositavam na violência, já a divergência provinha do fato de a guerra não funcionar como motor da liberdade e ser, como Arendt salientou em outros trabalhos, geralmente antitética à política. Na introdução que escreveu para *Da revolução*, ela introduziu argumentos que foram mais bem desenvolvidos em seu ensaio

91 *Between Past and Future* [N.T.].

92 *Crises of the Republic*, 1972 [N.T.].

Da violência[93], em especial a afirmação de que a violência se situava fora do campo da política. O livro parecia se dirigir à conclusão de que a revolução, especialmente em suas manifestações violentas, sofria da mesma natureza antipolítica da guerra; contudo, ao longo do texto, esse ponto gradualmente se dissolve, permitindo que a autora se afaste sutilmente dos argumentos de contemporâneos seus, como Frantz Fanon – que desejou defender que a violência revolucionária era um modo justificável de vida política (FANON, 1965). Embora ela não feche os olhos para a violência dos movimentos revolucionários, sua compreensão da revolução fornece uma alternativa à dos seus contemporâneos. Como notaram alguns comentaristas, o entendimento arendtiano de revolução, quando desconectado das concepções de violência encontradas em teóricos como o próprio Fanon, representou melhor as revoluções que ocorreram entre as décadas de 1980 e 1990, na esteira da queda da União Soviética (HOWARD, 2010).

Arendt procedeu à redefinição de revolução, começando com Maquiavel, o "fundador espiritual da revolução" (ARENDT, 1963: 37). Ela deu mais atenção ao Maquiavel dos *Discursos sobre a primeira década de Tito Lívio* que ao de *O príncipe*, pois salientou o entendimento desse autor sobre a revolução como um ato fundador, uma tradição de pensamento republicano encontrada ao longo de *Da revolução*; ela pontuou, contudo, que o florentino era tão medieval que ainda entendia a palavra revolução como rebelião contra o governante, ou seja, ainda não a ligava diretamente à ideia de liberdade, cujo sentido foi essencialmente constituído nos séculos XVI e XVII e, além disso, como Arendt salientou, modificou-se ao ser conectado à história de forma radical: a definição moderna do termo tem suas origens na ideia de revolução dos planetas, de Copérnico (ARENDT, 1963: 42), que foi ligada às tendências emergentes da lei natural, em particular àqueles relatos que se voltavam para o mundo natural em busca de pistas para a condição humana. A confluência entre essa nova e secularizada

93 *On Violence*, 1970 [N.T.].

lei natural e a guerra civil na Inglaterra moldaram o sentido de revolução, pois, como Arendt explicou, o conceito era entendido, dentro da perspectiva seiscentista, como um "retorno", ou a "rotação", de um padrão cíclico que viu a revolta e depois a restauração da monarquia, como na Revolução Gloriosa de 1688.

Como Arendt destacou, a inevitabilidade da narrativa naturalista sofreu uma sutil mudança no século XVIII, em especial no contexto da Revolução Francesa: seus defensores não mais entendiam "revolução" como parte da natureza das coisas, mas sim como um passo da progressão histórica, um novo começo que não poderia ser controlado, afastando-se da "regularidade de um movimento de rotação cíclico e da sua irresistibilidade" (ARENDT, 1963: 48-49). Esse novo conceito cruzou com o pensamento historicista do século XIX, iniciado por Hegel e perpetuado por Marx, cujas narrativas situavam a revolução como parte de um processo histórico mais amplo e demorado, e no qual havia pouco espaço para a agência e a natalidade da política que Arendt destacara em *A condição humana*. Ela argumentou que as leituras hegeliana e marxista da Revolução francesa moldaram o entendimento contemporâneo do termo, especialmente suas valências do inevitável e do irresistível compreendidas pelas metáforas das "correntes", "veios" e "rios". A agência humana fora perdida, e tudo o que se podia fazer era sentar e assistir, como espectadores, o curso da história: o que os homens da Revolução Russa haviam aprendido da Revolução Francesa – aprendizado esse que representou a quase totalidade de sua preparação – foi História, não ação (ARENDT, 1963: 58). Ao vincular a revolução primeiramente à filosofia natural do século XVII e depois ao historicismo de finais do XVIII e do XIX, Arendt sugeriu que, talvez, a ideia mesma da revolução não pudesse escapar de um certo determinismo, algo de fato antitético ao tipo de agência política que constituía o coração de suas ideias. Em certo sentido, Arendt desejava resgatar dessas narrativas o sentido da revolução, embora até que ponto um tal projeto tivesse condições de ser bem-sucedido, dada a influência poderosa que as leituras historicistas exercem em nossa compreensão coletiva da revolução, é algo questionável.

O problema da revolução foi mais bem elaborado na introdução da "questão social", que baliza a discussão de Arendt no capítulo 2, *Da revolução*: o social fora introduzido como um problema para a vida política em *A condição humana*, no qual a autora desenvolveu a crítica de como o campo privado do *oikos* havia sido introduzido erroneamente na esfera pública da *polis* (ARENDT, 1958). A fusão desses dois círculos minava a política, pois reduzia a agência política ao reino mundano do alimento, da vestimenta e do abrigo - o social apareceu em *Da revolução* como o elemento que esmagou a Revolução Francesa, pois ao invés de uma esfera da vida política na qual poderiam constituir novas políticas, como ocorreu na Revolução Norte-americana, os franceses foram forçados a confrontar a pobreza resultante de sua trajetória revolucionária, que eventualmente descambou em violência.

Esta é a leitura dominante da questão social em *Da revolução*, e em alguns aspectos se articula bem com a preocupação fundamental arendtiana em privilegiar o político e a ação política. Contrariamente a essa leitura, ou talvez agregada a ela (dado não ser de todo falsa), proponho aqui uma alternativa, que sua crítica ao social nesse trecho do livro é, na verdade, uma crítica à ideia de poder constituinte como forma de entender como uma revolução se transforma em constituição ou estrutura institucional. Essa noção de poder sustenta que as políticas, ou ordenamentos constitucionais, têm sua fonte criativa na vontade constituinte "do povo". A questão de Arendt nesse particular não é desdenhar da preocupação de nos vestirmos ou alimentarmos, ou o criticismo das revoluções cujo surgimento e objetivo é minorar o problema da pobreza; antes, ela criticou a ideia de que um corpo político alienado, embora unificado, pudesse provocar uma revolução e, em seguida, transformar-se facilmente em uma ordem política democrática, algo subjacente à Revolução Francesa como resultado das influências de Rousseau e do Abade de Sieyès[94].

Arendt iniciou o capítulo 2 com uma crítica a Marx, espelho do engajamento crítico com a obra dele presente em *A condição hu-*

94 Emmanuel Joseph Sieyès [N.T.].

mana, mas ela se desloca desse juízo para outro, mais substancial, sobre o aspecto do trabalho de Rousseau que ela considerava mais particularmente perturbador – a compaixão. Etimologicamente, a palavra significa "sofrer com", criar uma unidade com o outro. Rousseau introduziu a compaixão no campo da política disfarçada de vontade geral, mas, como Arendt observou, um povo é mais bem unificado em oposição a um inimigo estrangeiro, fato que Rousseau transformou em sua narrativa:

> Assim, o problema [de Rousseau] de onde detectar um inimigo comum fora do campo das relações exteriores; a solução dele foi que tal inimigo existia dentro do peito de cada cidadão, qual seja, em sua vontade e interesse particulares. O centro dessa questão era que esse inimigo, particular, escondido, poderia subir à patente de um inimigo comum – unificador da nação desde seu interior – se todas as vontades e interesses privados fossem somadas... Para tomar parte no corpo político da nação, cada cidadão deveria erguer-se e permanecer em rebelião constante contra si mesmo (ARENDT, 1963: 78-79).

Esse conflito interno no seio de cada cidadão precisava ser superado pela vontade geral de forçar o indivíduo a ser piedoso e altruísta. Qualquer apelo ao interesse ou prudência na criação de novas instituições seria negativo, algo que precisaria ser subjugado para que o indivíduo pudesse perder-se no desejo geral, desejo esse que afloraria do momento revolucionário. Desse modo, o poder constituinte é definido em termos rousseaunianos por sua natureza generosa e compassiva, que permitiria a criação de instituições visando a melhoria dos pobres e desfavorecidos da sociedade.

Essas ideias relativas à vontade geral irão se articular com a crença na bondade absoluta das instituições humanas, pois se o indivíduo ansiar que o problema do cidadão individual seja erradicado pela devoção ao bem do todo, isso poderia resultar numa vida política inspirada pela bondade. Aqui, Arendt apresenta, brevemente, o conto *Billy Budd*, de Herman Melville, a história do puro e inocente, porém mudo, marinheiro que padece nas mãos do perverso do mestre Claggart e, principalmente, do Capitão Vere, que para proteger seu navio impõe a Budd a sentença de morte pelo assassinato involuntário de Claggart. Arendt usa a história para enfatizar que a bondade, ou o mal, *per se* não pode existir na vida política, pois somente a ação prudente do capitão pode sustentar a vida institucional no navio (ARENDT, 1963: 82). Instituições políticas, quando despidas de compaixão, bondade e idealismo, estarão aptas a funcionar como meios pelos quais a agência política terá uma chance de florescer: a tragédia é que a lei foi feita para os homens, não para os anjos nem para os demônios. O Direito e todas as "instituições duradouras" partem-se não apenas sob os golpes do mal elementar, mas igualmente sob o impacto da inocência absoluta (ARENDT, 1963: 84).

Arendt defendeu que o que os fundadores dos Estados Unidos haviam compreendido, e os franceses, não, precisamente esse ponto: as instituições políticas não podem funcionar se pretenderem refletir um poder constituinte desenhado para criar a perfeição. Com isso em mente, ela explorou a natureza da liberdade pública proposta pelos fundadores norte-americanos na criação da Declaração de Independência e da Constituição; destacou a ideia da "felicidade" pública, e de como seria encontrada não nos prazeres domésticos, e sim na deliberação pública, nas ações de cidadãos engajados em governar-se. Essa busca pela felicidade pública só foi possível porque os fundadores norte-americanos não precisaram se preocupar com o rame-rame do dia a dia, com as necessidades do "social" que tanto preocuparam os revolucionários franceses. Esses capítulos tornaram-se munição para aqueles que desejaram apontar Hannah Arendt como uma campeã da excepcionalidade norte-americana: há, de fato, passagens de hagiografia no texto, nos quais ela enxerga figuras como John Adams e Thomas Jefferson como paradigmas do que ela entendia ser o agente político. Não obstante, lê-la nesse timbre triunfalista é um erro; ela observou, por exemplo, que a "escravidão carrega uma obscuridade ainda mais escura que aquela da pobreza" (ARENDT, 1963: 71), afirmando inequivocamente encontrar na escravidão a violação do cerne da liberdade política que ela celebrou ao longo de toda sua obra, e é através dessa ameaça à liberdade pública, mais do que por pena do escravo, que Jefferson, dentre outros, perceberam o problema dessa "peculiar instituição".

À medida que avançava em *Da revolução*, Arendt explorava a fundação da república norte-americana e examinava o vínculo entre revoluções e constituições, uma ligação frequentemente negligenciada por aqueles que desejam ver nesse trabalho uma simples comparação entre as revoluções Francesa e Norte-americana. Ela se voltou para Thomas Paine, o mais radical dos fundadores dos Estados Unidos, para salientar o que fez desses momentos algo tão diferente e importante, "uma constituição não é o ato de um governo, mas sim de um povo constituindo um governo" (ARENDT, 1963: 145), mas o que realmente diferenciava os dois movimentos políticos, no que tange à constituição, pode ser percebido na influência de Montesquieu entre os norte-americanos, pois foram suas ideias que os permitiram combinar liberdade e poder ao reconhecer a necessidade de impor limites às instituições governamentais. Mais do que confiar somente na lei para fiscalizar o poder, Montesquieu entendia que "o poder só pode ser parado e mantido intacto pelo poder" (ARENDT, 1963: 151), e tanto ele quanto os fundadores dos Estados Unidos não desejavam apenas a limitação do poder, um ponto da experiência norte-americana incompreendido pelos libertários e intérpretes do livre mercado.

Arendt seguiu explorando a relação entre o poder e a lei. Ela argumentou que o poder constituinte do momento revolucionário teve presenças bastante diversas nas ideias e práticas das revoluções Francesa e Norte-Americana. Na França, foi visto como a fonte da lei e das constituições, de modo que sua natureza fluida e instável resultou em assembleias constituintes e constituições despedaçadas pelo conflito, que resultaram em instabilidade ao longo de todo século XIX e até mesmo do XX. A experiência norte-americana, por sua vez, não se baseou no poder constituinte para lastrear sua fundação legal, pelo menos segundo Arendt; pelo contrário, os fundadores beberam na ideia da aliança, derivada das cartas e das tradições da *common law* inglesas que haviam trazido consigo, para fundar sua ordem. Arendt afirmou que essa herança da *common law* e das tradições legais concedeu à experiência norte-americana algo mais mundano e estável, sobre o que puderam constituir seu ordenamento constitucional (ARENDT, 1963: 157). A Constituição dos Estados Unidos, ainda que resultante do encontro de indivíduos que representavam seus eleitores, foi também o resultado do engajamento com tradições históricas de pensamento e prática que conferiram mais solidez que um documento revolucionário pensado para capturar a vontade geral abstrata, como na França. Arendt não estava pondo em questão a relevância da revolução, ou favorecendo o Termidor em detrimento do radicalismo; antes, argumentou que havia que existir algo concreto e mundano, sobre o que os resultados da revolução pudessem erguer-se, uma constituição que pudesse guiar a república no percurso de seu período revolucionário.

Após estabelecer que a distinção entre lei e poder fez o contexto norte-americano ser mais exitoso que o francês, Arendt voltou-se para temas de que havia tratado em *Entre o passado e o futuro* (ARENDT, [1961] 1968) e em *Introdução à política* (ARENDT, 2005: 93-200), nos quais encontramos discussões a respeito da concepção romana do Direito, sua confiança nas ideias de autoridade, tradição e religião quando da sua fundação. Esses elementos fundacionais foram lidos na experiência norte-americana, e as referências à tradição republicana encontradas pelos fundadores espelharam os esforços romanos, cuja confiança *charters*[95] do século XVII e nos *covenants*[96] dos Peregrinos reforçou esses elementos fundacionais, inspiradas mais em antigas tradições israelitas do que tão somente nas romanas. Seu respeito pela autoridade da tradição deu à experiência norte-americana algo que os franceses, com seu desejo de varrer todos os vestígios do *Ancien Régime*, fracassaram em absorver. Apesar disso, a experiência norte-americana não deve ser confinada à autoridade de tradição, pois Arendt nos recordou que não deixou de ser uma revolução, a quebra com a ordem estabelecida - essa dialética entre a história da tradição e a natalidade do ato revolucionário ocupa o cerne da narrativa arendtiana da experiência norte-americana.

95 As cartas, garantias de autoridade ou direito [N.T.].

96 Acordos escritos, ou convênios, entre os peregrinos, sob a vista de Deus, para se unirem, criarem um corpo civil e promulgarem leis na nova colônia [N.T.].

Mas o livro não se encerra aqui, porém. Em seu capítulo final Arendt sugeriu que havia um "tesouro escondido" na tradição revolucionária: os fundadores buscaram criar permanência e durabilidade em suas instituições, o que significa que não conseguiram manter a centralidade da liberdade e a força da natalidade. Embora o sucesso dessa experiência, em contraposição aos franceses, tenha sido sua habilidade em se inspirar no passado para fundar sua ordem constitucional e legal, para Arendt eles foram longe demais pois quando se dirigiram para a criação da constituição, não deixaram espaço para "as municipalidades e reuniões comunitárias (*town meetings*), as verdadeiras nascentes de toda a atividade política do país" (ARENDT, 2005: 239). Ao pretender criar instituições nacionais através de uma assembleia constitucional, o espírito pluralista da ação política que primeiro motivara a revolução se perdeu, e nesse ponto Arendt se voltou para a ideia de representação da Revolução Francesa: enquanto Robespierre criticou a representação por não conseguir capturar a vontade popular, Arendt argumentou que a representação falhou em a motivação para agir de moto próprio, engajando-se numa atividade política diária. Ela apontou para o modo como pequenos grupos surgem em todas as revoluções, das reuniões comunitárias norte-americanas às comunas parisienses e aos soviets russos. Thomas Jefferson celebrou as assembleias coloniais como um recurso que deveria ser valorizado, e Arendt percebeu nessa visão o tesouro perdido da revolução, a habilidade de permanecer agindo na vida política, a centralidade desses modos diários de participação política que precisavam ser recuperados. Arendt reconheceu, claro, tanto quanto Jefferson, que abrir espaço para essas assembleias iria desafiar, ou até mesmo debilitar, a ordem política mais ampla – o famoso dito de Jefferson, "a árvore da liberdade não deve ser alimentada com o sangue da revolução", não se refere somente à revolução de larga escala, nacional, mas ao potencial contínuo do povo agindo unido, que poderia afrontar a ordem estabelecida. Arendt deu seguimento a essa fala criticando a criação de um sistema partidário na jovem república norte-americana, pois partidos são orientados para a representação e a criação de políticos profissionais, enquanto que o sistema de conselhos se organiza com vistas à criação de espaços nos quais os cidadãos podem ser membros ativos da vida política, e à prevenção da dominação de sua existência política por uma elite ou conjunto institucional.

A tradição revolucionária arendtiana e a nossa

Em *Da revolução*, Arendt usou as leituras que havia feito das revoluções Francesa e Norte-americana para resgatar a ideia da ação política (ARENDT, 1963). Sua cuidadosa e nuançada apreciação da intersecção entre revolução, constituições fundadoras e o Direito apontou para a importância de uma relação dialética entre agência política e instituições políticas, e demonstrou que mesmo nas mais democráticas das instituições e dos governos representativos, a liberdade estará perdida se os cidadãos não mais puderem agir em público como tais. Numa entrevista de 1970, Arendt mudou o foco dessas revoluções para os movimentos estudantis dos anos de 1960, começando por argumentar que estes movimentos reforçavam uma de suas mais significativas afirmações – que protestos públicos comprovadamente provocavam um tipo de alegria pública (ARENDT, 1972: 202). Após criticar, levemente, o movimento por voltar-se para as universidades ao invés de manter-se focados nas questões políticas, efetuou uma mudança fascinante: ao concluir a discussão com o entrevistador, traduziu seus argumentos a respeito da alegria da atividade revolucionária e da importância do conselho político em uma discussão sobre o internacional. Ela sugeriu que uma série de movimentos de contestação globais, estendidos por diversos contextos nacionais poderia unificar-se em uma forma de estrutura federada, capaz de reter o *ethos* do conselho, mas tornando-se internacional de alguma maneira. Essa estrutura federal global poderia basear-se em conselhos políticos locais, sem vincular-se à ideia de soberania:

> Nessa direção, vejo a possibilidade da formação de um novo conceito de Estado. Um Estado-conselho dessa natureza, para o qual a noção de soberania seria de todo estranha, seria admiravelmente apropriado para federações das mais variadas formas, em especial porque nelas o poder seria constituído horizontalmente, não verticalmente. Mas se

> você me perguntar agora quais as perspectivas disso se efetivar, eu teria de dizer: muito pequenas, se tanto. E ainda assim, quem sabe, depois de tudo – nas vésperas da próxima revolução (ARENDT, 1972: 233).

O potencial para a manifestação política global emergir como um espaço de liberdade e modo de captura do tesouro perdido da revolução encontrou sua expressão nessa entrevista. Enquanto espaço deixado aberto para a ação política tornar-se global, não chega a ser uma dimensão cuidadosamente definida do pensamento arendtiano. Essa citação amplia sua crítica em relação à vontade geral de Rousseau quando confinada a uma única nação ou povo, e expande o potencial para a ação política global, a ação revolucionária global, para criar novos espaços de liberdade e autonomia.

Arendt apontou para algo que os teóricos da revolução e da política não conseguiram enxergar: os protestos globais alternativos de finais dos anos de 1990 em diante contra a Organização Mundial do Comércio, os movimentos *Occupy* do começo do século XXI, e a dinâmica revolucionária da Primavera Árabe, todos assinalaram à continuada importância de um espírito revolucionário desconhecedor de fronteiras, e mesmo que tais movimentos sejam por vezes dirigidos à formação de estados, ou animados por um moralismo que Arendt desprezaria, eles refletem a inerente "alegria" na ação política que ela buscou descrever. São, igualmente, globais em seu escopo, refletindo e refratando diferentes visões da vida política, combinada em formas que poderiam nos surpreender se estivéssemos presos a uma teoria convencional da revolução, baseada na concepção tradicional do poder constituinte. Inversamente, eles representam esforços para a criação de novos modos de liberdade, novos espaços de autonomia. As reflexões de Arendt sobre a revolução podem não ter se provado inteiramente acuradas, mas é inegável que ela trouxe à baila um "tesouro" que continua a ser descoberto por novas gerações de ativistas ao redor do mundo.

13
Promessas e perdão

Marguerite La Caze

Este capítulo discute a importância das promessas e do perdão na narrativa arendtiana da ação e, portanto, da vida política, os quais desempenham um papel muito especial na solução dos problemas surgidos da ação e na constituição daquilo que chamou de "código moral" para a política. Ambos estão presentes em *A condição humana* (ARENDT, 1958) e, especificamente, o prometer é central em *Da revolução* (ARENDT, 1963). A vulnerabilidade, ou fragilidade, dos assuntos humanos procede da condição humana da natalidade, na qual algo novo sempre está sendo realizado e perturba qualquer existência estável (ARENDT, 1958: 188-192). Em *A condição humana*, Arendt destaca as promessas e o perdão como possuidores do potencial para se opor aos problemas que surgem da ação, quais sejam, a irreversibilidade e a imprevisibilidade: a primeira, a impossibilidade de, verdadeiramente, desfazer nossas ações uma vez finalizadas; a segunda, relacionada à impossibilidade de saber ou controlar qual será o desfecho da nossa ação, e à insegurança humana, ou não podermos garantir que alguém fará exatamente aquilo que esperamos.

Um terceiro problema da ação a que tanto as promessas quanto o perdão podem responder é a falta de limites, uma característica que Arendt não destacou, mas que é parte de sua contribuição ao entendimento do seu papel na política. A falta de limites diz respeito às consequências de qualquer ação, que podem encetar uma reação em cadeia cujo controle ou conclusão é impossível (ARENDT, 1958: 190-191).

Arendt defendeu que a Ação era distinta do Labor e do Trabalho porque a libertação de suas próprias fraquezas vem de dentro, através de mais ação. A repetição e impermanência do Labor é compensada pelos objetos criados pelo Trabalho, cuja relativa falta de significado é transformada através do discurso e da Ação, que desenvolvem narrativas relevantes (ARENDT, 1958: 236). Perdoar torna possível a liberação da "irreversibilidade", não ser capaz de desfazer algo feito no passado (ARENDT, 1958: 237), e prometer mira no futuro, uma tentativa de estabelecer a garantia de estabilidade e conexão em um mundo frágil e aleatório. O perdão nos liberta das consequências de nossos atos durante a vida, enquanto a promessa nos vincula aos outros no futuro. Perdoar e prometer salvam a condição humana da destruição intestina através da Ação, que é grandemente próxima da natalidade, e posto que dá início a algo novo, é a mais política das atividades (ARENDT, 1958: 8-9) e também traz consigo o risco da criação de uma série de resultados imprevisíveis e irreversíveis, um risco que advém, parcialmente, da singularidade da ação, do fato de não ser primordialmente focada em resultados ou finalidades. Por conseguinte, nem perdoar nem prometer visam um fim específico, pois como disse Arendt, a "Ação pode resultar em um produto final apenas sob a condição de que seu imensamente frágil significado, autêntico e intangível, não seja destruído" (ARENDT, 1958: 196). Ainda assim, podem mudar e melhorar o curso dos eventos na política.

Enquanto natalidade implica fragilidade, atos de perdão e promessa expressam, na mesma intensidade, liberdade e natalidade, pois para Arendt, mais uma vez, as relações políticas podem dar início a algo: o perdão permite a alguém um novo começo, e as promessas geram novos acordos, duas faculdades que constituem um código moral distinto e refletem nossa existência em um mundo compartilhado com os outros, "inferido das faculdades do perdão e de fazer promessas, baseado nas experiências que ninguém poderia jamais ter consigo mesmo e que, pelo contrário, fundamentam-se inteiramente na presença alheia" (ARENDT, 1958: 238). Esses preceitos morais emergem da ação e do discurso, sendo, pois, "mecanismos de controle" interno que nos salvam das infinitas cadeias de consequências e reações (ARENDT, 1958: 246). Em *A tradição do pensamento político*, Arendt escreveu que "perdoar é a única ação estritamente humana que liberta, a nós e aos demais, da cadeia e do padrão de consequências que todas as ações engendram" (ARENDT, 2005: 59) - prometer foi incluído em *A condição humana*. Perdoar e prometer vão além de valores, ou mores, e dizem respeito à boa vontade, não ao dever ou ao princípio (ARENDT, 1958: 245), são maneiras especiais de agir no distinto espaço político. Discutirei o porquê de Arendt ter acreditado que ambos desfrutavam de tamanha importância, como tornaram possíveis a moralidade e a política, e suas implicações para a vida pública.

Perdão e irreversibilidade

O foco de Arendt em relação a perdoar e prometer dizia respeito ao potencial que tinham para iniciar algo novo, que podia ser um avanço para a vida política, e sua preocupação principal era justamente esse potencial, mais do que prover uma definição para o perdão, uma concepção que veio a desenvolver em termos seculares, humanos e políticos. Ao invés de ponderar sobre o perdão interpessoal, ela ofereceu equivalentes políticos, como o princípio romano do *parcere subiectis* (poupar o vencido), e o direito a mudar ou perdoar uma sentença de morte, "prerrogativa de quase todos os chefes de Estado ocidentais" (ARENDT, 1958: 239). Outros exemplos similares de estrito perdão político são a anistia, a clemência, a misericórdia e a reconciliação, que são, para Arendt, as formas assumidas pelo perdão no campo da política. O que faz dessa sua percepção algo relevante para esse campo (cf. SCHAAP, 2005) é o assunto de que tratarei nessa seção. A característica da noção do perdão político é um aspecto performativo: a natureza performativa das promessas em geral, e das políticas em particular, tem sido frequentemente discutida (cf., p. ex., DERRIDA, 1986; HONIG, 1991), enquanto a natureza performativa do perdão, em um sentido político, foi menos abordada. Enquanto o perdão pessoal envolve uma mudança de sentimentos e exige sinceridade profunda, as formas políticas que Arendt enumerou não se baseiam em tais estados de alma, ainda que estes possam desempenhar uma ação coadjuvante. Sua concepção retém alguns elementos do perdão interpessoal, como seu foco na pessoa, no *quem*, como discutirei mais adiante. Da mesma forma, a percepção do sentimento daquele que está a ser perdoado pode ter alguma relevância mesmo em contextos legais ou políticos – apresentar-se arrependido, por exemplo.

Arendt atentou para as qualidades de ações infratoras que podiam ser perdoadas, e sugeriu que o perdão era aplicável àquelas que haviam sido cometidas inadvertidamente, ou sem a consciência do quão errada eram, algo que implicava, aparentemente, que a extensão do perdão possuía limites. "A redenção possível do predicamento da irreversibilidade", escreveu, "ser incapaz de desfazer o que foi feito, embora não se soubesse, ou não fosse possível saber, o que se estava fazendo – é a faculdade de perdoar" (ARENDT, 1958: 237). Ao afirmar que "o crime e o mal proposital eram raros" (ARENDT, 1958: 240), se assim o fosse a maior parte dos malfeitos mereceriam ser perdoados, sob o argumento de que perdoamos "o que fora feito... por causa de quem o fizera" (ARENDT, 1958: 241). Ambos, os malfeitos e suas consequências, são um aspecto da irreversibilidade da vida humana, e o foco de Arendt se voltou para o papel que desempenhavam na política e as possíveis respostas políticas a eles.

A falta de limites diz respeito aos resultados da ação, e é nesse particular que a peculiaridade da visão arendtiana vem à tona, pois embora possa parecer que ela se referia apenas a perdoar deslizes menores, e não transgressões sérias, seu foco nas consequências imprevistas das nossas ações pôde incluir aquilo que começara como algo menor, mas que findou por gerar resultados sérios. Nesse sentido, sua discussão sobre o perdão antecipa debates mais tardios sobre a "sorte moral" segundo a qual, até certo ponto, a maneira como julgamos uma ação depende daquilo que adveio dela (cf. WILLIAMS, B. 1981). Além disso, estava implícito em sua fala que é possível nos enganarmos em nossos julgamentos –merecemos ser perdoados, portanto. O perdão tende a ser encarado como a resposta para ações destinadas a ferir alguém, aceitando-se que equívocos descuidados prescindem do perdão; contudo, por estar discutindo o perdão político, não o pessoal, Arendt preocupou-se com ações capazes de gerar ondas de consequências involuntárias. Ela reconheceu que nem todos os desvios eram cometidos inadvertidamente, tanto que acreditava que algumas ações eram imperdoáveis, de modo que o perdão "não se aplicava ao crime extremo e ao mal proposital" (ARENDT, 1958: 239), destruidores dos assuntos humanos e do poder. Há que se perceber que, nesse ponto, ela se envolveu em série controvérsia, pois em certos casos, indiscutivelmente, é possível perdoar (corretamente) crimes extremos e males feitos de propósito (ALLERS, 2010), enquanto noutros poder ser errado perdoar tais delitos (VETLESEN, 2011). Seja como for, a forma relevante do perdão se aproxima mais do pessoal que do político, como demonstrado na discussão feita por Arendt sobre a punição.

O problema com a irreversibilidade é que é impossível desfazer o passado, logo o perdão deve exercer um outro papel. Arendt defendeu que perdoar envolvia abdicar da vingança, evitando, assim, o ciclo de violência, com o intuito de desfrutar de uma vida política relativamente estável, algo que se conectava ao potencial da promessa. Em termos políticos, esquecer o revide significa não tomar atitudes em resposta a erros já cometidos, e afirmou ser o perdão o oposto da vingança pois retaliar indicava que o processo, originalmente iniciado por um erro ou transgressão, subsistia em uma reação em cadeia. Pelo contrário, "o ato de perdoar não pode jamais ser previsto; trata-se da única reação que age de forma inesperada, retendo, assim, algo do caráter inicial da ação, embora seja uma reação" (ARENDT, 1958: 241). Embora o perdoar seja reação à ação de outro alguém, Arendt a considerava um tipo de "milagre" por ser imprevisível e improvável (ARENDT, 2005: 114), enquanto que a vingança era basicamente mecânica, uma simples reação, diferente da ação de perdoar. Da mesma forma que destruir é vinculado ao fazer, perdoar é ligado ao agir. Vingar-se é uma resposta destrutiva, enquanto que o perdão permite um novo começo, e nos liberta de algumas das consequências do passado, ainda que não venha a revogá-lo.

Outra resposta alternativa ao erro, ainda que não se lhe oponha, é a punição. Ambos, perdão e punição, eram, para Arendt, tentativas de finalizar um processo que poderia se perpetuar indefinidamente; é, portanto, elemento estrutural e significativo dos negócios humanos que os homens sejam incapazes de perdoar o que não podem punir, e incapazes de punir aquilo que se revelar imperdoável (ARENDT, 1958: 241). A noção de que crimes imperdoáveis não sejam passíveis de absolvição contrastou com a de Jacques Derrida, para quem o perdão mais puro é perdoar o imperdoável (DERRIDA, 2001). Aqueles aspectos caracterizam o "mal radical" no sentido arendtiano do mal extremo: é impossível perdoar ou punir o mal radical pois ele transcende o espaço dos negócios humanos (ARENDT, 1958: 241). Em *As origens do totalitarismo*, ela descreveu como o mal radical envolveu um processo progressivo de despojar seres humanos de sua identidade legal, privando-os da escolha moral e solapando sua liberdade humana mais fundamental – em suma, tratando-os como supérfluos (ARENDT, [1951] 2004: 577-589). Além disso, dentro da narrativa arendtiana, o mal radical é distinguido pela dificuldade em compreendê-lo conforme motivações perversas "ordinárias", tais como ganância, ódio, ressentimento, interesses privados, revanchismo, ou até mesmo sadismo e crueldade (ARENDT, [1951] 2004: 591-592). O mal banal é uma forma extrema, mas impensada, semelhante àquela de Eichmann, impossível ser perdoada e que deve ser punida, ainda que essa punição seja incomparável à natureza excepcional do crime (ARENDT, [1963] 1965). O elo que Arendt estabeleceu entre punição e perdão parece sugerir um impasse, dado que muitos dos exemplos de perdão político que ela própria apresentara diziam respeito à revogação da punição, para que o perdão aparecesse como uma alternativa. Esse impasse, todavia, pode ser ao menos em parte solucionado quando consideramos que erros involuntários poderiam ser punidos e também perdoados pela dosagem da punição, ou pelo castigo aliviado.

Embora o perdão discutido por Arendt fosse político, ela não deixou de considerá-lo como pessoal, posto que os atos de um indivíduo eram perdoados por sua causa, por *quem* ele era (ARENDT, 1958: 241). Em *Some Questions of Moral Philosophy*, ela destacou que se concedia o perdão à pessoa, não ao ato: dizendo de outra forma, garantida a absolvição era a pessoa, não o crime, a absolvida (ARENDT, 2003: 95). A natureza política do perdão foi enfatizada através do uso feito do termo "absolvição", embora Arendt continuasse assegurando que o perdão sempre perdoava um *quem*, segundo suas próprias palavras, significando que conforme esse aspecto, cada pessoa é única, condição essa que proporcionava o perdão. A singularidade dos seres humanos os diferencia de objetos, plantas e animais (ARENDT, 1958: 176), e ao revelar-se na palavra e na ação os faz potencialmente perdoáveis. O "*quem*" é distinto daquilo "*que*" uma pessoa é, suas "qualidades, dons, talentos e imperfeições" (ARENDT, 1958: 179-180). A individualidade de cada um aparece em "algo inteiramente idiossincrático e indefinível, e, não obstante, inconfundivelmente identificável" que outros experimentam até mesmo quando mudamos de um aspecto de nossas vidas para outro (ARENDT, 2003: 13). Ela também sugeriu que o *quem* se revelava através da narrativa de vida de uma pessoa, suas falas e seus atos, e a compreensão dessa narrativa tornava possível o perdão (ARENDT, 1958: 186). Desse modo, como cada pessoa é única, todos temos a possibilidade de sermos perdoados.

O perdão político, afirmou Arendt, precisava basear-se mais no respeito e na amizade que no amor, diferentemente daquele da vida privada, para que estivesse à altura da esfera pública. O amor, por natureza, pertencia a um outro mundo, não apenas apolítico, mas antipolítico. Arendt considerava que a intimidade amorosa destruía o espaço que nos relaciona e separa dos demais – e nesse caso específico, provavelmente se referia ao amor intenso (não àquele que entendemos como benevolência) ao qual chamou paixão, observando que carecia de privacidade e que raramente era vivenciado (ARENDT, 1958: 242). Concluindo, o amor habilitava o perdão na vida privada, enquanto o respeito o fazia na vida pública.

No contexto político, o respeito pode ser visto como mais apropriado por não ser um sentimento tão intenso, privado ou íntimo, logo mais suscetível ao controle. Para Arendt, o respeito era uma forma de amizade política, sem intimidade ou proximidade, o que permitia-o a manutenção do espaço entre as pessoas, e não dependia de qualidades que estimamos ou admiramos. Novamente o foco recai no *quem*, no indivíduo, na narrativa, mais do que nas suas "qualidades e imperfeições, ou nas suas conquistas, fracassos e transgressões" (ARENDT, 1958: 242). "De qualquer modo", afirmou, "o respeito, por se referir somente à pessoa, bastava para induzir ao perdão dos atos desse alguém, por sua causa" (ARENDT, 1958: 243). Somos capazes de perdoar suas ações no contexto político por serem quem são, e porque nesse caso específico Arendt não estava lidando com o mal extremo, foi possível aceitar que todo malfeito, toda espécie de engano, podia ser perdoado.

Tanto o perdão quando o prometer são especiais por reconhecerem a pluralidade essencial da esfera política, e Arendt afirmou que não podemos perdoar-nos por não aparecermos para nós mesmos da maneira como aparecemos para os outros. É impossível que nos perdoemos verdadeiramente, ainda mais no campo da política, porque não podemos ser, a um só tempo, o sujeito e o objeto do perdão – dependemos dos outros para isso. Nos falta a experiência (exógena) da pessoa, do *quem*, em cujo benefício podemos perdoar, e nesse sentido somos mais um *que* para nós mesmos que para os outros, já que podemos nos julgar conforme nossos sucessos e fracassos. Ambas as faculdades dependem da pluralidade, "para mim ninguém pode perdoar a si mesmo e ninguém pode se sentir compelido a fazer uma promessa para si mesmo; perdoar e prometer decretados em solidão ou isolamento permanecem sem realidade e podem vir a significar nada mais que um papel desempenhado diante do próprio eu" (ARENDT, 1958: 237). Para Arendt, o perdão deve vir dos outros, especialmente se for político, muito embora um indivíduo possa tentar alcançar a harmonia através do diálogo íntimo que mantemos dentro de nós. Sua ideia foi aclarada na palestra *Thinking and Moral Considerations*, na qual observou que "também eu, em certo sentido, sou para mim mesma, embora dificilmente apareça para mim" (ARENDT, 2003: 183): somos conscientes de nós mesmos, mas não aparecemos para nós mesmos da mesma maneira que o fazemos perante os demais, quer dizer, publicamente, de modo que não temos como perceber o *quem* necessitado do perdão.

Na próxima parte, sublinharei os aspectos distintos da promessa e seu papel na política, da maneira que Arendt a via.

Promessas e imprevisibilidade

Além de ser efêmera, se não for relembrada, a ação humana é imprevisível, e essa característica se manifesta em dois fatores: primeiro, a mutabilidade humana; segundo, o fato de não podermos antever os resultados de nossas ações (ARENDT, 1958: 244). Nas palavras de Arendt,

> A ação humana, projetada em uma teia de relações nas quais muitos, e opostos, fins são buscados, quase nunca realiza sua intenção original; um ato jamais poderá ser reconhecido pelo seu autor com a mesma alegre certeza com que um artesão reconhece o fruto do seu trabalho. Quem quer que tenha começado a agir precisa saber que deu início a algo cujo fim não poderá jamais ser previsto, se mais não for porque sua própria ação já transformou tudo, e tornou tudo ainda mais imprevisível (ARENDT, [1961] 1968: 84).

Ao pintar um quadro tão severo dos caprichos da Ação, Arendt desejava resistir à tentação de formular uma teoria que pudesse conferir sentido à sua desordem e à inexatidão. Antes, visava mostrar que confiamos nas características especiais da promessa para conter e limitar os piores aspectos da imprevisibilidade, algo que, inevitável e apropriadamente, fazemos de maneira fragmentada. Mas a imprevisibilidade não é, de todo, negativa: consideremos, por exemplo, os levantes no norte-africano e no Oriente Médio, a chamada Primavera Árabe. Configurações dessa natureza só podem ocorrer porque a ação é imprevisível.

Diferentemente das possibilidades para o perdão, a capacidade para prometer no intuito de criar estabilidade é bem conhecida, e pode ser traçada até o Direito romano, a narrativa bíblica do pacto de Abraão, e os séculos de teorias dos contratos políticos (ARENDT, 1958: 243-244). Sua noção é que o prometer recíproco pode unir as pessoas, mas distinguiu essa sua ideia de promessa daquela da teoria do contrato social, e em *What is Freedom?*, conectou o prometer e a política da seguinte maneira:

> Todos os assuntos políticos são, e sempre foram, transacionados dentro de uma elaborada estrutura de vínculos e laços para o futuro, tais como leis e constituições, tratados e alianças. Todos derivados, em última instância, da faculdade de prometer e de manter promessas em face das essenciais incertezas do porvir (ARENDT, [1961] 1968: 164).

Leis escritas específicas providenciam maior fortalecimento da autoridade dessas promessas iniciais, como discutiu Keenan (1994). A confiança mútua exemplificada na promessa incrementa o poder para agir politicamente juntos, de modo que prometer é central para as ocasiões momentosas da fundação de novos estados, para sua manutenção mais mundana, e para a melhoria ou dilatação das políticas já existentes (ARENDT, 1963: 201). Arendt aceitava que a promessa não eliminava por completo a imprevisibilidade, apenas produzia "ilhas de previsibilidade" e "balizas de confiança" (ARENDT, 1958: 244), pois se assim não fosse, estaríamos tentando criar a estabilidade e durabilidade de um objeto produzido, objetivo que associava ao Trabalho.

Há duas razões pelas quais a noção arendtiana de promessa na política difere das teorias do contrato social: a primeira delas é que se volta para os eventos, não para as teorias. Arendt percebeu o desenvolvimento da república norte-americana como brotando dos pactos (ou alianças) celebrados desde o Mayflower pelos colonos britânicos, para que uma nova autoridade pudesse ser formada baseada em todas essas formas precedentes de autoridade, tema que discutiu em *Entre o passado e o futuro* (ARENDT, [1961] 1968). Ela argumentou que aqueles primeiros colonos usaram as promessas para criar um novo tipo de discurso, descrito da seguinte maneira:

> A gramática da ação: a Ação é a única faculdade humana que demanda a pluralidade dos homens. A sintaxe do poder: o poder é o único atributo humano somente aplicável ao espaço mundano intermediário no qual os homens estão mutualmente relacionados e pactuados no ato fundacional em virtude de fazer promessas e mantê-las, algo que, no campo da política, pode muito bem ser a mais alta das faculdades humanas (ARENDT, 1963: 175).

Esse tipo de promessa é um evento, mais que uma teoria, porque responde a dificuldades específicas em um contexto particular, e é fundamentada em verdadeira confiança mútua na fidelidade e perseverança dos demais (ARENDT, 1963: 172-173). Arendt sugeriu que esse poder da promessa foi subjacente ao sucesso na Guerra de Independência Norte-americana, e organizou uma base de princípios para a revolução (ARENDT, 1963: 214), e diferentemente das visões políticas abraçadas pelas revoluções violentas para a criação de uma nova política, a promessa leva a uma esfera política mais expressiva dos aspectos da ação.

A segunda diferença é que as teorias de contrato social dependem de uma falsa unidade, ao invés de uma genuína pluralidade, pois prometer precisa incluir a pluralidade da política. Uma distinção significativa se dá entre a ideia arendtiana de um contrato social, uma promessa verdadeira baseada na igualdade, e um fictício contrato social cujos contratantes supostamente aceitam. Para Arendt, ambos haviam sido teorizados, mas suas diferenças foram negligenciadas, e o primeiro não fora posto em prática até a colonização britânica da América do Norte. Em seu acordo baseado na promessa, ela insistiu, nós ganhávamos poder para agir com os outros, e perdíamos o isolamento em relação a eles, enquanto que no contrato fictício, perdíamos aquele poder, e o nosso isolamento se mantinha (ARENDT, 1963: 170, 181). Com esse conceito, ela quis dizer que experimentaríamos a pluralidade e a comunidade consentidoras do poder, enquanto que no outro, o poder conjunto era sacrificado em prol do poder estatal. Esse poder para o qual Arendt se voltou estava conectado à formação de alianças distendidas mais do que à unidade:

> Em outras palavras, o contrato mútuo, no qual o poder é constituído pela via da promessa, contém, *in nuce*[97], tanto o princípio republicano segundo o qual o poder pertence ao povo e que a "sujeição mútua" faz do governo algo absurdo... e o princípio federalista de uma "comunidade (*Commonwealth*) para o crescimento"... segundo o qual os

97 Em resumo, em suma [N.T.].

corpos políticos constituídos podem pactuar e estabelecer alianças duradouras sem perder a identidade (ARENDT, 1963: 171).

O prometer mútuo fornece as bases para o poder compartilhado de agir conjuntamente. Arendt discutiu as sociedades políticas que os imigrantes britânicos criaram na América como uma arena política que "desfrutava do poder e tinha o direito de reivindicar direitos sem possuir ou exigir soberania" (ARENDT, 1963: 168); "soberania" compreendida, em termos arendtianos, mais como aquilo que caracteriza um grupo político formado através das promessas do que o tipo de supremacia convencional, conectada à dominância e sem necessitar dos outros. "A soberania reside na independência limitada resultante da incalculabilidade do futuro" (ARENDT, 1958: 245).

Nesse particular, Arendt via os contratos sociais encontrados em Hobbes, Locke e Rousseau, por exemplo, entregando ao governo toda a vontade e o poder individuais em "absoluto controle" e em "princípio nacional" (ARENDT, 1963: 171). É importante que a promessa não seja considerada como sendo a unidade da pluralidade das pessoas em uma única vontade, como no contrato social rousseauniano, pois Arendt o diagnosticava como tendo desvinculado a vontade de todas as outras faculdades e da necessidade de discutir com os outros no campo da política, tornando-a uma força não política, ou até mesmo antipolítica (ARENDT, [1961] 1968: 164). A vontade geral de Rousseau é distinta da ideia de consenso, que Arendt conectou ao governo e a decisões políticas específicas, ao afirmar que essa noção foi tomada por Robespierre, por exemplo, para significar uma vontade unânime, e não uma posição com a qual muitas pessoas concordavam publicamente (ARENDT, 1963: 76). Esta vontade unânime substituiu a vontade individual do monarca absoluto, e, além disso, carecia da estabilidade da promessa, pois é mais importante estar unificado do que comprometido. Nesse caso, as promessas políticas somente se efetivam se satisfizerem aquela vontade ou interesse, e podem mudar arbitrariamente. Essa discussão que Arendt conduziu sugere que prometer desempenha um poderoso papel na criação de obrigações políticas, e respeita a pluralidade de opiniões.

Como em relação ao perdão, Arendt considerava que as promessas feitas aos outros são primárias, enquanto aquelas feitas para nós mesmos são secundárias, e argumentou que sem promessas, seríamos incapazes de manter nossas identidades:

> Estaríamos condenados a vagar sem rumo, impotentes, na escuridão do coração solitário de cada ser humano, presos em suas contradições e equívocos – escuridão essa que apenas a luz emitida pelo campo da política, através da presença alheia, que confirma a identidade entre aquele que promete e aquele que realiza, é capaz de dissipar (ARENDT, 1958: 237).

A promessa mútua e as expectativas que desenvolve estabelecem uma teia de relações e a durabilidade do eu. Mais uma vez, a ideia arendtiana é que prometer "nos mantém honestos" porque precisamos fazer promessas para os outros ao invés de nos enganarmos sobre nossos compromissos e o tipo de pessoa que somos. Duvido que ela estivesse negando ser possível estabelecer compromissos ou resoluções conosco mesmos; antes, a ideia é que a promessa entre pessoas é o conceito primordial, e como tal depende de acordo celebrados uns com os outros.

Um dos críticos dessa visão de perdão e promessa de Arendt é George Kateb, cujo argumento dizia que se o código moral baseado nessas ações abordava as fragilidades da ação, então "é como se a moralidade, ainda que compreendida, tendesse a ser um imposto sobre os esforços humanos, e não o coroamento da realização humana, ou, quando menos, um jogo de restrições que dignifica aquilo que restringe" (KATEB, 2000: 142). Além disso, este autor observou que Arendt deixou de levar em consideração o conteúdo e as consequências de perdoar e prometer, uma omissão deliberada da parte dela na medida em que esboçava um relato daquilo que o perdão e a promessa podiam, mas não do que deviam, fazer. Ainda assim Kateb reconheceu, num artigo posterior, que ela nos legou um esquema inspirador de código moral de conduta ou ação, que poderia ser suplementado com os princípios e virtudes que havia detalhado em outros textos (KATEB, 2001). O fundamental, para Arendt, é que no caso do perdão e da promessa, a moralidade possui uma relevância política específica.

Implicações políticas

Arendt via a moral, ou mais amplamente a ética, como relativamente distinta do campo da política posto que aquela não se ocupava daquilo que compartilhamos com os outros, e sim do nosso diálogo interno, em pensamento. Assim sendo, há que se entender o que é específico de um código moral baseado no perdão e na promessa. A abordagem fenomenológica arendtiana não exigia que esses dois atos fornecessem uma justificação normativa completa, embora ficasse implícito em sua visão que conexões públicas com os demais criam vínculos de expectativa e obrigação. O vínculo que ela estabeleceu entre as transgressões individuais implicava que a consistência deveria inspirar o perdão, ocorrendo o mesmo com a nossa expectativa de que os outros manterão suas promessas. Tal ideia não sugere que a razão decreta que aquilo que esperamos dos outros devemos exigir de nós mesmos, e sim que o reflexo nas circunstâncias políticas, o perdão concedido e recebido, as promessas feitas e mantidas na vida pública, baseiam-se, ambas, na boa vontade, e são geradoras de boa vontade. Existem muitas implicações advindas da ênfase arendtiana no perdão e na promessa públicas, e elas se conectam de formas importantes: boa parte da literatura realçou a absolvição de crimes atrozes, o tipo preciso que Arendt excluiu em *A condição humana*; seu relato do perdão político aparentemente sugere que o perdão público, ou coletivo, é possível, que um governo ou representante poderia concedê-lo em nome de uma coletividade, embora não esteja claro se poderia haver, segundo Arendt, o perdão *de* um grupo, algo problemático graças à sua caracterização do perdão como sendo da pessoa e da sua rejeição à culpa coletiva, mas não da responsabilidade coletiva (ARENDT, 2003: 147). Dessa forma, conforme a visão arendtiana, só o perdão político ou a anistia fazem sentido. Glen Pettigrove afirmou que o perdão de um coletivo poderia ocorrer mesmo em termos arendtianos, dado que ela reconhecera que infrações de indivíduos poderiam ser exacerbadas ao se tornarem parte de injustiça institucional ou sistêmica (PETTIGROVE 2006: 494). Não obstante, ela mesma salientou que a punição pertencia aos indivíduos; portanto, o perdão político também deveria se dirigir a eles. Pettigrove reconhece que um coletivo não pode ser um *quem*, uma pessoa no sentido arendtiano, e que seria mais adequado pensarmos sobre relações mais normalizadas, com menos políticas hostis entre os grupos (PETTIGROVE 2006: 496). O perdão político dos indivíduos pode ser visto sob uma gama de processos judiciários conciliatórios e transicionais, tais como as Comissões da Verdade e Reconciliação, na África do Sul ou na Bósnia e Herzegovina, para citar apenas dois exemplos, ou nos Tribunais Gacaca, de Ruanda, ainda que processos desse gênero sejam amiúde compreendidos como primordialmente voltados para o perdão pessoal. Ainda assim, numerosas guerras poderiam ter sido evitadas se o impulso para a vingança por atos individuais cometidos nos países fosse abandonado. Promessas e perdão poderiam ser, igualmente, forças mais poderosas na política do que efetivamente são, em relação a exemplos que, em si mesmos, não se configuram como eventos de larga escala, mas que são capazes de gerar ramificações mais amplas.

Uma das formas mais importantes do perdão político, entendendo-se do modo arendtiano de pôr a vingança de lado na eventualidade de transgressões menores, pode ser a necessidade do perdão de promessas não cumpridas na política. A vida política exibe numerosas instâncias de moralismo relativas a reclamações de que políticos quebraram suas promessas, ou mentiram, ainda que tenha havido boas razões para fazê-lo, como a falta de apoio, finanças ou viabilidade. Além disso, a preocupação de Arendt com as consequências invisíveis das nossas ações é particularmente relevante para a política, campo no qual decisões podem ter efeitos de difícil previsão. Enquanto as discussões públicas se concentram nessas preocupações menos relevantes, as questões verdadeiramente significativas tendem a ser ignoradas, e é comum dizer-se que o público não confia nos políticos, mas, como Arendt apontou, a boa vontade de lado a lado, e não apenas de mão única, é necessária. A falta de perdão na vida política faz da participação na política uma proposição desagradável para as pessoas em geral, e acaba por debilitá-la ainda mais, através da reação em cadeia sem fim que Arendt tanto rejeitou.

As promessas de fazer melhor, de consertar, de não permitir que os erros sejam cometidos novamente, inseridas num sincero pedido de desculpas, são centrais à vida política, como temos visto em numerosas desculpas políticas recentes (cf. LA CAZE, 2006; MULDOON, 2009). Quebrar as promessas, em particular para grupos oprimidos, demonstra também a falta de respeito que as desculpas tentam retificar. A promessa aparece na vida política depois que erros foram cometidos, de modo que perdoar e prometer estão vinculados nesse sentido mais amplo. Se uma promessa de mudança for feita, ela pode vir a ser a condição para o perdão. As promessas também podem estar conectadas ao progresso político, pois uma maneira de compreendê-lo é como o reconhecimento crescente da igualdade dos outros, por exemplo, através dos movimentos feminista ou antirracista. Talvez, conforme o relato arendtiano, por entender como promessas os contratos dignos desse nome e tratados, e onde quer que a promessa for estendida, haverá uma esfera pública mais inclusiva. Por exemplos, em países nos quais os colonizadores fecharam acordos com os povos indígenas, não importando quão desvantajosos tenham sido os termos, tem-se, supostamente, um maior potencial para melhorar as relações entre ambas as comunidades. Quando promessas desse tipo são feitas, existe um mínimo de reconhecimento da reivindicação primeira dos donos tradicionais da terra. Da mesma forma, a recusa ou falta de vontade em concluir mesmo uma promessa tão básica é indicativa da carência basal de reconhecimento de sua posição política e das apropriadas relações para com eles. Prometer, como perdoar, liga-se às nossas relações com os outros mais do que conosco mesmo, e a delineação arendtiana dessas duas formas de ação política moral – o perdão que nos liberta do fardo do passado e a promessa que nos une em um futuro político compartilhado – aponta para um caminho mais amigável, e ainda que política seja incerteza, Arendt abraçou essa incerteza.

Vida e obra
Cronologia

14 de outubro de 1906: nasceu em Hanôver, Alemanha.

Outubro de 1913: morte do pai.

Outono 1924-1928: inicia os estudos na Universidade de Marburg; frequenta as palestras e seminários de Martin Heidegger; passa um semestre em Friburgo estudando com Edmund Husserl; dá seguimento à sua formação em Heidelberg, com Karl Jaspers; termina sua tese doutoral, *O conceito de amor em Santo Agostinho*.

1929: muda-se para Berlim e recebe um estipêndio do *Notgemeinschaft der deutschen Wissenschaft*.

Setembro de 1929: casa-se com Günther Stern (Anders).

Janeiro-fevereiro de 1933: Hitler se torna chanceler da Alemanha; incêndio do Reichstag, seguido de uma série de medidas antijudaicas e prisões.

Primavera de 1933: realiza pesquisa para a Federação Sionista da Alemanha, dirigida por Kurt Blumenfeld; é presa pela Gestapo e liberada depois de oito dias; foge da Alemanha e se torna uma apátrida.

Meados dos anos de 1930: trabalha em Paris para a *Agriculture et Artisanat* e a *Juventude Aliyah*, organizações que ajudavam jovens refugiados judeus a emigrar para a Palestina.

Começos de 1936: separa-se de Günther Stern e inicia um relacionamento com Heinrich Blücher, ex-espartaquista e comunista.

Final de 1936: trabalha com a *Ligue Internationale contre l'Antisémitisme* para fornecer apoio legal a David Frankfurter, um estudante judeu que matara um líder do Partido Nazista em Davos, na Suíça.

Janeiro de 1940: casa-se com Blücher.

Maio de 1940: é enviada para um campo de internamento de "estrangeiros inimigos" e "indesejáveis" em Gurs, na França; escapa e se reúne com Blücher.

Maio de 1941: obtém um visto de emergência para os Estados Unidos, e parte de Lisboa a Nova York.

Novembro de 1941: colunista para o jornal nova-iorquino de língua alemã *Aufbau.*

Início de 1943: notícias da Solução Final de Hitler chegam da Europa.

Meados dos anos de 1940: publica nas revistas *Partisan Review, Jewish Social Studies, Commentary, The Nation, Menorah Journal* e *Jewish Frontier*; críticas de Arendt à política judaica levam ao seu isolamento da comunidade sionista.

1944-1946: diretora de pesquisa da *Commission on European Jewish Cultural Reconstruction*, destinada a recuperar a herança cultural judaica.

1944: conhece Mary McCarthy.

1946: editora sênior da *Schocken Books.*

1948-1952: diretora executiva da *Jewish Cultural Reconstruction organization.*

14 de maio de 1948: estabelecimento do Estado de Israel.

Verão de 1948: membro de grupo liderado por Judah Magnes para pacificação da Palestina, aumento da cooperação entre judeus e árabes, e promoção de condições favoráveis para o estabelecimento de uma federação.

Julho de 1948: morte da mãe.

Agosto de 1949-março de 1950: primeira viagem à Europa pós-guerra, pela *Jewish Cultural Reconstruction*; visita Jaspers; reata as relações com Heidegger.

Fevereiro de 1951: publica *As origens do totalitarismo.*

Abril de 1952: é contemplada com uma bolsa da *Guggenheim Foundation* para um estudo sobre "Os elementos totalitários do marxismo".

Outono de 1953: convidada a proferir os *Christian Gauss Seminars on Criticism* na Universidade de Princeton, a primeira mulher a receber tal convite.

Primavera de 1955: professora-visitante da Universidade da Califórnia, Berkeley.

primavera de 1956: convidada a proferir as *Walgreen Foundation Lectures* na Universidade de Chicago.

Outono de 1956: Revolução Húngara.

Junho de 1958: publica *A condição humana.*

Setembro de 1959: é laureada com o *Lessing Prize*, da cidade livre de Hamburgo.

Agosto de 1961: publica *Entre o passado e o futuro.*

Abril-junho de 1961: comparece ao julgamento de Adolf Eichmann em Jerusalém como repórter da revista *The New Yorker.*

Fevereiro de 1963: publica *Eichmann em Jerusalém – Um relato sobre a banalidade do mal*; provoca ampla controvérsia e as relações com muitos de seus ex-amigos judeus, como Kurt Blumenfeld, são estremecidas.

Março de 1963: publica *Sobre a revolução.*

Outono de 1963-1967: professora na *New School for Social Research*, Nova York.

Outubro de 1967: é laureada com o *Sigmund Freud Preis of the Deutsche Akademie für Sprache and Dichtung.*

Primavera de 1968: manifestações estudantis explodem em muitas universidades norte-americanas; Arendt as endossa com reservas.

Outubro de 1968: publica *Homens em tempos sombrios.*

26 de fevereiro de 1969: Morre Karl Jaspers.

Abril de 1969: laureada com a *Emerson-Thoreau Medal of the American Academy of Arts and Sciences.*

Março de 1970: publica *Sobre a violência.*

31 de outubro de 1970: morre Heinrich Blücher, de infarto.

Setembro de 1972: publica *Crises da República.*

Primavera de 1973: profere as *Gifford Lectures* na Universidade de Aberdeen, sob o tema "O pensamento", primeira da série proposta que comporia *A vida do espírito.*

Maio de 1974: profere a segunda série das *Gifford Lectures*, sob o tema "Vontade"; sofre um infarto em meio à palestra.

Abril de 1975: laureada com o *Sonning Prize for Contributions to European Civilization*, do governo dinamarquês.

4 de dezembro de 1975: morre de infarto em seu apartamento de Nova York enquanto recebia amigos.

Referências

Trabalhos de Hannah Arendt

ARENDT, H. (2007a). *The Jewish Writings*. Ed. de J. Kohn & R. H. Feldman. Nova York: Schocken.

______ (2007b). "The Great Tradition I: Law and Power". *Social Research*, 74 (3), p. 713-726.

______ (2007c). "The Great Tradition II: Ruling and Being Ruled". *Social Research*, 74 (4), p. 941-954.

______ (2007d.) *Reflections on Literature and Culture*. Ed. de S.Y.-A. Gottlieb. Stanford, CA: Stanford University Press.

______ (2005). *The Promise of Politics*. Ed. de J. Kohn. Nova York: Schocken.

______ (2003). *Responsibility and Judgment*. Ed. de J. Kohn. Nova York: Schocken.

______ (2002). "Karl Marx and the Tradition of Western Political Thought". *Social Research*, 69 (2), p. 273-319.

______ (1996). *Love and Saint Augustine*. Ed. de J.V. Scott e J. C. Stark. Chicago, IL: University of Chicago Press.

______ (1994). *Essays in Understanding*, 1930-1954. Ed. de J. Kohn. Nova York: Schocken.

______ (1992). *Lectures on Kant's Political Philosophy*. Ed. de R. Beiner. Chicago, IL: University of Chicago Press.

______ (1990). "Philosophy and Politics". *Social Research*, 57 (1), p. 73-103.

______ (1989). "Die vollendete Sinnlosigkeit". In: GEISEL, E. & BITTERMANN, K. (eds.). *Nach Auschwitz*: Essays und Kommentare I. Berlim: Tiamat, p. 9-30.

______ (1979). "On Hannah Arendt". In: HILL, M.A. (ed.). *Hannah Arendt*: The Recovery of the Public World. Nova York: St Martin's Press, p. 301-339.

______ (1978a). The Jew as Pariah: Jewish Identity and Politics in the Modern Age. Ed. de R. Feldman. Nova York: Grove.

______ (1978b). *The Life of the Mind*. São Diego, CA: Harcourt Brace.

______ (1977). "Public Rights and Private Interests: In Response to Charles Frankel". In: MOONEY, M. & STUBER, F. (eds.). *Small Comforts for Hard Times*: Humanists on Public Policy. Nova York: Columbia University Press, p. 103-108.

______ (1973). *Remarks to the American Society of Christian Ethics* – Hannah Arendt Papers at the Library of Congress, Speeches and Writings File, 1923-1975 [Disponível em http://memory.loc.gov/cgi-bin/query/P?mharendt:1:./temp/~ammem_IQgy – Acesso em 20/08/2013].

______ (1972). *Crises of the Republic*. São Diego, CA: Harcourt Brace.

______ (1971). "Martin Heidegger at Eighty". *Review of Books*, 21/10/, p. 50-54. Nova York.

______ (1970). *On Violence*. São Diego, CA: Harcourt Brace.

______ (1968). *Men in Dark Times*. São Diego, CA: Harcourt Brace.

______ (1966). "Remarks on the Crisis Character of Modern Society". *Christianity and Crisis*, 26 (9), p. 112-114.

______ ([1963] 1965). *Eichmann in Jerusalem*. Ed. rev. Nova York: Penguin.

______ (1963). *On Revolution*. Nova York: Penguin.

______ ([1961] 1968). *Between Past and Future*: Eight Exercises in Political Thought. Nova York: Penguin.

______ ([1958] 1974). *Rahel Varnhagen*: The Life of a Jewish Woman. Trad. de R. Wiston e C. Winston. Nova York: Harcourt Brace Jovanovich.

______ (1958). *The Human Condition*. Chicago, IL: University of Chicago Press.

______ ([1951] 2004). *The Origins of Totalitarianism*. Ed. rev. Nova York: Schocken.

______ (1949). "'The Rights of Man': What Are They?" *Modern Review*, 3 (1), p. 25-37.

______ (1946). "The Nation: Review of La Nation, by J.-T. Delos". *The Review of Politics*, 8 (1), p. 138-141.

______ (1945). "The Stateless People". *Contemporary Jewish Record*, 8 (2), p. 137-153.

______ (1929). *Der Liebesbegriff bei Augustin*: Versuch einer Philosophischen Interpretation. Berlim: Julius Springer [Ed. ingl., 1996].

ARENDT, H. & BLÜCHER, H. (2000). *Within Four Walls*: The Correspondence between Hannah Arendt and Heinrich Blücher 1936-1968. Ed. de L. Kohler. Trad. de P. Constantine. Boston, MA: Houghton Mifflin Harcourt.

ARENDT, H. & HEIDEGGER, M. (2003). *Letters*: 1925-1975. Ed. de U. Ludz. Nova York: Harcourt Brace.

ARENDT, H. & JASPERS, K. (1992). *Correspondence, 1926-1969*. Ed. de L. Köhler e H. Saner. Trad. De R. Kimber e R. Kimber. Nova York: Harcourt Brace.

ARENDT, H. & McCARTHY, M. (1995). *Between Friends*: The Correspondence of Hannah Arendt and Mary McCarthy, 1949-1975. Ed. de, C. Brightman. Nova York: Harcourt Brace.

Edições utilizadas nesta tradução

ARENDT, H. (2007). *A condição humana*. Trad. de Roberto Raposo. Rio de Janeiro: Forense Universitária.

______ (1998). *Origens do totalitarismo*. Trad. de Roberto Raposo. São Paulo: Companhia das Letras.

KANT, I. (2001). *Crítica da razão pura*. Trad. de Manuela Pinto dos Santos e Alexandre Fradique Morujão. Lisboa: Fundação Calouste Gulbenkian.

MANNHEIM, K. (1968). *Ideologia e utopia*. Trad. de Magalhães Santeiro. Rio de Janeiro: Zahar.

Outras obras

AGAMBEN, G. (2000). *Means Without End*: Notes on Politics. Trad. De V. Binetti e C. Casarino. Mineápolis, MN: University of Minnesota Press.

______ (1998). *Homo Sacer*: Sovereign Power and Bare Life. Trad. de D. Heller-Roazen. Stanford, CA: University of Stanford Press.

AGOSTINHO (1972). *City of God*. Trad. de H. Bettenson. Londres: Penguin.

ALLEN, D. (2005). "Invisible Citizens: Political Exclusion and Domination in Arendt and Ellison". In: WILLIAMS, M.S. & MACEDO, S. (eds.). *Political Exclusion and Domination*. Nova York: New York University Press, p. 29-76.

ALLERS, C.R. (2010). "Undoing What Has Been Done: Arendt and Levinas on Forgiveness". In: ALLERS, C.R. & SMIT, M. (eds.). *Forgiveness in* Perspective. Amsterdã, Rodopi, p. 19-42.

ARISTÓTELES (1955). *The Nicomachean Ethics*. Trad. de J.A.K. Thompson. Londres: Penguin.

ARON, R. (1993). "The Essence of Totalitarianism according to Hannah Arendt". *Partisan Review*, 60 (3), p. 366-376.

ASCHHEIM, S. (ed.) (2001). *Hannah Arendt in Jerusalem*. Berkeley, CA: University of California Press.

ASTELL, A.W. (2006). "Mater-Natality: Augustine, Arendt, and Levinas". *Analecta Husserliana*, 89, p. 373-398.

AXTMANN, R. (2006). "Globality, Plurality and Freedom: The Arendtian Perspective". *Review of International Studies*, 32 (1), p. 93-117.

BAEHR, P. (2010). *Hannah Arendt, Totalitarianism, and the Social Sciences*. Stanford, CA: Stanford University Press.

______ (2002). "Identifying the Unprecedented: Hannah Arendt, Totalitarianism, and the Critique of Sociology". *American Sociological Review*, 67 (6), p. 804-831.

BALIBAR, É. (2007). "(De)constructing the Human as Human Institution: A Reflection on the Coherence of Hannah Arendt's Practical Philosophy". *Social Research*, 74 (3), p. 727-738.

BARASH, J.A. (2002). "Martin Heidegger, Hannah Arendt and the Politics of Remembrance". *International Journal of Philosophical Studies*, 10 (2), p. 171-182.

BARNES, B. (1988). *The Nature of Power*. Cambridge: Polity Press.

BARNOUW, D. (1990). *Visible Spaces*: Hannah Arendt and the German-Jewish Experience. Baltimore, MD: Johns Hopkins University Press.

BEINER, R. (2000). "Arendt and Nationalism" [cf. VILLA, 2000, p. 44-62].

______ (1996). "Love and Worldliness: Hannah Arendt's Reading of Augustine" [cf. MAY & KOHN, 1996, p. 269-284].

______ (1992). "Interpretive Essay". In: BEINER, R. (ed.). *H. Arendt, Lectures on Kant's Political Philosophy*. Chicago, IL: University of Chicago Press, p. 89-156.

______ (1983). *Political Judgement*. Londres: Methuen.

BEINER, R. & NEDELSKY, J. (eds.) (2001). *Judgment, Imagination, and Politics*: Themes from Kant and Arendt. Lanham, MD: Rowman & Littlefield.

BELTRÁN, C. (2009). "Going Public: Hannah Arendt, Immigrant Action, and the Space of Appearance". *Political Theory*, 37 (5), p. 595-622.

BENHABIB, S. (2012). "Arendt and Adorno: The Elusiveness of the Particular and the Benjaminian Moment" [cf. RENSMANN & GANDESHA, 2012, p. 31-55].

______ (2011). *Dignity in Adversity*: Human Rights in Troubled Times. Cambridge: Polity Press.

______ (2006). "The Philosophical Foundations of Cosmopolitan Norms." In: POST, R. (ed.). *Another Cosmopolitanism*. Oxford: Oxford University Press, p. 13-44.

______ (2004). *The Rights of Others*: Aliens, Residents and Citizens. Cambridge: Cambridge University Press.

______ (2003). *The Reluctant Modernism of Hannah Arendt*. Nova ed. Lanham, MD: Rowman & Littlefield.

______ (2002). "Political Geographies in a Global World: Arendtian Reflections". *Social Research*, 69 (2), p. 539-566.

______ (1990). "Hannah Arendt and the Redemptive Power of Narrative". *Social Research*, 57 (1), p. 167-196.

______ (1988). "Judgment and the Moral Foundations of Politics in Arendt's Thought". *Political Theory*, 16 (1), p. 29-51.

BENHABIB, S. (ed.) (2010). *Politics in Dark Times*: Encounters with Hannah Arendt. Cambridge: Cambridge University Press.

BENHABIB, S. & EDDON, R. (2007). "From Anti-Semitism to the 'Right to Have Rights' – The Jewish Origins of Hannah Arendt's Cosmopolitanism". *Babylon*, 22, p. 44-62.

BERKOWITZ, R.; KEENAN, T. & KATZ, J. (eds.) (2009). *Thinking in Dark Times*: Hannah Arendt on Ethics and Politics. Nova York: Fordham University Press.

BERNSTEIN, R.J. (2008). "Are Arendt's Reflections on Evil Still Relevant?" *The Review of Politics*, 70 (1), p. 64-76.

______ (1997). "'The Banality of Evil' Reconsidered". *See Calhoun & McGowan*, 1997, p. 297-322.

______ (1996). *Hannah Arendt and the Jewish Question*. Cambridge, MA: MIT.

BICKFORD, S. (1996). *The Dissonance of Democracy*: Listening, Conflict and Citizenship. Ithaca, NY: Cornell University Press.

BIRMINGHAM, P. (2006). *Hannah Arendt and Human Rights*: The Predicament of Common Responsibility. Bloomington, IN: Indiana University Press.

BISKOWSKI, L. (1993). "Practical Foundations for Political Judgment: Arendt on Action and World". *The Journal of Politics*, 55 (4), p. 876-887.

BLACK, S. (2010). *Fiction across Borders*: Imagining the Lives of Others in Late Twentieth-Century Novels. Nova York: Columbia University Press.

BLÄTTLER, S. & MARTI, I. (2005). "Rosa Luxemburg and Hannah Arendt: Against the Destruction of Political Spheres of Freedom". *Hypatia*, 20 (2), p. 88-101.

BRUBAKER, R. (1992). *Citizenship and Nationhood in France and Germany*. Cambridge, MA: Harvard University Press.

BRUNKHORST, H. (2000). "Equality and Elitism in Arendt" [cf. VILLA, 2000, p. 178-198].

______ (1996). "Are Human Rights Self-Contradictory? – Critical Remarks on a Hypothesis by Hannah Arendt". *Constellations*, 3 (2), p. 190-199.

BUCKLER, S. (2011). *Hannah Arendt and Political Theory*: Challenging the Tradition. Edimburgo: Edinburgh University Press.

BURKE, E. (2004). *Reflections on the Revolution in France*. Ed. de C.C. O'Brien. Londres: Penguin.

CALHOUN, C. & McGOWAN, J. (eds.) (1997). *Hannah Arendt and the Meaning of Politics*. Mineápolis, MN: University of Minnesota Press.

CANOVAN, M. (1999). "Lasting Institutions: Arendtian Thoughts on Nations and Republics". *Graduate Faculty Philosophy Journal*, 21 (2), p. 133-151.

______ (1994). "Politics as Culture: Hannah Arendt and the Public Realm". In: HINCHMAN, L.P. & HINCHMAN, S.K. (eds.). *Hannah Arendt*: Critical Essays. Albânia: NY: Suny, p. 179-206.

______ (1992). *Hannah Arendt*: A Reinterpretation of Her Political Thought. Cambridge: Cambridge University Press.

______ (1977). "The Contradictions of Hannah Arendt's Political Thought". *Political Theory*, 6 (1), p. 5-26.

______ (1974). *The Political Thought of Hannah Arendt*. Londres: J.M. Dent.

CESARANI, D. (2006). *Becoming Eichmann*: Rethinking the Life, Times, and Trial of a "Desk Murderer". Londres: Da Capo Press.

COHEN, J.L. (1996). "Rights, Citizenship, and the Modern Form of the Social: Dilemmas of Arendtian Republicanism". *Constellations*, 3 (2), p. 164-189.

COTTER, B. (2005). "Hannah Arendt and 'the Right to Have Rights'" [cf. LANG & WILLIAMS, 2005, p. 95-112].

CURTIS, K. (1999). *Our Sense of the Real*: Aesthetic Experience and Arendtian Politics. Ithaca, NY: Cornell University Press.

DEGRYSE, A. (2008). "The Sovereign and the Social: Arendt's Understanding of Hobbes". *Ethical Perspectives*, 15 (2), p. 239-258.

DENNENY, M. (1979). "The Privilege of Ourselves: Hannah Arendt on Judgment". *See Hill*, p. 245-274.

DERRIDA, J. (2001). *On Cosmopolitanism and Forgiveness*. Trad. de M. Dooley e M. Hughes. Londres: Routledge.

______ (1986). "Declarations of Independence". *New Political Science*, 7 (1), p. 7-15.

DIETZ, M.G. (2002). *Turning Operations*: Feminism, Arendt, and Politics. Londres: Routledge.

______ (2000). "Arendt and the Holocaust" [cf. VILLA, 2000, p. 86-109].

______ (1991). "Hannah Arendt and Feminist Politics". In: SHANLEY, M.L. & PATEMAN, C. (eds.). *Feminist Interpretations and Political Theory*. Cambridge: Polity Press, p. 232-252.

DISCH, L. (2011). "How could Hannah Arendt Glorify the American Revolution and Revile the French? – Placing On Revolution in the Historiography of the French and American Revolutions". *European Journal of Political Theory*, 10 (3), p. 350-371.

______ (1994). *Hannah Arendt and the Limits of Philosophy*. Ithaca, NY: Cornell University Press.

______ (1993). "More Truth than Fact: Storytelling as Critical Understanding in the Writings of Hannah Arendt". *Political Theory*, 21 (4), p. 665-694.

DOWDING, K. (1996). *Power*. Buckingham: Open University Press.

ETTINGER, E. (1995). *Hannah Arendt/Martin Heidegger*. New Haven, CT: Yale University Press.

EUBEN, J.P. (2000). "Arendt's Hellenism" [cf. VILLA, 2000, p. 153-164].

EZRA, M. (2007). "The Eichmann Polemics: Hannah Arendt and Her Critics". *Democratiya*, 9, p. 141-165.

FANON, F. (1965). *The Wretched of the Earth*. Londres: Penguin.

FELDMAN, L.C. (2004). *Citizens without Shelter*: Homelessness, Democracy and Political Exclusion. Ithaca, NY: Cornell University Press.

FINE, R. (2012). "Debating Human Rights, Law, and Subjectivity: Arendt, Adorno, and Critical Theory" [cf. RENSMANN & GANDESHA, 2012, p. 154-172].

FINLAY, C.J. (2009). "Hannah Arendt's Critique of Violence". *Thesis Eleven*, 97, p. 26-54.

FRAZER, E. & HUTCHINGS, K. (2011a). "Avowing Violence: Foucault and Derrida on Politics, Discourse and Meaning". *Philosophy and Social Criticism*, 37 (1), p. 3-23.

______ (2011b). "Remnants and Revenants: Politics and Violence in the Work of Giorgio Agamben and Jacques Derrida". *British Journal of Politics and International Relations*, 13 (2), p. 127-144.

______ (2008). "On Politics and Violence: Arendt contra Fanon". *Contemporary Political Theory*, 7 (1), p. 90-108.

______ (2007). “Argument and Rhetoric in the Justification of Political Violence”. *European Journal of Political Theory*, 6 (2), p. 180-199.

FRIEDRICH, C.J. & BRZEZINSKI, Z.K. (1965). *Totalitarian Dictatorship and Autocracy*. Nova York: Praeger.

FUSS, P. (1979). “Hannah Arendt’s Conception of Political Community” [cf. HILL, 1979, p. 157-176].

GADAMER, H.-G. (1989). *Truth and Method*. 2. ed. Ed. de J. Weinsheimer e D.G. Marshall. Nova York: Crossroad.

GOLDONI, M. & McCORKINDALE, C. (eds.) (2012). *Hannah Arendt and the Law*. Oxford: Hart.

GOTTSEGEN, M. (1993). *The Political Thought of Hannah Arendt*. Albânia, NY: Suny.

GÜNDOĞDU, A. (2012a). “‘Perplexities of the Rights of Man’: Arendt on the Aporias of Human Rights”. *European Journal of Political Theory*, 11 (1), p. 4-24.

______ (2012b). “Potentialities of Human Rights: Agamben and the Narrative of Fated Necessity”. *Contemporary Political Theory* 11 (1), p. 2-22.

HABERMAS, J. (1996). *Between Facts and Norms*: Contributions to a Discourse Theory of Law and Democracy. Cambridge, MA: MIT.

______ (1989). *The Structural Transformation of the Public Sphere*. Cambridge, MA: MIT.

______ (1987). *The Theory of Communicative Action*. Boston, MA: Beacon.

______ (1977). “Hannah Arendt’s Communications Conception of Power”. *Social Research*, 44 (1), p. 3-24.

HAMMER, D. (2002). “Hannah Arendt and Roman Political Thought: The Practice of Political Theory”. *Political Theory*, 30 (1), p. 124-149.

HAYDEN, P. (2007). “Superfluous Humanity: An Arendtian Perspective on the Political Evil of Global Poverty”. *Millennium*: Journal of International Studies 35 (2), p. 279-300.

______ (2004). "Hannah Arendt and Bearing with Strangers". *Contemporary Political Theory*, 3 (1), p. 3-22.

______ (1993). *Hannah Arendt*: Politics, History and Citizenship. Cambridge: Polity.

HAYDEN, P. (2009). *Political Evil in a Global Age: Hannah Arendt and International Theory*. Londres: Routledge.

HEIDEGGER, M. ([1927] 1967). *Being and Time*. Trad. de J. Macquarrie e E. Robinson. São Francisco, CA: HarperSanFrancisco.

HERZOG, A. (2004). "Political Itineraries and Anarchic Cosmopolitanism in the Thought of Hannah Arendt". *Inquiry*, 47 (1), p. 20-41.

______ (2000). "Illuminating Inheritance: Benjamin's Influence on Arendt's Political Storytelling". *Philosophy and Social Criticism*, 26 (5), p. 1-27.

HILL, M.A. (ed.) (1979). *Hannah Arendt*: The Recovery of the Public World. Nova York: St Martin's Press.

HINCHMAN, L. & HINCHMAN, S. (1991). "Existentialism Politicized – Arendt's Debt to Jaspers". *Review of Politics*, 53 (36), p. 435-468.

______ (1984). "In Heidegger's Shadow: Hannah Arendt's Phenomenological Humanism". *Review of Politics*, 46 (2), p. 183-211.

HINCHMAN, L. & HINCHMAN, S. (eds.) (1994). *Hannah Arendt*: Critical Essays. Albânia, NY: Suny.

HINDESS, B. (1996). *Discourses of Power*: From Hobbes to Foucault. Oxford: Blackwell.

HOBBES, T. (1996). *Leviathan*. Ed. de R. Tuck. Cambridge: Cambridge University Press.

HOLLANDER, P. (ed.) (2008). *Political Violence*: Belief, Behaviour and Legitimation. Nova York: Palgrave Macmillan.

HONIG, B. (1991). "Declarations of Independence: Arendt and Derrida on the Problem of Founding a Republic". *American Political Science Review*, 85 (1), p. 97-113.

HONIG, B. (ed.) (1995). *Feminist Interpretations of Hannah Arendt*. University Park, PA: Pennsylvania State University Press.

HOWARD, D. (2010). "Keeping the Republic: Reading Arendt's On Revolution after the Fall of the Berlin Wall" [cf. BENHABIB, 2010, p. 277-292].

HULL, M. (2002). *The Hidden Philosophy of Hannah Arendt*. Londres: Routledge.

HYNDMAN, J. & MOUNTZ, A. (2008). "Another Brick in the Wall? – Neo-refoulement and the Externalization of Asylum by Australia and Europe". *Government and Opposition*, 43 (2), p. 249-269.

INGRAM, J. (2008). "What is a 'Right to Have Rights'? – Three Images of the Politics of Human Rights". *American Political Science Review*, 102 (4), p. 401-416.

ISAAC, J.C. (1998). *Democracy in Dark Times*. Ithaca, NY: Cornell University Press.

______ (1996). "A New Guarantee on Earth: Hannah Arendt on Human Dignity and the Politics of Human Rights". *American Political Science Review*, 90 (1), p. 61-73.

______ ISAAC, J.C. (1992). *Arendt, Camus, and Modern Rebellion*. New Haven, CT: Yale University Press.

JACOBSON, D. (1996). *Rights Across Borders*: Immigration and the Decline of Citizenship. Baltimore, MD: Johns Hopkins University Press.

JAY, M. (1978). "Hannah Arendt: Opposing Views". *Partisan Review*, 45 (3), p. 348-368.

KAFKA, F. (2002). "He: Aphorisms from the 1920 Diary". In: *The Great Wall of China and Other Short Works*. Ed. e trad. de M. Pasley. Londres: Penguin, p. 104-113.

KANT, I. (1997). *Critique of Practical Reason*. Trad. de M. Gregor. Cambridge: Cambridge University Press.

______ (1987). *Critique of Judgment*. Trad. de W.S. Pluhar. Indianápolis, IN: Hackett.

______ (1983). *Critique of Pure Reason*. Trad. de N.K. Smith. Londres: Macmillan.

KAPLAN, F. (2013). "The Woman Who Saw Banality in Evil". *The New York Times*, 24/05 [Disponível em www.nytimes.com/2013/05/26/movies/hannah-arendt-directed-bymargarethe-von-trotta.html?pagewanted=all – Acesso em 05/10/2013].

KATEB, G. (2003). *The Inner Ocean*: Individualism and Democratic Culture. Ithaca, NY: Cornell University Press.

______ (2001). "The Judgment of Arendt". In: BEINER, R. & NEDELSKY, J. (eds.). *Judgment, Imagination, and Politics*: Themes from Kant and Arendt. Lanham, MD: Rowman & Littlefield, p. 121-138.

______ (2000). "Political Action: Its Nature and Advantages". *See Villa*, p. 130-148.

______ (1984). *Hannah Arendt*: Politics, Conscience, Evil. Totowa, NJ: Rowman & Allanheld.

KATZNELSON, I. (2003). *Desolation and Enlightenment*. Nova York: Columbia University Press.

KECK, M.E. & SIKKINK, K. (1998). *Activists Beyond Borders*: Advocacy Networks in International Politics. Ithaca, NY: Cornell University Press.

KEENAN, A. (1994). "Promises, Promises: The Abyss of Freedom and the Loss of the Political in the Work of Hannah Arendt". *Political Theory*, 22 (2), p. 297-322.

KESBY, A. (2012). *A Right to Have Rights*: Citizenship, Humanity, and International Law. Oxford: Oxford University Press.

KING, R. & STONE, D. (eds.) (2007). *Hannah Arendt and the Uses of History*: Imperialism, Nation, Race, and Genocide. Nova York: Berghahn Books.

KLUSMEYER, D.B. (2005). "Hannah Arendt's Critical Realism: Power, Justice, and Responsibility". *See Lang & Williams*, p. 113-178.

______ (2000). "Hannah Arendt's Case for Federalism". *Publius*, 40 (1), p. 31-58.

KOHN, J. (2005). "Introduction". In: ARENDT, H. *The Promise of Politics*. Nova York: Schocken, p. vii-xxxiii.

______ (2000). "Freedom: The Priority of the Political" [cf. VILLA, 2000, p. 113-129].

______ (1996). "Evil and Plurality: Hannah Arendt's Way to The Life of the Mind" [cf. MAY & KOHN, 1996, p. 147-178].

KRAUSE, M. (2008). "Undocumented Immigrants: An Arendtian Perspective". *European Journal of Political Theory*, 7 (3), p. 331-348.

KRISTEVA, J. (2001). *Hannah Arendt*: Life is a Narrative. Trad. de R. Guberman. Nova York: Columbia University Press.

LA CAZE, M. (2006). "The Asymmetry between Apology and Forgiveness". *Contemporary Political Theory*, 5 (4), p. 447-468.

LaCAPRA, D. (2001). *Writing History, Writing Trauma*. Baltimore, MD: Johns Hopkins University Press.

LANG JR., A.F. (2005). "Governance and Political Action: Hannah Arendt on Global Political Protest" [cf. LANG & WILLIAMS, 2005, p. 179-198].

LANG JR., A.F. & WILLIAMS, J. (eds.) (2005). *Hannah Arendt and International Relations*: Readings across the Lines. Basingstoke: Palgrave Macmillan.

LARA, M.P. (2007). Narrating Evil: A Postmetaphysical Theory of Reflective Judgment. Nova York: Columbia University Press.

LAUREN, P.G. (1998). *The Evolution of International Human Rights*: Visions Seen. Filadélfia, PA: University of Pennsylvania Press.

LINCOTT, A. (2004). *The Constitution of the Roman Republic*. Oxford: Oxford University Press.

LUBAN, D. (1983). "Explaining Dark Times: Hannah Arendt's Theory of Theory". *Social Research*, 50 (1), p. 215-248.

LUKES, S. (1974). *Power*: A Radical View. Basingstoke: Macmillan Education.

LURIE, A. (2013). "The Revolt of the Invisible Woman". *The New York Review of Books*, 09/05 [Disponível em www.nybooks.com/

articles/archives/2013/may/09/revolt-invisiblewoman/?pagination =false – Acesso em 05/10/2013].

MANNHEIM, K. ([1929] 1960). *Ideology and Utopia*. Trad. de E.A. Shils e L. Wirth. Londres: Routledge.

MANTENA, K. (2010). "Genealogies of Catastrophe: Arendt on the Logic and Legacy of Imperialism" [cf. BENHABIB, 2010, p. 83-112].

MARKELL, P. (2011). "Arendt's Work: On the Architecture of The Human Condition". *College Literature*, 38 (1), p. 15-44.

MAY, L. KOHN, J. (eds.) (1996). *Hannah Arendt*: Twenty Years Later. Cambridge, MA: MIT.

McCLURE, K. (1997). "The Odor of Judgment: Exemplarity, Propriety and Politics in the Company of Hannah Arendt" [cf. CALHOUN & McGOWAN, 1997, p. 53-84].

MICHELMAN, F. (1996). "Parsing 'A Right to Have Rights'". *Constellations*, 3 (2), p. 200-209.

MONTESQUIEU, C. (1989). *The Spirit of Laws*. Cambridge: Cambridge University Press.

MORRIS, P. (2002). *Power*: A Philosophical Analysis. 2. ed. Manchester: Manchester University Press.

MORUZZI, N.C. (2000). *Speaking through the Mask*: Hannah Arendt and the Politics of Social Identity. Ithaca, NY: Cornell University Press.

MULDOON, P. (2009). "Past Injustices and Future Protections: On the Politics of Promising". *Australian Indigenous Law Review*, 13 (2), p. 2-17.

NEGRI, A. (2009). *Insurgencies*: Constituent Power and the Modern State. Trad. de M. Boscagli. Mineápolis, MN: University of Minnesota Press.

NEIMAN, S. (2002). *Evil in Modern Thought*: An Alternative History of Philosophy. Princeton, NJ: Princeton University Press.

NIETZSCHE, F. (1968). "How the 'True World' Finally Became a Fable: The History of an Error". In: Trad. de W. Kaufmann. Nova York: Penguin, p. 485-486.

NUSSBAUM, M. (1995). *Poetic Justice*: The Literary Imagination and Public Life. Boston, MA: Beacon Press.

O'BYRNE, A. (2010). *Natality and Finitude*. Bloomington, IN: Indiana University Press.

OLAFSON, F.A. (1998). *Heidegger and the Ground of Ethics*: A Study of Mitsein. Cambridge: Cambridge University Press.

OWENS, P. (2011). "Beyond 'Bare Life': Refugees and the 'Right to Have Rights'". In: BETTS, A. & LOESCHER, G. (eds.). *Refugees in International Relations*. Oxford: Oxford University Press, p. 133-150.

______ (2007). *Between War and Politics*: International Relations and the Thought of Hannah Arendt. Oxford: Oxford University Press.

______ (2005). "Hannah Arendt, Violence, and the Inescapable Fact of Humanity" [cf. LANG & WILLIAMS, 2005, p. 41-65].

PAREKH, S. (2008). *Hannah Arendt and the Challenge of Modernity*: A Phenomenology of Human Rights. Nova York: Routledge.

______ (2004). "A Meaningful Place in the World: Hannah Arendt on the Nature of Human Rights". *Journal of Human Rights*, 3 (1), p. 41-53.

______ (1981). *Hannah Arendt and the Search for a New Political Philosophy*. Londres: Macmillan.

PASSERIN D'ENTRÈVES, M. (1994). *The Political Philosophy of Hannah Arendt*. Londres: Routledge.

PETTIGROVE, G. (2006). "Hannah Arendt and Collective Forgiving". *Journal of Social Philosophy*, 37 (4), p. 483-500.

PITKIN, H. (1981). "Justice: On Relating Public and Private". *Political Theory*, 9 (3), p. 327-352.

PITKIN, H.F. (1998). *The Attack of the Blob*: Hannah Arendt's Concept of the Social. Chicago, IL: University of Chicago Press.

PLATÃO (1995). *Plato*: Euthyphro, Apology, Crito, Phaedo, Phaedrus. Trad. de H. N. Fowler. Cambridge, MA: Harvard University Press.

POSTONE, M. (2000). "Hannah Arendts Eichmann in Jerusalem: Die unaufgelöste Antinomie von Universalität und Besonderem". In: SMITH, G. (ed.). *Hannah Arendt Revisited*: Eichmann in Jerusalem und die Folgen. Frankfurt: Suhrkamp, p. 264-290.

RANCIÈRE, J. (2004). "Who is the Subject of the Rights of Man?" *The South Atlantic Quarterly*, 103 (2/3), p. 297-310.

RENSMANN, L. (2012). "Grounding Cosmopolitics: Rethinking Crimes against Humanity and Global Political Theory with Arendt and Adorno" [cf. RENSMANN & GANDESHA, 2012, p. 129-153].

RENSMANN, L. & GANDESHA, S. (eds.) (2012). *Arendt and Adorno*: Political and Philosophical Investigations. Stanford, CA: Stanford University Press.

RICOEUR, P. (1991). "Life in Quest of Narrative". In: WOOD, D. (ed.). On *Paul Ricoeur*: Narrative and Interpretation. Londres: Routledge, p. 20-33.

______ (1983). "Action, Story and History: On Re-reading The Human Condition". *Salmagundi*, 60, p. 60-72.

______ (1965). *History and Truth*. Evanston, IL: Northwestern University Press.

RING, J. (1989). "On Needing Both Marx and Arendt: Alienation and the Flight from Inwardness". *Political Theory*, 17 (3), p. 432-448.

RISSE, T.; ROPP, S.C. & SIKKINK, K. (eds.) (1999). *The Power of Human Rights*: International Norms and Domestic Change. Nova York: Cambridge University Press.

RORTY, R. (1993). "Human Rights, Rationality, and Sentimentality". In: SHUTE, S. & HURLEY, S. (eds.). *On Human Rights*: The Oxford Amnesty Lectures. Nova York: Basic Books, p. 111-134.

SARTRE, J.-P. (1998). "Merleau-Ponty vivant". In: STEWART, J. (ed.). The *Debate between Sartre and Merleau-Ponty*. Evanston, IL: Northwestern University Press, p. 565-626.

______ (1965). “Preface”. In: FANON, F. *The Wretched of the Earth*. Trad. de C. Farringdon. Harmondsworth: Penguin, p. 7-26.

SASSEN, S. (2002). “The Repositioning of Citizenship: Emergent Subjects and Spaces for Politics”. *Berkeley Journal of Sociology*, 46: 4-26.

SCHAAP, A. (2011). “Enacting the Right to Have Rights: Jacques Rancière's Critique of Hannah Arendt”. *European Journal of Political Theory*, 10 (1), p. 22-45.

______ (2005). *Political Reconciliation*. Londres: Routledge.

SCHIFF, J. (2012). “The Varieties of Thoughtlessness and the Limits of Thinking”. *European Journal of Political Theory*, 12 (2), p. 99-115.

SCHOLEM, G. (1978). “Eichmann in Jerusalem: An Exchange of Letters between Gershom Scholem and Hannah Arendt”. In: FELDMAN, R.H. (ed.). *H. Arendt, The Jew as Pariah*: Jewish Identity and Politics in the Modern Age. Nova York: Grove, p. 240-251.

SCOTT, J.V. (2002). “Hannah Arendt Twenty Years Later: A German Jewess in the Age of Totalitarianism”. *New German Critique*, 86, p. 19-42.

SCOTT, J.V. & STARK, J.C. (1996). “Rediscovering Hannah Arendt”. In: SCOTT, J.V. & STARK, J.C. (eds.). *H. Arendt, Love and Saint Augustine*. Chicago, IL: University of Chicago Press, p. 125-134.

SOMERS, M.R. (2008). *Genealogies of Citizenship*: Markets, Statelessness, and the Right to Have Rights. Cambridge: Cambridge University Press.

SOREL, G. (1999). *Reflections on Violence*. Ed. de J. Jennings. Cambridge: Cambridge University Press.

SOYSAL, Y.N. (1994). *Limits of Citizenship*: Migrants and Postnational Membership in Europe. Chicago, IL: University of Chicago Press.

TAMINIAUX, J. (2000). “Athens and Rome” [cf. VILLA, 2000, p. 165-177].

TERADA, R. (2004). “Thinking for Oneself: Realism and Defiance in Arendt”. *English Literary History*, 71 (4), p. 839-865.

______ (1997). *The Thracian Maid and the Professional Thinker*: Arendt and Heidegger. Albânia, NY: Suny.

THALER, M. (2011). "Political Judgment beyond Paralysis and Heroism". *European Journal of Political Theory*, 10 (2), p. 225-253.

TSAO, R.T. (2002a). "The Three Phases of Arendt's Theory of Totalitarianism". *Social Research*, 69 (2), p. 579-619.

______ (2002b). "Arendt against Athens: Rereading The Human Condition". *Political Theory*, 30 (1), p. 97-123.

VETLESEN, A.J. (2011). "Can Forgiveness be Morally Wrong?" In: FRICKE, C. (ed.). *The Ethics of Forgiveness*: A Collection of Essays. Londres: Routledge, p. 143-165.

VILLA, D.R. (2008). *Public Freedom*. Princeton, NJ: Princeton University Press.

______ (1999). *Politics, Philosophy, Terror*: Essays on the Thought of Hannah Arendt. Princeton, NJ: Princeton University Press.

______ (1997). "Hannah Arendt: Modernity, Alienation, and Critique" [cf. CALHOUN & McGOWAN, 1997, p. 287-309].

______ (1996). *Arendt and Heidegger*: The Fate of the Political. Princeton, NJ: Princeton University Press.

VILLA, D.R. (ed.) (2000). *The Cambridge Companion to Hannah Arendt*. Cambridge: Cambridge University Press.

VISKER, R. (2007). "Pluralisme, participatie en vertegenwoordiging: Hannah Arendt herlezend". *Tijdschrift voor Filosofie*, 69 (3), p. 419-444.

VOLLRATH, E. (1977). "Arendt and the Method of Political Thinking". *Social Research*, 44 (1), p. 160-182.

WALTERS, W. (2002). "Deportation, Expulsion, and the International Police of Aliens". *Citizenship Studies*, 6 (3), p. 265-292.

WEBER, M. (2000). *Political Writings*. Ed. de P. Lassman, e R. Speirs. Cambridge: Cambridge University Press.

______ (1978). *Economy and Society*. Ed. de G. Roth e C. Wittich. Berkeley, CA: University of California Press.

______ ([1920] 2011). *The Protestant Ethic and the Spirit of Capitalism*. Trad. de S. Kalberg. Oxford: Oxford University Press.

WEITZ, E.D. (2008). "From the Vienna to the Paris System: International Politics and the Entangled Histories of Human Rights, Forced Deportations, and Civilizing Missions". *American Historical Review*, 113 (5), p. 1.313-1.343.

WELLMER, A. (2000). "Arendt on Revolution" [cf. VILLA, 2000, p. 220-241].

______ (1996). "Hannah Arendt on Judgment: The Unwritten Doctrine of Reason" [cf. MAY & KOHN, 1996, p. 33-52].

WESSEL, J.S. & RENSMANN, L. (2012). "The Paralysis of Judgment: Arendt and Adorno on Antisemitism and the Modern Condition" [cf. RENSMANN & GANDESHA, 2012, p. 197-225].

WHITESIDE, K. (1994). "Hannah Arendt and Ecological Politics". *Environmental Ethics*, 16 (4), p. 339-358.

WHITFIELD, S. (1980). *Into the Dark*: Hannah Arendt and Totalitarianism. Filadélfia, PA: Temple University Press.

WILLIAMS, B. (1981). *Moral Luck*: Philosophical Papers, 1973-1980. Cambridge: Cambridge University Press.

WILLIAMS, G. (1998). "Love and Responsibility: A Political Ethic for Hannah Arendt". *Political Studies*, 46 (5), p. 937-950.

WILLIAMS, G. (ed.) (2006). *Hannah Arendt*: Critical Assessments of Leading Political Philosophers. Londres: Routledge.

WOLIN, S. (2008). *Democracy Inc.*: Managed Democracy and the Specter of Inverted Totalitarianism. Princeton, NJ: Princeton University Press.

XENOS, N. (1993). "Refugees: The Modern Political Condition". *Alternatives*: Global, Local, Political 18 (4), p. 419-430.

YEAT, A.; HANSEN, P.; ZOLKOS, M. & BARBOUR, C. (eds.) (2011). *Action and Appearance*: Ethics and the Politics of Writing in Hannah Arendt. Nova York: Continuum.

YOUNG, I.M. (2002). "Power, Violence and Legitimacy: A Reading of Hannah Arendt in an Age of Police Brutality and Humanitarian Intervention". In: MINOW, M. (ed.). *Breaking the Cycles of Hatred*: Memory, Law and Repair. Princeton, NJ: Princeton University Press, p. 260-287.

YOUNG-BRUEHL, E. (2006). *Why Arendt Matters*. New Haven, CT: Yale University Press.

______ (2004). *Hannah Arendt*: For Love of the World. 2. ed. New Haven, CT: Yale University Press.

ZERILLI, L. (2005). "We Feel Our Freedom: Imagination and Judgment in the Thought of Hannah Arendt". *Political Theory*, 33 (2), p. 158-188.

Índice remissivo